天然气处理厂检修规程

（检修范例篇）

张维智　范　锐　李林峰　宫彦双　张世虎　张治恒　等编著

石油工业出版社

内容提要

《天然气处理厂检修规程》丛书分为检修管理篇、检修技术篇、检修范例篇3个分册。

本书为检修范例篇，对含 H_2S 天然气处理厂、不含 H_2S 天然气处理厂、含凝析油天然气处理厂、轻烃回收天然气处理厂4个具有典型代表的天然气处理厂的检修作业进行了详细介绍。

本书可供从事天然气处理相关工作的技术人员、科研人员及管理人员参考使用，也可供高等院校相关专业师生参考阅读。

图书在版编目（CIP）数据

天然气处理厂检修规程.检修范例篇/张维智等编著.—北京：石油工业出版社，2023.1

ISBN 978-7-5183-5526-6

Ⅰ.①天… Ⅱ.①张… Ⅲ.①天然气加工厂–检修–技术操作规程–中国 Ⅳ.① F426.22-65

中国版本图书馆 CIP 数据核字（2022）第 141388 号

出版发行：石油工业出版社
（北京安定门外安华里2区1号楼 100011）
网　　址：www.petropub.com
编 辑 部：（010）64523687　图书营销中心：（010）64523633
经　　销：全国新华书店
印　　刷：北京晨旭印刷厂

2023年1月第1版　2023年1月第1次印刷
787×1092毫米　开本：1/16　印张：11.5
字数：280千字

定　价：120.00元
（如出现印装质量问题，我社图书营销中心负责调换）
版权所有，翻印必究

《天然气处理厂检修规程》
编 写 组

组织单位： 中国石油油气和新能源分公司

主编单位： 中国石油西南油气田公司

参编单位： 中国石油长庆油田公司

中国石油塔里木油田公司

中国石油大庆油田

组　　长： 张维智

副 组 长： 傅敬强　宋　彬　李曙华　孟　波

编写人员：（按姓氏笔画排序）

万义秀	马宏才	马淑芝	王　军	王　建	王　超	王国强
王举才	王晓东	王得胜	王嘉彦	计维安	孔令峰	艾国生
东静波	叶华伦	朱　琳	任越飞	刘　芳	刘　岩	刘　蔷
刘文祝	刘君富	刘博昱	闫建业	闫高伦	安　超	许　勇
孙洪亮	杜　璨	李双林	李可忠	李林峰	李茜茜	李显良
李　攀	杨春林	吴　宇	何　军	何树全	宋美华	宋跃海
张　迪	张　昆	张　燕	张　镨	张小兵	张卫朋	张少龙
张世虎	张治恒	张宝良	张春阳	张晓东	张爱良	张雪梅
陈　星	陈思锭	陈冠杉	范　锐	林国军	钟　华	保吉成
段雨辰	宫彦双	柴海滨	翁军利	高晓根	唐　岩	彭　云
曾　萍	曾　强	温艳军	赖海涛	綦晓东	戴　仲	

统　　稿： 张春阳　刘　蔷

序

  天然气作为清洁低碳能源，是实现国家"双碳"目标和"美丽中国"的重要保障。中国石油按照"大力提升油气勘探开发力度"和"能源的饭碗必须端在自己手里"的要求，积极推动清洁低碳天然气对煤炭等传统高碳化石能源的存量替代，2021年天然气产量达到1378亿立方米，占全国天然气产量的66.4%，降低了进口依存度，有效保障了能源安全。

  原料天然气含有游离水、液烃、固体颗粒等杂质，部分天然气还含有硫化氢、二氧化碳等有毒有害物质，不满足商品天然气的要求，需要进行净化处理。检修是保障天然气供应，实现天然气处理厂"安稳长满优"运行的关键工作之一。随着技术发展以及完整性管理和精益生产要求的不断提升，检修技术从人工检修向自动化、智能化检修过渡，检修方式也从被动检修转变为预防检修，检修管理日趋成熟。

  川渝气田是国内天然气工业的发源地，1966年在四川建设了全国第一套天然气处理装置。编写组以川渝气田检修技术和经验为基础，融合长庆油田、塔里木油田、大庆油田等多个天然气生产企业典型处理装置的检修成果，严格遵循国内外最新的标准规范，将实践经验与技术成果深度融合，编著形成了《天然气处理厂检修规程》丛书（3个分册）。丛书从管理、技术和实际操作三个维度，详细阐述了检修流程、技术规范、具体做法和验收标准等内容，涵盖检修工作的各环节，充分体现了检修工作的科学性、实用性和可操作性，对从事天然气处理工作的管理和现场操作人员具有很好的学习、借鉴和指导作用，也可作为高等学校辅导用书。

  相信《天然气处理厂检修规程》丛书的出版，将有力推动天然气处理厂检修工作的标准化、制度化、规范化，为装置检修技术发展和水平提升作出积极贡献！

前 言

全球能源消费结构正在向更加绿色和低碳发展方向转型,天然气作为一种可靠、清洁、可承受的能源,对优化国家能源结构、改善生态环境、提升居民生活品质,发挥着至关重要的作用。

受"煤改气"政策和环保驱动工业用气的推动,天然气消费持续快速增长,2020年全国天然气消费量约为3200亿立方米,国内天然气产量为1925亿立方米,天然气在油气结构中占比首次超过50%。中国石油的国内天然气产量达到1306亿立方米,约占全国产量的67.8%。

中国石油把天然气作为战略性、成长性业务,持续加大天然气勘探开发力度,加快提高油气自给率。确保天然气快速上产,是夯实立足国内保障国家能源安全的基础,是推进中国石油稳健发展、建设世界一流综合性国际能源公司的需要。

天然气处理厂是天然气工业链中十分重要的地面工程,具有易燃、易爆、有毒、腐蚀、高温、低温、高压等风险。所以,天然气处理厂的正常运行显得更加重要和迫切,而检修则是保证装置安全平稳运行的关键。检修管理和检修技术的水平将直接影响天然气的安全平稳供应。

在中国石油油气和新能源分公司的精心组织下,参编人员在大量收集资料、文献、标准的基础上,总结提炼历年来中国石油各油气田公司天然气处理厂的检修管理经验,并对关键技术对标梳理,编写了这套《天然气处理厂检修规程》,以期规范天然气处理厂检修工作,确保检修工作系统、受控、高效。

《天然气处理厂检修规程》分为检修管理篇、检修技术篇、检修范例篇3个分册。检修管理篇由总则、检修计划、检修准备、检修实施管理、检修总结及考核5章构成。检修技术篇由静设备检修规程、动设备检修规程、自动控制设备检修规程、电气设备检修规程、分析化验设备检修规程、防腐工程检修规程、绝热工程检修规程、其他装置检修规程构成。检修范例篇介绍了含H_2S天然气处理厂、不含H_2S天然气处理厂、含凝析油天然气处理厂、轻烃回收天然气处理厂4个具有典型代表的天然气处理厂停开工方案。

本套书由张维智担任编写组组长,傅敬强、宋彬、李曙华、孟波担任副组长。

《天然气处理厂检修规程·检修管理篇》第1章由张春阳、范锐编写,宋彬、李曙华、翁军利、闫建业、张宝良审核;第2章由刘蔷编写,张宝良、戴仲、何树

I

全、闫高伦审核；第3章由李林峰编写，党晓峰、张迪、叶华伦、王军审核；第4章由曾强、李林峰编写，王军、张维智、张宝良、戴仲、杨春林、孟波审核；第5章由曾强编写，张维智、杨春林、孟波、万义秀审核；附录A由曾强编写，范锐审核；附录B由曾强、李林峰、任越飞、张迪、宫彦双、唐岩、张治恒编写，由范锐、张春阳、曾强、张维智、张宝良、戴仲、刘刚、刘君富、孟波、杨春林审核。

《天然气处理厂检修规程·检修技术篇》第1章由孔令峰、李林峰、张治恒、赖海涛、曾萍、王慧、陈星、王建、张春阳、安超、张治恒、曾强、吴宇、张镨、陈冠杉、高晓根编写，刘蔷、张春阳、张迪、叶华伦、闫建业、翁军利、李攀、刘刚、蒋成银、艾国生、唐岩、张治恒、王晓东、宋跃海审核；第2章由王得胜、张卫朋、张少龙、张世虎、马淑芝、张治恒、林国军编写，由宫彦双、王得胜、蒋成银、马淑芝、张芝恒、张燕、叶华伦、温艳军审核；第3章由王国强、刘岩、钟华编写，刘建宝、张小兵、李显良、张雪梅审核；第4章由张爱良、彭云编写，杜璨、计维安审核；第5章由曾强编写，艾国生、刘文祝审核；第6章由何树全、刘蔷编写，沙敬德、李超审核；第7章由何树全、刘蔷编写，闫建业、温艳军审核；第8章由赖海涛、曾萍、张卫朋、曾强编写，艾国生、吴志华、张迪审核。

《天然气处理厂检修规程·检修范例篇》第1章由李林峰编写，张春阳、曾强、范锐、王军审核；第2章由张世虎、王嘉彦编写，李攀、许勇、张迪、李曙华审核；第3章由宫彦双编写，艾国生审核；第4章由张治恒编写，刘刚、唐岩审核。

本套书整体由张春阳、刘蔷统稿，傅敬强、宋彬、李曙华、孟波初审，张维智审定。

本套书在编写过程中，得到了中国石油青海油田、中国石油辽河油田、中国石油规划总院、中国石油西南油气田天然气研究院等相关单位、专家及技术人员的大力支持和帮助。谯华平、綦晓东、何军、陈思锭、东静波、保吉成、柴海滨、李可忠等专家在本书编写及审稿过程中提出了许多宝贵的意见，在此一并表示衷心感谢。

此外，向本套书的所有参编人员、会务协调人员谢珊，以及书中所引用文献与资料的作者表示深深的谢意。

尽管我们已尽全力，但天然气处理工艺、检修管理及技术复杂、多样，鉴于编者的水平有限，书中难免有疏漏及不当之处，敬请各位专家、同行和广大读者批评指正。

目 录

1 典型含 H_2S 天然气处理厂停开工方案 ········ 1

1.1 厂区概况 ········ 1
1.1.1 厂区简介 ········ 1
1.1.2 厂区工艺流程 ········ 1

1.2 停工方案 ········ 10
1.2.1 停工准备 ········ 10
1.2.2 停工进度管理 ········ 11
1.2.3 分单元停工方案 ········ 14

1.3 开工方案 ········ 33
1.3.1 开工准备 ········ 33
1.3.2 开工进度管理 ········ 33
1.3.3 分单元开工方案 ········ 34
1.3.4 启动前安全检查 ········ 78

1.4 危害因素识别及风险控制 ········ 79
1.4.1 停工过程危害因素识别及风险控制 ········ 79
1.4.2 开产过程危害因素识别及风险控制 ········ 83
1.4.3 停工检修的其他危害因素识别及风险控制 ········ 85

1.5 应急预案 ········ 87
1.5.1 可燃气体泄漏现场应急处置措施 ········ 87
1.5.2 有毒气体或高纯氮气泄漏现场应急处置措施 ········ 88
1.5.3 火灾事故现场应急处置措施 ········ 89
1.5.4 突发环境事件现场应急处置措施 ········ 91
1.5.5 地震灾害现场处置措施 ········ 92
1.5.6 产品气质量事故现场应急处置措施 ········ 93
1.5.7 厂区人员及周边居民疏散现场应急处置措施 ········ 94

2 典型不含 H_2S 天然气处理厂停开工方案 ········ 96

2.1 概述 ········ 96
2.1.1 厂区简介 ········ 96
2.1.2 厂区工艺流程 ········ 96

2.2 停工方案 ········ 103
2.2.1 停工准备 ········ 103

I

  2.2.2 停工程序 ……103
  2.2.3 分单元停工方案 ……104
 2.3 开工方案 ……106
  2.3.1 开工准备 ……106
  2.3.2 开工程序 ……106
  2.3.3 分单元开工方案 ……107
 2.4 风险辨识 ……112
 2.5 应急预案 ……114
  2.5.1 天然气火灾、爆炸应急方案 ……114
  2.5.2 工伤应急预案 ……115
  2.5.3 天然气泄漏 ……116

3 典型含凝析油天然气处理厂停开工方案 ……118

 3.1 厂区概况 ……118
  3.1.1 厂区简介 ……118
  3.1.2 厂区工艺流程 ……118
 3.2 停工方案 ……125
  3.2.1 停工准备 ……125
  3.2.2 停工程序 ……126
  3.2.3 分单元停工方案 ……126
 3.3 开工方案 ……136
  3.3.1 开工准备 ……136
  3.3.2 开工程序 ……137
  3.3.3 分单元开工方案 ……138
 3.4 危害因素识别与风险控制 ……140
  3.4.1 某含凝析油天然气处理厂停工检修作业风险评估表、控制措施 ……140
  3.4.2 电力停工检修作业风险评估表、控制措施 ……142
  3.4.3 自动化系统停工检修作业风险评估表、控制措施 ……142
  3.4.4 检修安全防护规定及措施 ……143
  3.4.5 检修环境保护措施 ……146
 3.5 应急处置 ……147
  3.5.1 应急处置原则 ……147
  3.5.2 应急预案编制 ……147
  3.5.3 应急预案培训 ……148
  3.5.4 应急指挥点的设置 ……148
  3.5.5 紧急报警信号 ……148
  3.5.6 撤离 ……148

4 典型轻烃回收天然气处理厂停开工方案 ... 150

4.1 厂区概况 ... 150
4.1.1 厂区简介 ... 150
4.1.2 厂区工艺流程 ... 150

4.2 停工方案 ... 154
4.2.1 停工准备 ... 154
4.2.2 停工进度管理 ... 154
4.2.3 分单元停工方案 ... 154

4.3 开工方案 ... 157
4.3.1 开工准备 ... 157
4.3.2 开工进度管理 ... 163
4.3.3 分单元开工方案 ... 163

4.4 危害因素识别与风险控制 ... 171

4.5 应急处置程序 ... 171
4.5.1 发生火情应急处置程序 ... 171
4.5.2 发生人员受伤应急处置程序 ... 172
4.5.3 发生环境污染应急处置程序 ... 172

1 典型含 H₂S 天然气处理厂停开工方案

1.1 厂区概况

1.1.1 厂区简介

西南油气田分公司某净化厂设计处理量为 $60 \times 10^8 \mathrm{m}^3/\mathrm{a}$，净化装置主要包括 3 列 $600 \times 10^4 \mathrm{m}^3/\mathrm{d}$（Ⅴ列、Ⅵ列、Ⅶ列）过滤分离、脱硫脱碳、脱水装置、2 套硫黄回收装置（Ⅵ列、Ⅶ列，单套规模与 $900 \times 10^4 \mathrm{m}^3/\mathrm{d}$ 脱硫规模匹配）、2 套尾气处理装置和酸水汽提装置（Ⅵ列、Ⅶ列，规模与上游硫黄回收装置匹配）、硫黄成型装置、消防装置、污水处理装置、火炬及放空装置（含高低压火炬）、循环水系统、空氮系统、燃料气系统、10kV 及 110kV 变电站及其配套工程。通过净化装置对来自集气站的原料天然气进行处理，产品气全部进入北内环，硫化氢等含硫介质通过硫黄回收装置和成型装置生产为产品硫黄。总工艺流程框图如图 1.1 所示。

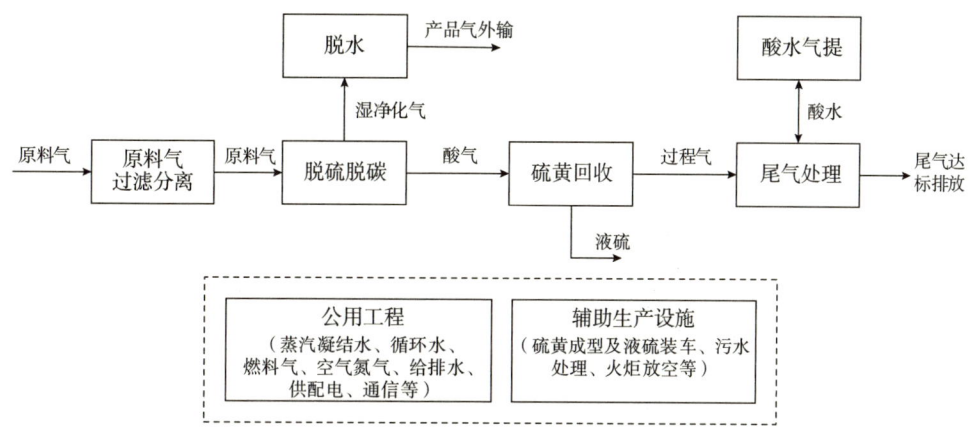

图 1.1 某净化厂总工艺流程框图

装置处理原料气中 H_2S 不大于 $15\mathrm{g/m}^3$、CO_2 不大于 $60\mathrm{g/m}^3$，商品天然气达到 GB 17820《天然气》的指标，副产品硫黄达到 GB 2449《工业硫黄》的指标。

1.1.2 厂区工艺流程

1.1.2.1 原料气过滤分离单元
1.1.2.1.1 工艺技术简介
本单元由重力分离器、过滤分离器等设备组成，目的是对进入脱硫脱碳单元的原料气

1

进行预处理，过滤分离原料气中夹带的固体、游离水等杂质。

1.1.2.1.2　工艺流程简述

原料气在 5.6～6.7MPa 条件下进入原料气重力分离器 D-1101，较大直径的液滴和固态杂质被沉降分离后，进入互为备用的原料气过滤分离器 F-1101A/B 进行过滤分离，除去携带的 1μm 以上的固体微粒和 0.3μm 以上的液滴后去脱硫脱碳单元。原料气分离出来的污水排入气田水闪蒸罐 D-1201，用氮气压送至污水处理装置（图 1.2）。

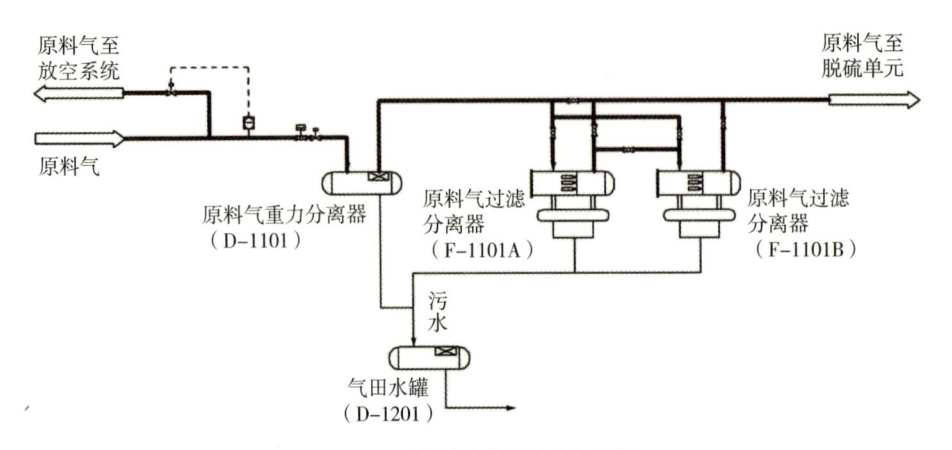

图 1.2　过滤分离单元流程示意图

1.1.2.2　脱硫脱碳单元

1.1.2.2.1　工艺技术简介

本单元采用化学法吸收工艺，利用 CT8-5 水溶液（主要成分为甲基二乙醇胺）在吸收塔内与含硫天然气逆流接触，吸收脱除含硫天然气中的酸性组分，流程示意图如图 1.3 所示。

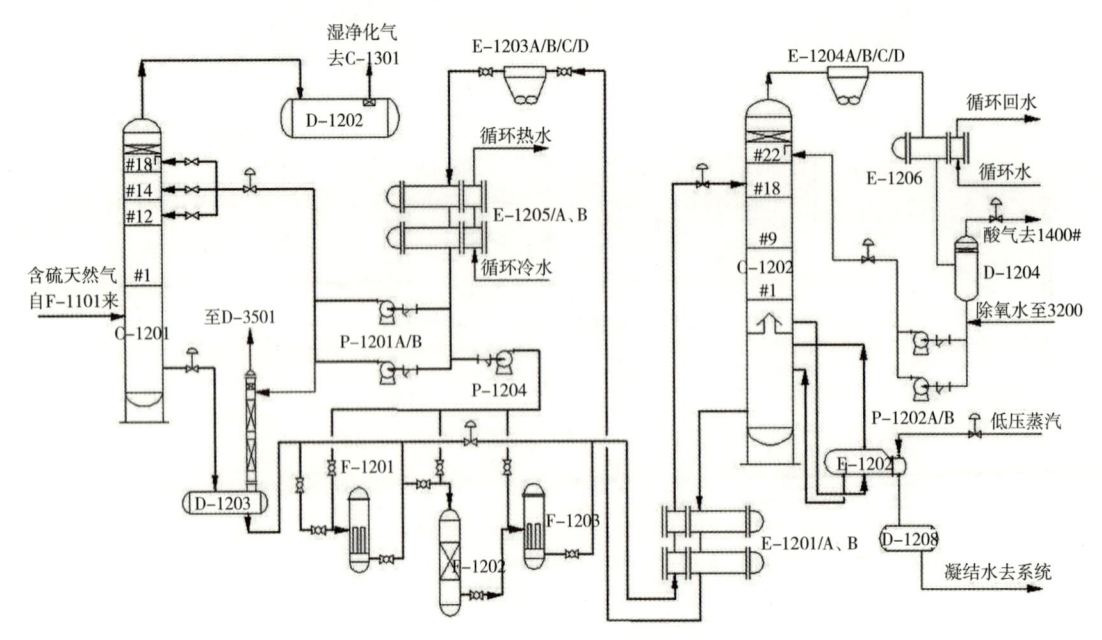

图 1.3　脱硫脱碳单元流程示意图

1.1.2.2.2 工艺流程简述

（1）原料气脱硫吸收部分。

含硫天然气在 5.6～6.7MPa 条件下自原料气过滤分离单元进入本单元，进入吸收塔 C-1201 下部。含硫天然气自下而上与自上而下浓度为 45%～55%（质量分数）的 CT8-5 贫液逆流接触，气体中几乎全部 H_2S 和部分 CO_2 被胺液吸收脱除。在吸收塔第 13 层、第 15 层、第 18 层分别设置贫胺液入口，可根据含硫天然气中 H_2S 和 CO_2 含量变化情况调节入塔层数，以确保净化气的质量指标。出塔湿净化气经湿净化气分离器 D-1202 分液后在 49.1℃ 送往脱水单元进行脱水处理。

（2）CT8-5 富液闪蒸部分。

从脱硫吸收塔 C-1201 底部流出的 CT8-5 富液经液位调节阀降压为 0.6MPa 后，进入闪蒸罐 D-1203，闪蒸出绝大部分溶解在溶液中的烃类气体和部分酸性气体，闪蒸气在闪蒸气吸收塔 C-1203 内自下而上流动与来自 P-1201 自上而下的 CT8-5 小股贫液逆流接触，脱除闪蒸气中的 H_2S 和部分 CO_2。最后，闪蒸气经压力调节阀降压后进入燃料气系统作燃料使用。

（3）溶液过滤部分。

从闪蒸罐 D-1203 底部流出的 CT8-5 富液经胺液预过滤器 F-1201 除去溶液中的机械杂质，过滤后的溶液大部分去贫/富液换热器 E-1201/A、B，小部分溶液流经活性炭过滤器 F-1202，以吸附溶液中的降解产物，然后经胺液后过滤器 F-1203 除去溶液中可能夹带的活性炭粉末和其他固体杂质，以保持系统溶液的清洁。F-1201、F-1203 与 F-1202 既能分开单独使用亦能串级使用，但当 F-1202 投运时，必须投运 F-1203。

（4）CT8-5 溶液再生部分。

CT8-5 富液经过滤后进入贫/富液换热器 E-1201/A、B，与再生塔 C-1202 塔底出来的 CT8-5 贫液换热后，温度升至约 96.5℃ 后进入再生塔提馏段上部，富液自上而下流动，与塔内自下而上的二次蒸汽逆流接触再生，二次蒸汽加热胺液的同时汽提出胺液中酸气，胺液流至再生塔 C-1202 中下部时已解吸出绝大部分所吸收的 H_2S 和 CO_2 以及烃类气体，富液成为半贫液。再生热量由塔底重沸器 E-1202 提供。半贫液从再生塔 C-1202 下部隔板上的降液管进入重沸器 E-1202 壳程，由管程蒸汽加热，使吸收的残余酸气完全解吸。酸气从重沸器 E-1202 顶部气相出口进入再生塔中部成为二次蒸汽，半贫液从重沸器 E-1202 底部液相出口流回再生塔 C-1202 下部成为贫液。CT8-5 贫液从再生塔 C-1202 底部出来，进入贫富液换热器 E-1201/A、B 与 CT8-5 富液换热至 75.8℃ 左右，送至贫液空冷器 E-1203 和贫液后冷器 E-1205 冷至 43℃ 以下。冷却后的贫胺液经贫液循环泵 P-1201/A、B 升压后一股送至吸收塔 C-1201，另一小股送至闪蒸罐 D-1203，完成整个溶液系统的循环。

（5）酸气及酸水回流部分。

由再生塔 C-1202 顶部出来的 107.8℃ 的酸性气体经酸气空冷器 E-1204 和酸气后冷器 E-1206 冷至 40℃ 后，进入再生塔顶回流罐 D-1204，利用重力作用气液两相分离分离出酸性冷凝水后，酸气送至硫黄回收单元。分离出的酸水由再生塔回流泵 P-1202/A、B 送至再生塔 C-1202 精馏段顶部作回流，以提高酸气的浓度、保持溶液的水平衡和降低溶剂的蒸发损失。

由于本装置水不平衡，需向系统不断补充水，以维持溶液浓度，补充水为冷却后的除氧水，加至再生塔回流泵入口酸水管道中。

（6）溶液保护部分。

溶液配制罐 D-1207、CT8-5 储罐 D-1206/A、B 均引入压力约 2kPa 的氮气保护溶液，以免溶液发生氧化变质。班组现场人员加强氮气水封罐巡检，检查低位罐氮气进口阀开启，排气阀、溶液进口阀关闭；溶液储罐氮气进口阀开启、顶部排气阀关闭。如需要回收溶液，每次回收溶液时，必须安排人员关闭低位罐氮气进口阀，同时打开现场排气阀，回收溶液过程中，合理控制溶液回收阀开度，杜绝溶液通过排气阀带出；回收溶液结束后，应关闭低位罐现场排气阀，打开氮气进口阀，将氮气水封装置投运正常。

（7）阻泡剂的加入部分。

当溶液系统有严重起泡倾向或起泡时，可将阻泡剂直接倒入再生塔回流泵出口阻泡剂加入器的加料斗中，或倒入循环泵出口的阻泡剂加入器的加料斗中，以向系统注入阻泡剂。如果阻泡剂黏度较大时，可用凝结水或溶液适当稀释。阻泡剂可分一次或多次注入，可视溶液系统发泡情况及系统容量确定加入阻泡剂量，通常加入系统之后，系统中阻泡剂质量分数以 $(5 \sim 10) \times 10^{-6}$ 为宜。

（8）污水排放部分。

含胺污水和设备冲洗污水集中排放至污水总管自流至工厂污水收集池处理。单元停工时，用除盐水冲洗设备的水可回收至 D-1206/A、B 中的稀溶液储罐，作为配制溶液及系统补充用水。

（9）溶液浓度调整部分。

脱硫脱碳溶液组成成分为 CT8-5 和水。低浓度的溶液会导致吸收酸气的能力下降，循环量增加，蒸汽和电的消耗也增加；而水含量减少，浓度增大，黏度上升，管道阻力增大。同时，高浓度的溶液也导致塔底富液温度较高而影响其 H_2S 负荷和加剧装置腐蚀。因此，CT8-5 浓度一般宜控制在 40%～50%。CT8-5 浓度较高时，可以通过补除氧水、低浓度 CT8-5 溶液的方式降低其浓度。

1.1.2.3 脱水单元

1.1.2.3.1 工艺技术简介

三甘醇脱水是利用天然气与水在三甘醇中溶解度的差异而脱除天然气中的水分，其过程为物理吸收过程。工艺流程图如图 1.4 所示。

1.1.2.3.2 工艺流程简述

从脱硫脱碳装置来的压力为 5.6～6.7MPa，温度约 49.1℃的湿净化天然气，自下部进入 TEG 吸收塔 C-1301。在塔内湿净化天然气与自上而下的 TEG 贫液逆流接触，脱除天然气中的饱和水。脱除水分后的天然气出塔后经产品气分离器 D-1301 分液，产品气水露点 <－5℃（在出厂压力条件下）。从 C-1301 下部出来的 TEG 富液经塔底液位调节阀后先经 TEG 重沸器富液精馏柱顶换热盘管换热，然后进入 TEG 闪蒸罐 D-1302，闪蒸出的闪蒸气调压后进入燃料气系统用作工厂燃料气。闪蒸后的 TEG 富液则先经过 TEG 预过滤器

图 1.4　脱水单元流程示意图

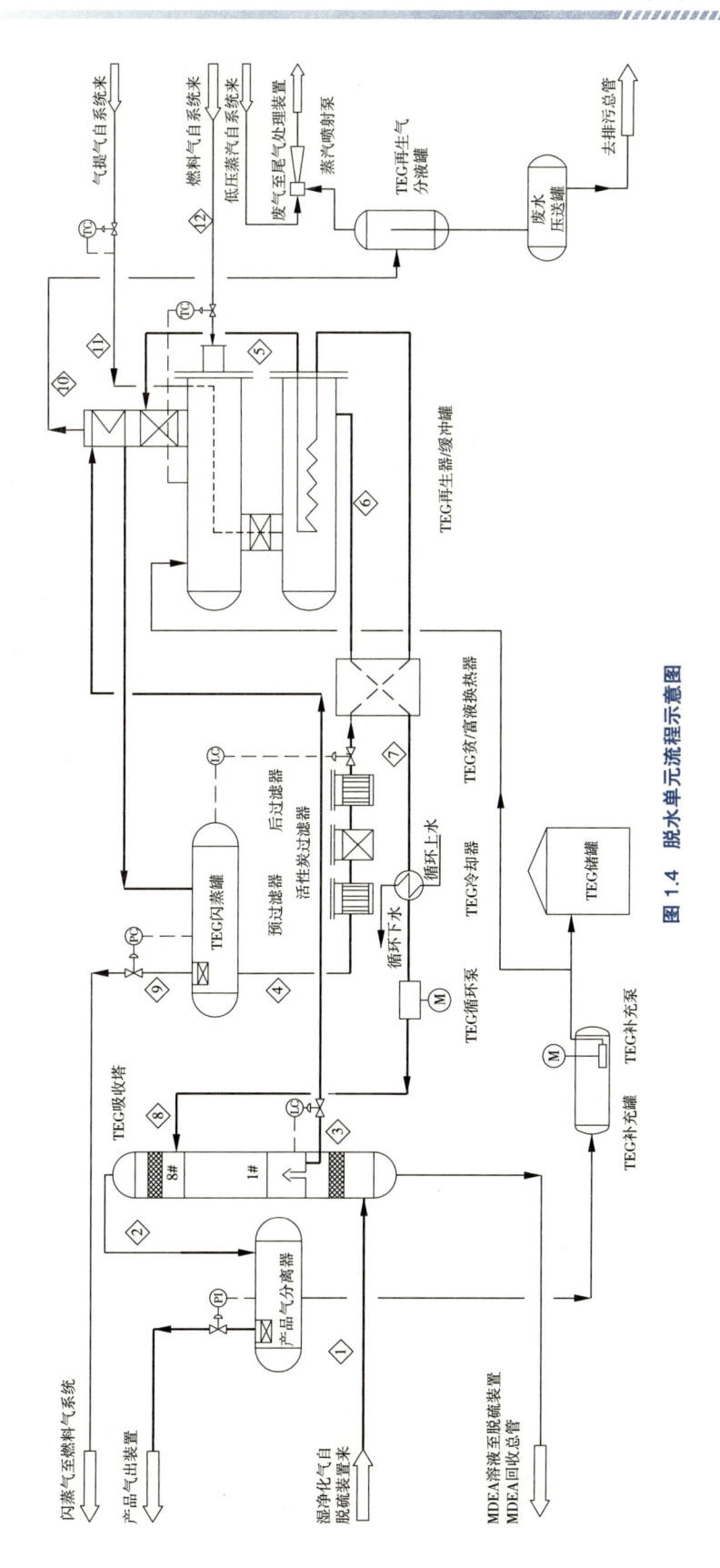

F-1301，再经过TEG活性炭过滤器F-1302和TEG后过滤器F-1303除去溶液中的机械杂质和降解产物。过滤后的富液经TEG贫/富液换热器E-1303换热后进入TEG重沸器富液精馏柱提浓。TEG富液在TEG重沸器中被加热至200℃左右后，经贫液精馏柱、缓冲罐进入TEG贫/富液换热器E-1303中与过滤后的TEG富液换热，换热后的TEG贫液再经过贫液冷却器E-1301进一步冷却至55℃。冷却后的TEG贫液再经循环泵P-1301加压送至吸收塔C-1301顶部完成溶液循环。

TEG富液再生产生的再生气，经TEG再生气分液罐分液后，进入焚烧炉焚烧后排入大气。另外，本装置还设有溶剂储存和溶剂补充系统，同时还设有氮气水封系统，以避免储罐中溶剂吸湿、被氧化。

1.1.2.4 硫黄回收单元

1.1.2.4.1 工艺技术简介

（1）热反应段。

热反应段包括主燃烧炉燃烧器H-1401、主燃烧炉H-1402、余热锅炉E-1401和一级冷凝器E-1402。

（2）催化反应段。

本单元催化反应段设置三级常规克劳斯反应器，再热方式是设置三级再热炉完全燃烧燃料气产生的高温烟气混合加热过程气。

（3）液硫脱气。

在克劳斯过程中生产的液体硫黄通常在130～170℃温度范围内，H_2S在硫黄中溶解度随温度升高而增大。当硫黄冷凝时，H_2S释放出来。由于H_2S与硫黄反应生成多硫化氢（H_2S_x），使其溶解度异常增高。一般液体硫黄中H_2S质量分数为$(250～350)×10^{-6}$，在泵送液硫时由于搅拌而释放出来的H_2S聚积，可能引起爆炸和污染大气。液硫脱气，通过鼓泡器将液硫中的H_2S质量分数脱至$10×10^{-6}$及以下。

1.1.2.4.2 工艺流程简述

工艺流程图如图1.5所示。从脱硫脱碳单元送来的压力为90kPa的酸气和从尾气处理单元送来的压力为90kPa的酸气经酸气分离器D-1401分离酸水后，送入主燃烧炉燃烧器H-1401，与从主风机K-1401A/B来的压力为90kPa的空气，按一定配比在炉内进行克劳斯反应，其反应温度为1109℃，在此条件下约60%的H_2S转化为元素硫。自主燃烧炉H-1402出来的高温气流经余热锅炉E-1401后降温至316℃，进入一级硫黄冷凝冷却器E-1402冷却至170℃，过程气中绝大部分硫蒸气在此冷凝分离。自一级硫黄冷凝冷却器出来的过程气进入一级再热炉H-1404，采用燃料气进行再热升温至260℃后进入一级反应器R-1401，气流中的H_2S和SO_2在催化剂床层上继续反应生成元素硫，绝大部分有机硫在此进行水解反应，出一级反应器的过程气温度将升至340℃左右，进入二级硫黄冷凝冷却器E-1403冷却至170℃，分出其中冷凝的液硫。自二级硫黄冷凝冷却器出来的过程气进入二级再热炉H-1406，采用燃料气进行再热升温至220℃后进入二级反应器R-1402，气流中的H_2S和SO_2在催化剂床层上继续反应生成元素硫，出二级反应器的过程气温度将升至245℃左右，进入三级硫黄冷凝冷却器E-1404冷却至170℃，分出其中冷凝的液硫。自三级硫黄冷凝冷却器的过程气进入三级再热炉 H-1408,采用燃料气进行再热升温至 200℃后进入三级反应器 R-1403,气流中的 H_2S 和 SO_2 在催化剂床层上继续反应生成元素硫,出三级反应器的过程气温度将升至 207℃进入四级硫黄冷凝冷却器 E-1406 冷却至 127℃,分出其中冷凝的液硫后,尾气至尾气处理单元。

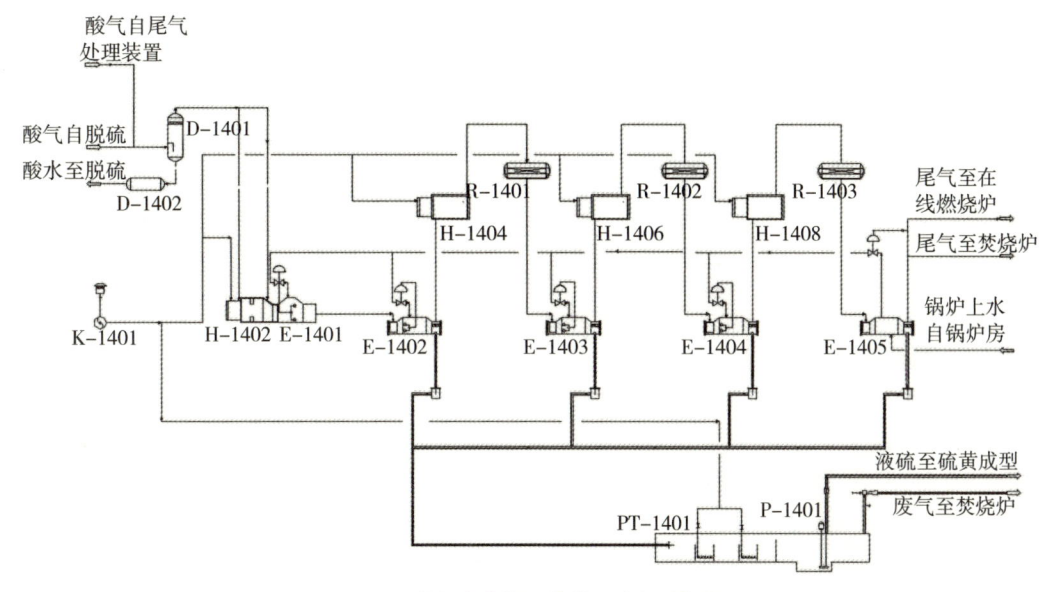

图 1.5 常规克劳斯回收单元流程示意图

E-1402、E-1403、E-1404、E-1405 分离出来的液硫分别进入液硫封 X-1401/A、B、C、D,经各级液硫封的液硫自流入脱气池 PT-1401,脱除液硫中的 H_2S 和 H_2S_x 后进入液硫池 PT-1402,再用液硫泵 P-1401A、B 将其送至硫黄成型单元。

E-1405 产生压力为 1.0MPa,温度为 148℃的锅炉水,可为 E-1401、E-1402、E-1403、E-1404 和尾气处理装置单元在线燃烧炉的余热锅炉提供锅炉上水;E-1401、E-140、E-1403、E-1404 产生的低压饱和蒸汽可为本装置提供保温、伴热蒸汽,剩余的蒸汽通过压力调节阀 PV-117 调压后,进入全厂低压蒸汽系统管网,供其他装置使用。

1.1.2.5 尾气处理单元

1.1.2.5.1 工艺技术简介

(1)加氢还原段。

含总硫约 0.68% 的硫黄回收装置尾气与按次当量化学反应燃烧生成的含有还原性气体的高温气流在在线燃烧炉混合室 H-1502 混合升温至最佳反应温度后,进入加氢反应器 R-1501,在钴/钼催化剂的作用下,硫黄回收装置尾气中的 SO_2、S_6、S_8 几乎全部被 H_2 还原转化为 H_2S。

经过反应器反应的过程气中 SO_2 在 5×10^{-6}(质量分数)以下,COS 在 10×10^{-6}(质量分数)以下,CS_2 在 1×10^{-6}(质量分数)以下。

(2)吸收再生段。

经过冷却后的过程气进入吸收塔 C-1502 与 40%(质量分数)的 MDEA 溶液逆流接触,

几乎全部的 H_2S 和 20%~30% 的 CO_2 被吸收下来，使过程气得到净化，净化尾气总硫小于 $200×10^{-6}$（质量分数），再经 H-1504 焚烧后放空。

吸收了酸性气体的 MDEA 溶液，经贫/富胺液换热器 E-1504A、B 后，去再生塔 C-1503 加热汽提再生，解吸出来的酸气经冷却后返回硫黄回收单元制硫。再生后的 MDEA 溶液，经换热冷却后，去吸收塔循环使用。

1.1.2.5.2 工艺流程简述

工艺流程图如图 1.6 所示。

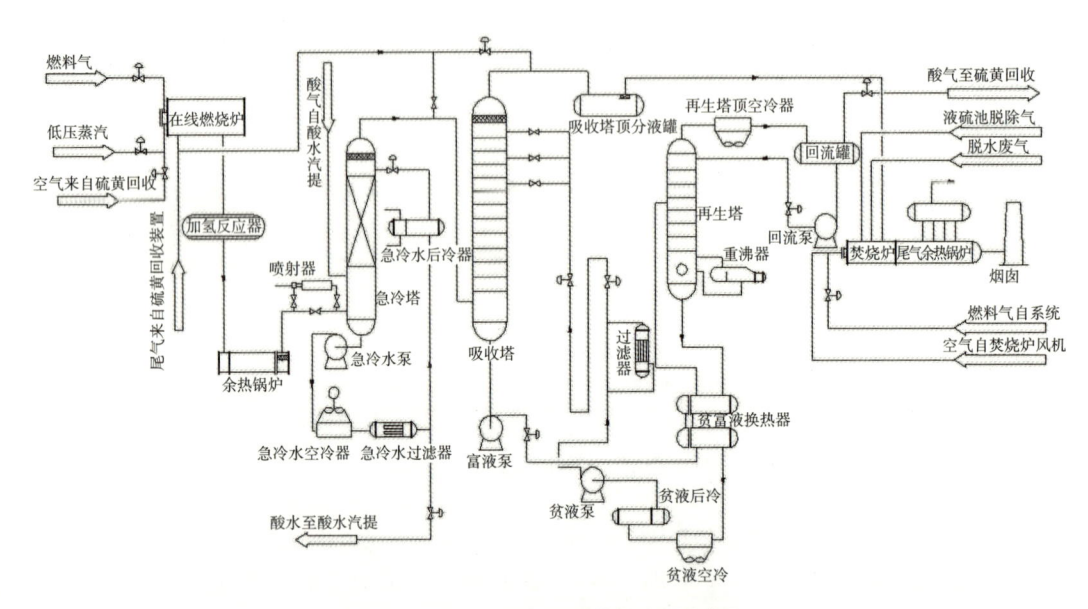

图 1.6 SCOT 尾气处理单元流程示意图

（1）加氢还原部分。

从硫黄回收装置来的尾气进入在线燃烧炉 H-1502 与在线燃烧炉燃烧器 H-1501 次化学当量燃烧燃料气产生含有还原性气体的高温烟气进行混合并被加热至 280℃，混合后的过程气进入装有还原催化剂的反应器 R-1501 反应，过程气中绝大部分的硫化物还原为 H_2S，然后进入余热锅炉。在余热锅炉 E-1501 中，过程气被冷却到 170℃，和来自酸水汽提装置的酸气（106℃）一起进入急冷塔 C-1501，在塔内与冷却水逆流接触，被进一步冷却到 40℃。冷却后的气体进入低压脱硫部分。急冷塔 C-1501 底的酸水先被急冷水泵 P-1501/A、B 加压，再经急冷水空冷器 E-1502 冷却和急冷水过滤器 F-1501 过滤后，一部分送入急冷水后冷器 E-1503 进一步冷却后作急冷塔的循环冷却水，另一部分直接送至酸水汽提装置。

为了减轻设备腐蚀，延长设备使用寿命，C-1501 中循环冷却水呈酸性，必须加氨水以保持冷却水 pH 值正常。当异常情况时，应加碱来保持冷却水的 pH 值。

（2）吸收部分。

急冷塔 C-1501 出来的塔顶气进入吸收塔 C-1502，与 MDEA 贫液逆流接触。气体中几乎所有的 H_2S 被溶液吸收，仅有部分 CO_2 被吸收。从吸收塔顶出来的排出气经吸收塔顶分离器 D-1501 分液后进入焚烧炉 H-1503 焚烧后排放。脱硫溶液采用 MDEA 水溶液，MDEA 溶液质量分数为 40%，溶液循环量为 80～160m³/h。

（3）溶液再生部分。

从吸收塔 C-1502 底部出来的 MDEA 富液经富液泵 P-1502/A、B 增压进入贫富胺液换热器 E-1504/A、B 与再生塔 C-1503 底出来的 MDEA 贫液换热，温度升至 98℃后进入再生塔 C-1503 上部，与塔内自下而上的蒸汽逆流接触进行再生，解吸出 H_2S 和 CO_2。再生热量由塔底重沸器 E-1507 提供。MDEA 热贫液在 128℃温度下自再生塔 C-1503 底部引出，经贫富胺液换热器 E-1504/A、B 与 MDEA 富液换热，温度降至 70℃，再经贫胺液空冷器 E-1507、贫胺液后冷器 E-1503 降温至 40℃后由贫液泵 P-1503/A、B 泵入过滤系统除去溶液中的机械杂质和降解产物，最后进入吸收塔 C-1502，完成整个溶液系统的循环。由再生塔 C-1503 顶部出来的 118℃酸性气体经再生塔顶空冷器 E-1505 冷至 55℃后，再进入再生塔顶回流罐 D-1504，分离出酸性冷凝水后的酸气在 0.1MPa 下送至硫黄回收单元。分离出的酸性冷凝水由酸水回流泵 P-1504/A、B 送至再生塔 C-1503 顶部作回流。

（4）溶液保护部分。

MDEA 溶液补充罐、MDEA 储罐均采用氮气密封，以避免溶液发生氧化变质。

（5）尾气焚烧部分。

从吸收塔 C-1502 塔顶出来的排放气和来自硫黄回收装置液硫池的抽出气体以及脱水装置来的再生废气分别进入焚烧炉 H-1503 进行焚烧，焚烧后的气体（烟道气）温度为 600℃左右。从焚烧炉出来的烟气进入尾气余热锅炉 E-1509 进一步冷却回收热量，冷却后的烟道气温度为 350℃左右，通过 100m 高烟囱直接排放。

1.1.2.6 酸水汽提单元

1.1.2.6.1 工艺技术简介

进料酸水中含有 NH_3、CO_2 和 H_2S，在水溶液里的 NH_3—CO_2—H_2S 系统中是以弱碱（NH_4OH）和弱酸（H_2S、CO_2）反应生成的 NH_4SH、NH_4HCO_3 形式存在，又可以大量水解成游离的 NH_3、H_2S、CO_2。

在一定温度下，由于分子运动的结果，液相中部分具有较大能量的 H_2S、NH_3、CO_2 分子进入气相，并建立相应的分压，最终达到动态平衡。

如果用水蒸气汽提或加入惰性气体，对应的气相分压下降，气液平衡破坏，气相中游离的 H_2S、CO_2、NH_3 继续挥发，又由于温度升高使分子动能增加，气液间平衡破坏，液相中游离的 H_2S、CO_2、NH_3 继续挥发，所以采用加热升温和蒸汽汽提方法可使液相中游离的 H_2S、CO_2、NH_3 不断挥发，最后达到工艺目的。

1.1.2.6.2 工艺流程简介

工艺流程图如图 1.7 所示。

从尾气处理装置 1500 单元和本列其他单元来的酸水被收集储存在进料中间罐 D-1601 中，经酸水汽提塔热交换器 E-1601 换热后，进入酸水汽提塔 C-1601，与来自酸水汽提塔重沸器 E-1602 的蒸汽逆流接触。酸水汽提塔 C-1601 顶部出来的气体返回至尾气处理装置急冷塔进一步处理。

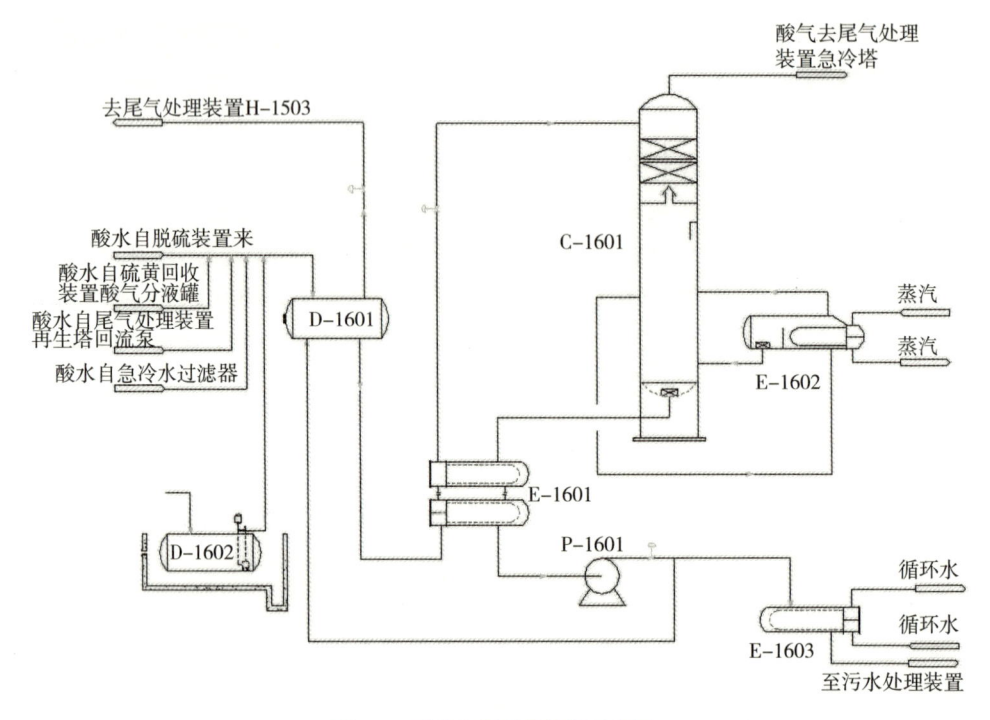

图 1.7 酸水汽提单元流程示意图

酸水汽提塔 C-1601 塔底出来的汽提水经酸水汽提塔热交换器 E-1601 冷却后，进入酸水汽提塔底泵 P-1602 升压、然后经酸水汽提塔底冷却器 E-1603 进一步冷却到 40℃ 左右，进入检修污水系统，经处理后，用作循环水补充水。

酸水汽提装置、脱硫脱碳装置及尾气处理装置停工时，系统内的含硫污水以及各装置正常生产时酸性水、泵检修时排放的酸性水均进入酸水排放罐 D-1602，用泵将该罐内的含硫污水送入进料中间罐 D-1601。

1.2 停工方案

1.2.1 停工准备

（1）停工前组织工程技术人员对装置再次进行排查，清理有无漏项，特别是只有停工才能检修的关键部位，如高压管线、设备和酸气管线等。

（2）提前做好污水处理装置污水处理进度安排，停工前将污水处理装置检修污水池、排污池清洗干净备用，并检查污水处理装置运行是否正常。

（3）提前清洗溶液储罐，并提前制备水洗所需凝结水。

（4）组织好停工人员，分析班组应做好装置的 CH_4、H_2S、CO_2、SO_2、O_2 含量采样分析的准备工作；施工单位应做好倒盲板及检修机具、施工力量等其他准备工作。

（5）安排好停工期间的医疗救护人员、救护器械和救护药品。

（6）确认消防系统处于正常状态，确认空气呼吸器及应急逃生仓处于备用状态。

（7）回收 D-1202、D-3501 罐内溶液，回收 C-1301 积液段溶液，并确认回收干净。

（8）提前联系作业区将污水处理装置的气田水罐液位降低，停工前安排班组对原料气重力分离器、原料气过滤器排污，将气田水闪蒸罐排空。

（9）安排班组将湿净化气分离器中的溶液压回富液闪蒸罐。

（10）安排班组将产品气过滤器中溶液回收。

（11）大修前液硫池液位维持较低液位。

（12）提前将停工装置及尾气处理单元尾气旁通管线阀门盲板倒开。

1.2.2 停工进度管理

1.2.2.1 停工顺序

净化装置在经过一定时间运行后，应对装置进行停工检修，其停工顺序如图 1.8 所示。

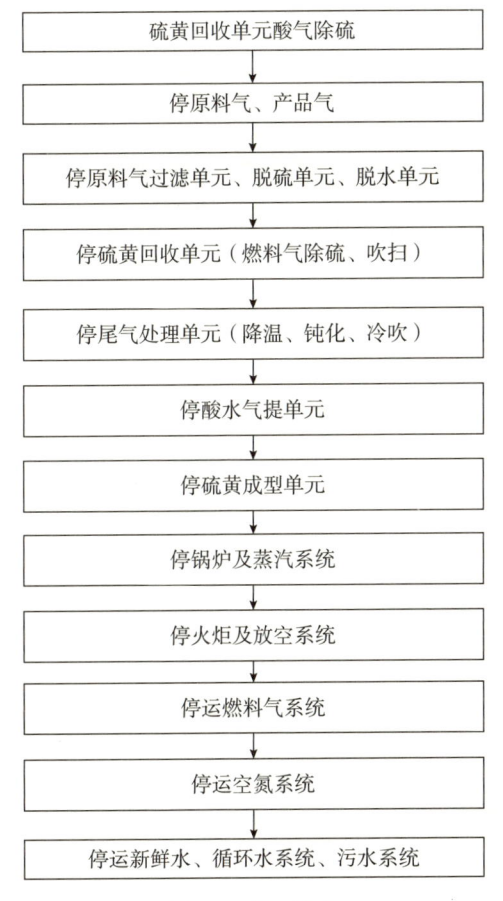

```
硫黄回收单元酸气除硫
       ↓
   停原料气、产品气
       ↓
停原料气过滤单元、脱硫单元、脱水单元
       ↓
停硫黄回收单元（燃料气除硫、吹扫）
       ↓
停尾气处理单元（降温、钝化、冷吹）
       ↓
     停酸水气提单元
       ↓
     停硫黄成型单元
       ↓
     停锅炉及蒸汽系统
       ↓
     停火炬及放空系统
       ↓
     停运燃料气系统
       ↓
     停运空氮系统
       ↓
停运新鲜水、循环水系统、污水系统
```

图 1.8 停工顺序

1.2.2.2 停工统筹图

停工统筹图如图 1.9 所示。

天然气处理厂检修规程（检修范例篇）

时间(h) 控制时间	3	6	9	12	15	18	21	24	27	30	33	36	39	42	45	48	51	54	57	60	63	66	69	72	备注
序号 项目																									
一 原料气过滤、脱硫单元																									
1 停气 1h																									
2 热循环、泄压（第一次）2h																									
3 溶液冷循环 3h																									
4 回收溶液 6h																									
5 凝结水洗 6h																									
6 工业水洗 6h																									
7 倒断界区盲板 2h																									
8 氮气置换至取样分析合格 10h																									
9 空气吹扫 12h																									
10 开塔人孔 3h																									
11 强制空气吹扫至洗塔 21h																									
二 脱水单元																									
12 溶液冷循环 5h																									
13 回收溶液 7h																									
14 工业水洗 6h																									
15 倒盲板 2h																									
16 氮气置换至取样分析合格 13h																									
17 空气吹扫 15h																									
18 开塔人孔 3h																									
19 强制空气吹扫至洗塔 21h																									
三 硫黄回收单元																									
20 前期除硫（停产前单台反应器切换周期开始）24h																									停产前48h开始除硫操作
21 停酸气 2h																									
22 燃料气除硫 40h																									要求床层各点温度降到150℃左右
23 装置冷却吹扫 12h																									各点温度冷却至50℃以下停车

图 1.9 停工统筹图

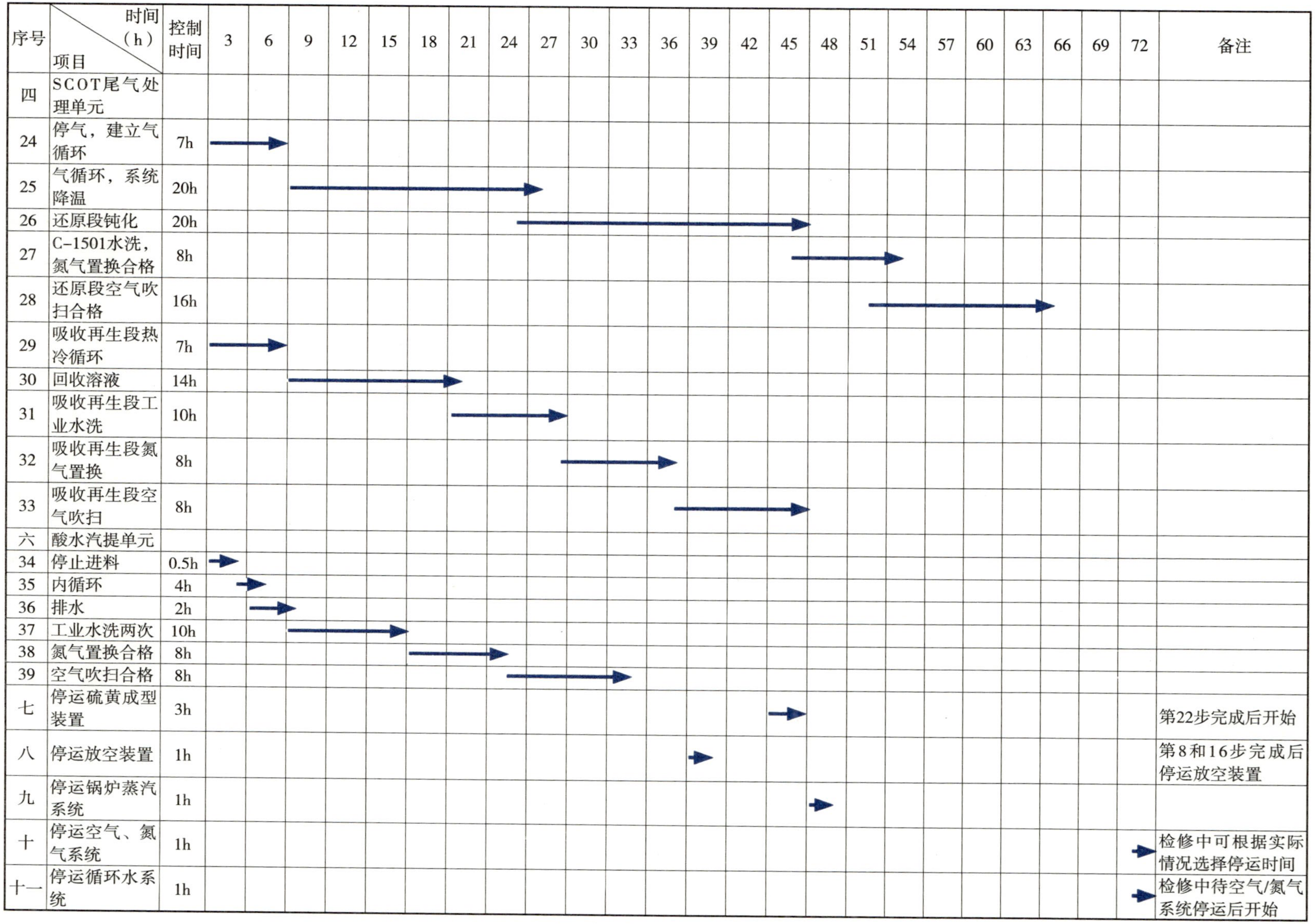

1 典型含H₂S天然气处理厂停开工方案

序号	项目	控制时间	时间(h) 3 6 9 12 15 18 21 24 27 30 33 36 39 42 45 48 51 54 57 60 63 66 69 72	备注
四	SCOT尾气处理单元			
24	停气、建立气循环	7h		
25	气循环、系统降温	20h		
26	还原段钝化	20h		
27	C-1501水洗、氮气置换合格	8h		
28	还原段空气吹扫合格	16h		
29	吸收再生段热冷循环	7h		
30	回收溶液	14h		
31	吸收再生段工业水洗	10h		
32	吸收再生段氮气置换	8h		
33	吸收再生段空气吹扫	8h		
六	酸水汽提单元			
34	停止进料	0.5h		
35	内循环	4h		
36	排水	2h		
37	工业水洗两次	10h		
38	氮气置换合格	8h		
39	空气吹扫合格	8h		
七	停运硫黄成型装置	3h		第22步完成后开始
八	停运放空装置	1h		第8和16步完成后停运放空装置
九	停运锅炉蒸汽系统	1h		
十	停运空气、氮气系统	1h		检修中可根据实际情况选择停运时间 检修中待空气氮气系统停运后开始
十一	停运循环水系统	1h		

图 1.9 停工统筹图(续)

1.2.3 分单元停工方案

1.2.3.1 原料气过滤、脱硫脱碳、脱水单元停工

1.2.3.1.1 停气

控制产品气出站调节阀,当产品气流量降低到零时关闭原料气界区阀和产品气界区阀。

1.2.3.1.2 热、冷循环及溶液回收

(1)热循环。

当系统停止输气后,脱硫脱碳单元转入热循环。

热循环时,停运 F-1201、F-1202、F-1203(打开旁路),加大溶液循环量至 180m³/h,并通知蒸汽系统提高蒸汽负荷,确保再生塔塔顶温度在 100 ~ 110℃之间。

循环 2.5h(注:当贫、富液中的 H_2S 含量不相近时可适当延长循环时间)后,分析富液中的 H_2S 含量,当贫、富液中 H_2S 含量相近且 H_2S 小于 0.1g/L 时,停止热循环(此时停运酸水回流泵),将系统转入冷循环。

(2)冷循环。

蒸汽系统缓慢降低蒸汽负荷,逐渐关闭 E-1202 蒸汽进口阀。当重沸器出口溶液温度低于 55℃时,停止冷循环。

P-1201A/B 停泵,关闭 C-1201 液调阀前后切断阀、旁通阀,贫液入塔流调阀前后切断阀、旁通阀,D-1203 液调阀。

当装置停止输气后,关闭脱水单元 H-1301 燃料气和汽提气,加大三甘醇循环量至 8m³/h 继续进行冷循环。

当脱水单元贫液出 H-1301 温度降到 55℃时,停止冷循环。

(3)泄压及溶液回收。

①脱硫脱碳单元。

对脱硫脱碳单元高压部分泄压,泄压速度控制在 0.1MPa/min 以内,待 C-1201 的压力降至 1.0MPa 时关闭放空阀,中压段泄压后压力保持 0.4MPa,低压段泄至 80kPa。

回收溶液按高压、中压、低压进行,先利用系统压力将溶液压入 D-1206 中。注意压溶液时,要打开溶液储罐顶部排空阀(或人孔),防止超压。

高压部分:通过 C-1201 底部回收溶液阀回收溶液,速度应缓慢,防止回收时气体进入溶液储罐。待大部分溶液回收后,关闭底部回收阀。

中压部分:用氮气将 D-1203 建压至 0.4MPa,通过底部回收阀对中压部分逐一回收,回收流程如下:

```
D-1203 → F-1201 → F-1202
                        ↓
E-1201A/B 管程 ← F-1203
```

低压部分:用氮气将 C-1202 保压在 80kPa,通过底部回收阀逐一回收溶液。

待各点溶液大部分回收后,重复前三步,贫液、富液管线,小股贫液管线,溶液泵进、

出口管线溶液从各管线低点回收。

待系统绝大部分溶液压回 D-1206 后,将系统高压、中压、低压各点压力泄压至零,打开各设备、管线底部回收溶液阀、顶部排空阀和所有调节阀前后切断阀、旁通阀,将残余溶液收至 D-1207,启 P-1203 打入 D-1206 中。

②脱水单元。

关闭 C-1301 富液液调前后切断阀及旁通阀,关闭 D-1302 液调前后切断阀及压调前后切断阀。

对脱水单元高压部分泄压,泄压速度控制在 0.1MPa/min 以内,待 C-1301 的压力降至 0.8MPa 时关闭放空阀,同时将 D-1302 的压力降至 0.3MPa。

按中压、低压、高压顺序依次将系统三甘醇溶液从低点压入 D-1304,启 P-1302 将三甘醇溶液打入 D-1306 内。待绝大部分溶液回收完后,对 C-1301 和 D-1302 进行彻底放空泄压。

泄压完毕后,打开各设备的底部回收溶液阀,彻底回收系统中残留的三甘醇溶液,直到 D-1304 中的液位不再上升为止,将 D-1304 内的全部溶液打入 D-1306 中。

(4)注意事项。

①安排专人监视回收点(特别是高压段),当有气体排出时,应立即关闭该点阀门。

②安排专人监视低位罐的液位,视其液位及时停运低位罐溶液泵以停止转移溶液至溶液储罐。

③当第一次逐级逐点回收完后,再按同样顺序重复进行,直至储罐回收的溶液与系统溶液基本相符为止。

1.2.3.1.3 水洗

(1)水洗的重要阀门、盲板初始状态表。

水洗的重要阀门、盲板初始状态见表 1.1。

表 1.1 装置水洗的重要阀门、盲板初始状态表

序号	名称/位号	状态	备注
1	原料气界区阀	关	原料气界区
2	XSDV-101	开	原料气至1100#
3	XV-101	关	原料气放空
4	PV-102及前后截断阀	关	原料气放空
5	XV-103	关	湿净化气放空
6	PV-104及前后截断阀	关	湿净化气放空
7	XV-102	关	湿净化气至1300#
8	XV-101	关	产品气放空
9	PV-104及前后截断阀	开	产品气放空
10	ESDV-101	关	产品气至界外

续表

序号	名称/位号	状态	备注
11	PV-103及前后截断阀	关	产品气至界外
12	FV-102及前后截断阀	开	贫MDEA至C-1201
13	SDV-101	开	贫MDEA至C-1201
14	SDV-102	开	富MDEA自C-1201
15	LV-103及前后截断阀	开	富MDEA自C-1201
16	PV-107及前后截断阀	开	闪蒸气自C-1203
17	LV-107及前后截断阀	开	富MDEA至C-1202
18	SDV-102	开	富TEG自C-1301
19	LV-102及前后截断阀	开	富TEG自C-1301
20	LV-104及前后截断阀	开	富TEG至重沸器
21	PV-109及前后截断阀	开	闪蒸气自D-1302
22	SDV-103	关	燃料气至重沸器
23	产品气界区阀	关	产品气界区
24	B-1100	开	原料气界区盲板
25	B-1128	关	1100#公用介质盲板
26	B-1303	开	1300#公用介质盲板
27	B-1312	开	产品气界区盲板

（2）凝结水洗。

脱硫脱碳装置溶液回收完后，进行凝结水洗。

①关闭各设备、管线底部溶液回收阀、顶部排空阀，启动P-1201从D-1206中将凝结水打入系统，将各塔罐液位建至较正常生产时稍低的液位（打开溶液储罐顶部排空阀或人孔）。

②系统建压。

③启P-1201A/B对装置进行水洗，循环量控制在180m³/h，循环2h后，停止水洗，循环时注意泵的运转，防止泵抽空。

④若溶液质量分数高于5%，则回收溶液，按高压、中压、低压进行，先利用系统压力将稀溶液压入D-1206中。注意压溶液时，要打开溶液储罐顶部排空阀（或人孔），防止超压。

（3）工业水洗。

①脱硫脱碳单元工业水洗。

a. 稀溶液回收完后，利用C-1202新鲜水管线对再生塔C-1202，补充新鲜水，保持C-1202液位在70%以上。打开溶液循环泵进口端工业水阀，关闭各设备、管线底部溶液回收阀、顶部排空阀，启动P-1201，将各塔罐液位建至较正常生产时稍低的液位。

b. 系统建压：利用之前压力。

c. 启 P-1201A/B 对装置进行水洗，循环量控制在 180m³/h，循环 2h 后，停止水洗，循环时注意泵的运转，防止泵抽空。水洗结束后将污水全部排入污水处理装置。

②脱水单元工业水洗。

a. 溶液回收完后，对脱水单元进行除盐水洗。利用除盐水管线，对 D-1302 补充除盐水，当 D-1302 液位上升到 50% 以上后，启运 P-1301 对吸收塔建液，最后，将各塔罐液位建压至较正常生产时稍低的液位。

b. 系统建压：利用之前压力。

c. 待各设备液位建至正常后，启 P-1301 对装置进行工业水洗，循环量控制 8m³/h，循环 5h 后，停止水洗，循环时注意泵的运转，防止泵抽空，工业水洗结束后将污水全部排入污水处理装置。

1.2.3.1.4 氮气置换

氮气置换前，将原料气过滤分离单元、脱硫脱碳单元、脱水单元泄压为零。

（1）高压段氮气置换。

系统各点泄压至零，对系统进行氮气置换，吹扫时应逐步吹扫，注意吹扫死角。1100#~1300# 高压系统连通置换，置换气排至 FS-2401。

①置换流程。

置换流程如下：

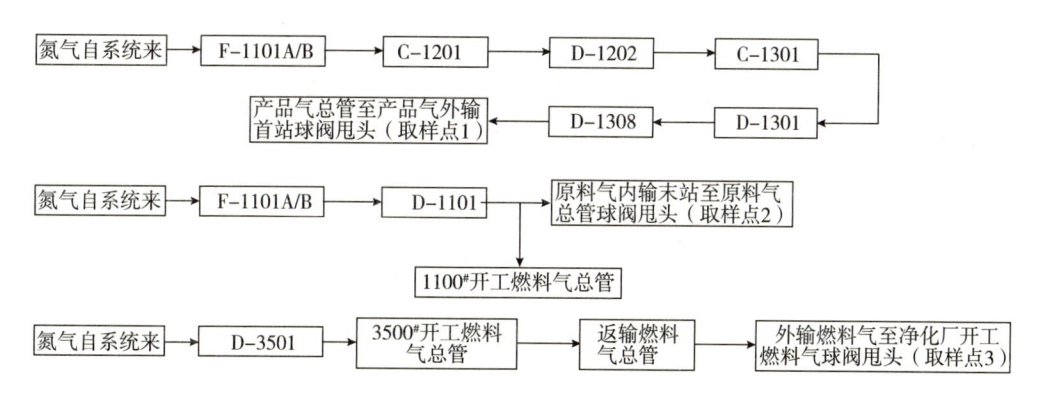

氮气自系统来 → F-1101A/B → C-1201 → D-1202 → C-1301 → D-1301 → D-1308 → 产品气总管至产品气外输首站球阀甩头（取样点1）

氮气自系统来 → F-1101A/B → D-1101 → 原料气内输末站至原料气总管球阀甩头（取样点2）
　　　　　　　　　　　　　　　↓
　　　　　　　　　　　　1100# 开工燃料气总管

氮气自系统来 → D-3501 → 3500# 开工燃料气总管 → 返输燃料气总管 → 外输燃料气至净化厂开工燃料气球阀甩头（取样点3）

上述部位置换合格后打开原料气、湿净化气、干净化气放空阀、各设备安全阀放空及旁通阀对高压放空管线进行置换。

②取样点。

取样地点 1：产品气总管至外输首站球阀甩头。

取样地点 2：原料气内输末站至总站球阀甩头。

取样地点 3：外输燃料气至净化厂开工燃料气球阀甩头。

在进氮气的远点位置取样分析，当 $CH_4 < 2\%$（体积分数）、$H_2S < 15mg/m^3$ 时为合格，停氮气置换。

（2）中、低压段氮气置换。

系统各点泄压至零，对系统进行氮气置换，吹扫时应逐步吹扫，注意吹扫死角。

①中压吹扫流程：

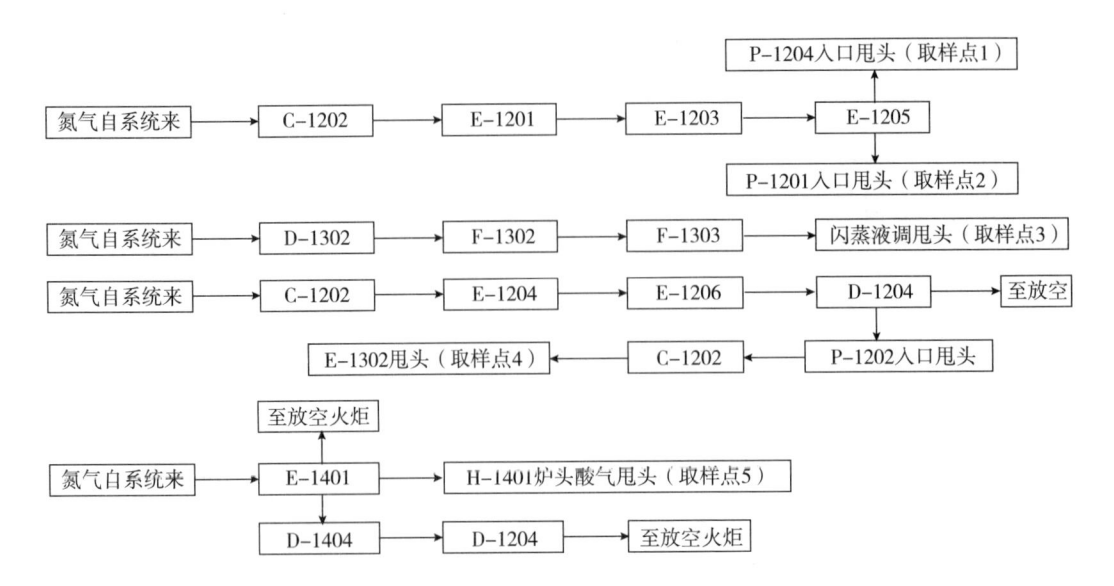

氮气自系统来 → C-1202 → E-1201 → E-1203 → E-1205 → P-1204入口甩头（取样点1）
　　　　　　　　　　　　　　　　　　　　　　　　　　↓
　　　　　　　　　　　　　　　　　　　　　　　P-1201入口甩头（取样点2）

氮气自系统来 → D-1302 → F-1302 → F-1303 → 闪蒸液调甩头（取样点3）

氮气自系统来 → C-1202 → E-1204 → E-1206 → D-1204 → 至放空

E-1302甩头（取样点4） ← C-1202 ← P-1202入口甩头

　　　　　　　　　　至放空火炬
　　　　　　　　　　　↑
氮气自系统来 → E-1401 → H-1401炉头酸气甩头（取样点5）
　　　　　　　　↓
　　　　　　　D-1404 → D-1204 → 至放空火炬

②低压吹扫流程：

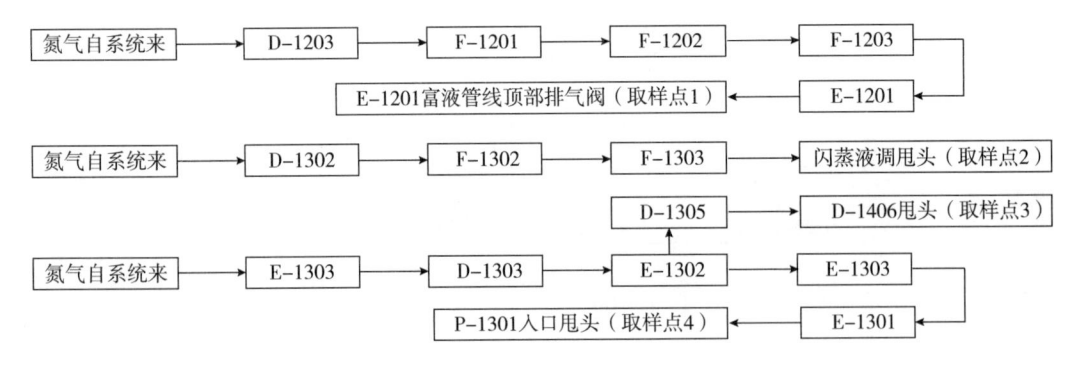

氮气自系统来 → D-1203 → F-1201 → F-1202 → F-1203
　　　　　　　E-1201富液管线顶部排气阀（取样点1） ← E-1201

氮气自系统来 → D-1302 → F-1302 → F-1303 → 闪蒸液调甩头（取样点2）

　　　　　　　　　　　　　　　　D-1305 → D-1406甩头（取样点3）
氮气自系统来 → E-1303 → D-1303 → E-1302 → E-1303
　　　　　　　　　P-1301入口甩头（取样点4） ← E-1301

③取样点。

a. 中压段。

取样地点1：P-1204入口甩头。

取样地点2：P-1201入口甩头。

取样地点3：脱硫脱碳单元闪蒸液调甩头。

取样地点4：E-1302排污甩头。

取样地点5：H-1401酸气甩头。

b. 低压段。

取样地点1：E-1201富液管线顶部排气阀。

取样地点2：脱水闪蒸液调甩头。

取样地点3：D-1406排污甩头。

取样地点4：P-1301入口甩头。

对以上取样点进行分别取样分析，$CH_4 < 2\%$（体积分数）、$H_2S < 10mg/m^3$时合格。

1.2.3.1.5 工厂风吹扫

氮气置换合格后,工厂风吹扫前,倒断原料气、产品气界区盲板,熄灭放空火炬(表1.2)。

表1.2 装置工厂风吹扫的重要阀门、盲板初始状态表

序号	名称/位号	状态	备注
1	原料气界区阀	关	原料气界区
2	XSDV-101	开	原料气至1100#
3	XV-101	关	原料气放空
4	PV-102及前后截断阀	关	原料气放空
5	XV-103	关	湿净化气放空
6	PV-104及前后截断阀	关	湿净化气放空
7	XV-102	开	湿净化气至1300#
8	XV-101	关	产品气放空
9	PV-104及前后截断阀	关	产品气放空
10	ESDV-101	关	产品气至界外
11	PV-103及前后截断阀	关	产品气至界外
12	FV-102及前后截断阀	关	贫MDEA至C-1201
13	SDV-101	关	贫MDEA至C-1201
14	SDV-102	开	富MDEA自C-1201
15	LV-103及前后截断阀	开	富MDEA自C-1201
16	PV-107及前后截断阀	关	闪蒸气自C-1203
17	LV-107及前后截断阀	开	富MDEA至C-1202
18	SDV-102	开	富TEG自C-1301
19	LV-102及前后截断阀	开	富TEG自C-1301
20	LV-104及前后截断阀	开	富TEG至重沸器
21	PV-109及前后截断阀	关	闪蒸气自D-1302
22	SDV-103	关	燃料气至重沸器
23	产品气界区阀	关	产品气界区
24	B-1100	关	原料气界区盲板
25	B-1128	开	1100#公用介质盲板
26	B-1303	关	1300#公用介质盲板
27	B-1312	关	产品气界区盲板

(1)高压段工厂风吹扫。

根据吹扫流程(与氮气置换流程一致)对装置各点进行全面空气吹扫,分别在外输首站至净化厂开工燃料气球阀甩头处进行取样分析,当$O_2 > 19.5\%$、$CH_4 < 2\%$(体积分数)、

$H_2S < 10mg/m^3$ 时为合格，停止吹扫（此时装置可安排塔罐人孔打开，进行下一步强制空气置换）。

注意：在空气吹扫过程中，加强巡检和取样，防止设备内 FeS 自燃。

（2）中压段工厂风吹扫。

①吹扫流程。

根据吹扫流程对装置各点进行全面空气吹扫。

中压段工厂风吹扫流程路线如下：

空气自系统来 → D-1203 → F-1201 → F-1202 → F-1203
闪蒸液调甩头 ← E-1201

空气自系统来 → D-1302 → F-1301 → F-1302 → F-1303
E-1301 ← E-1303 ← E-1302 ← D-1303 ← E-1303
P-1301入口前甩头　　　　　D-1305　　D-1406甩头（取样点2）

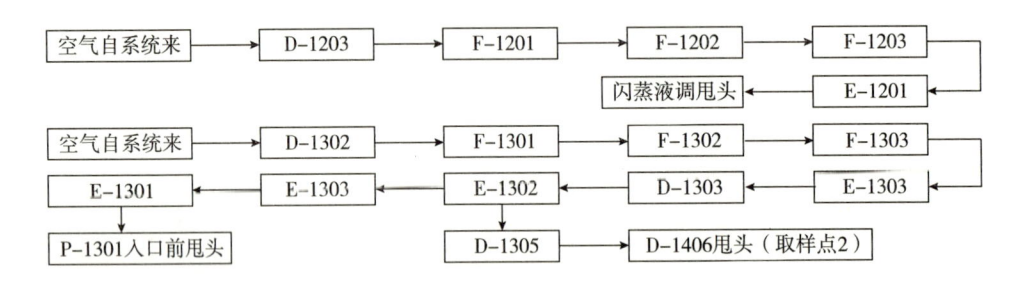

②取样点。

取样地点 1：D-1203 液调检查阀。

取样地点 2：D-1406 甩头。

取样地点 3：P-1301 入口检查阀。

当 $O_2 > 19.5\%$、$CH_4 < 2\%$（体积分数）、$H_2S < 10mg/m^3$ 时为合格，停止吹扫（此时装置可安排塔罐人孔打开，进行下一步强制空气置换）。

注意：在空气吹扫过程中，加强巡检和取样，防止设备内 FeS 自燃。

（3）低压段工厂风吹扫。

①吹扫流程。

根据吹扫流程对装置各点进行全面空气吹扫。

低压段工厂风吹扫流程路线如下：

空气自系统来 → C-1202 → E-1201 → E-1203 → E-1205 → P-1204甩头（取样点5）
1200#吸收液调甩头（取样点1） ← P-1201

空气自系统来 → C-1202 → E-1204 → E-1206 → D-1204 → 至放空
D-1401甩头（取样点2）
E-1302甩头（取样点3） ← C-1202 ← P-1202入口

空气自系统来 → E-1401 → H-1401炉头酸气甩头（取样点4）
至放空火炬
D-1404 → D-1204 → 至放空火炬

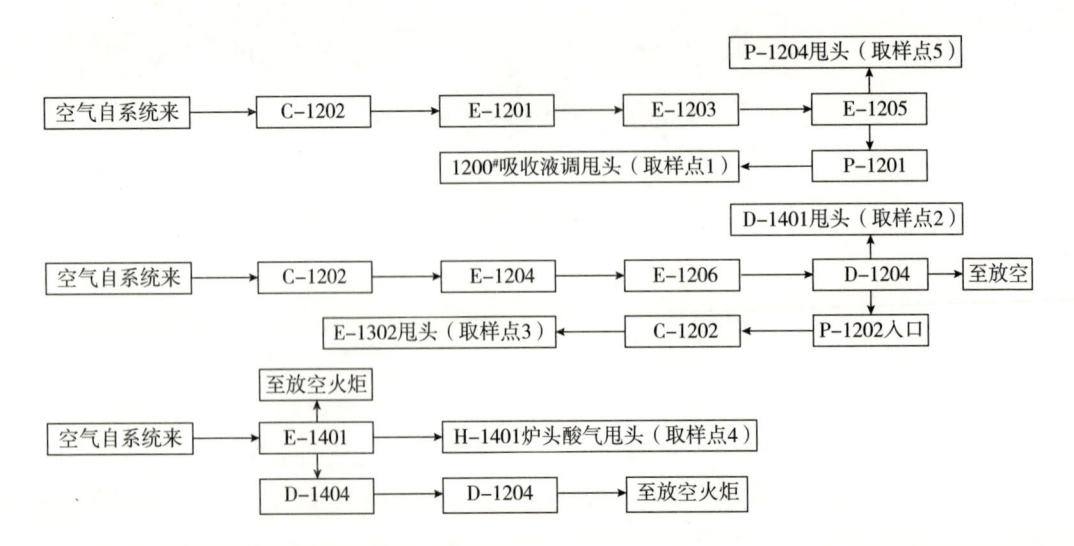

②取样点。

取样地点 1：脱硫脱碳单元吸收液调甩头。

取样地点 2：D-1401 排污甩头。

取样地点 3：E-1302 排污甩头。

取样地点 4：H-1401 炉头酸气甩头。

取样地点 5：P-1204 甩头。

当 $O_2 > 19.5\%$、$CH_4 < 2\%$（体积分数）、$H_2S < 10mg/m^3$ 时为合格，停止吹扫（此时装置可安排塔罐人孔打开，进行下一步强制空气置换）。

注意：在空气吹扫过程中，加强巡检和取样，防止设备内 FeS 自燃。

1.2.3.2 硫黄回收单元停工

1.2.3.2.1 停工前准备

（1）分析专业做好一级冷凝冷却器过程气出口氧含量分析的准备工作。

（2）排尽反应器和主燃烧炉降温蒸汽管线内的冷凝水，以便在需要时能及时向反应器和主燃烧炉内注入蒸汽降温。

（3）制定好酸气除硫、燃料气除硫、主炉受控降温的重要参数、分析数据的记录表格，安排专人记录、收集数据。

1.2.3.2.2 除硫

如果装置的任意部分需要打开进行检查、维护或空气有可能接触到催化剂床或装置停运时间足够长，则需进行除硫。

（1）酸气除硫。

酸气除硫重要阀门、盲板初始状态见表 1.3。

表 1.3 酸气除硫重要阀门、盲板初始状态表

序号	位号/名称	状态	备注
1	FV-109	关	主燃烧炉降温蒸汽
2	FV-108B	关	主燃烧炉燃料气
3	FV-104C	开	主路空气
4	FV-105C	开	支路空气
5	SDV-101	开	酸气联锁阀
6	FV-106	开	主路酸气
7	FV-107	开	支路酸气
8	B-1258	开	酸气界区盲板

①在本单元停止进酸气前 24h，将 R-1401、R-1402、R-1403 入口温度分别提高 30℃，即将 R-1401、R-1402、R-1403 入口温度 TIC-161、TIC-146、TIC-165 分别提高到 290℃、250℃、230℃，维持至酸气切断为止。

②在停止酸气前，将 H-1401 入口调温蒸汽及各反应器入口灭火蒸汽管线内的凝结水

排净，备用。

（2）燃料气除硫。

①仪表技术人员解除酸气、空气低流量联锁，同时确认降温蒸汽调节阀工作正常。

②停止酸气，采用燃料气次化学当量燃烧。

在控制主燃烧炉温度不高于1200℃的情况下，打开燃料气联锁阀，逐渐打开主燃烧炉燃烧器的燃料气流量调节阀FV-108A，向系统引入一定量的燃料气，现场逐渐关闭酸气至D-1401的界区阀，停止酸气，直至关完。

在开燃料气和关酸气的同时，注意调整空气流量，控制主燃烧炉温度在1000℃左右。当酸气完全切断后，燃料气流量应控制240m³/h，空气流量控制2350m³/h（根据实际情况，要求控制主燃烧炉温度在1100℃左右）。

在加入燃料气燃烧的同时，为避免燃烧室形成高温，应按比例向主燃烧器加入降温蒸汽，以保护火嘴和控制主燃烧炉温度。蒸汽与燃料气的比例最多为4:1。燃料气密度按0.717kg/m³计算。

③燃料气和酸气切换时注意事项如下：

a. 燃料气和酸气切换时，主燃烧炉不能超过1200℃。

b. 在切换过程中，严格配风，防止配风过多，造成反应器超温，配风过少，造成积炭。

c. 切换完成后，确保主燃烧器的空燃比为0.98。

d. 在切换过程中，密切关注反应器的温度，加强各级再热炉的配风，防止反应器超温或结炭。

④当H-1401改烧燃料气燃烧稳定后，应将R-1401、R-1402、R-1403的入口温度升至300℃进行除硫操作。

⑤当酸气停止后，在主燃烧炉熄火停炉前，应将D-1401、D-1402内酸水全部排至D-1601内，并对酸气分液罐及酸气管线进行氮气吹扫。吹扫路线如下：

a. 当H-1401停止酸气进入后，将N_2经GN-1405-1.6AI-20引入D-1401内，并经酸气管线吹扫至H-1401内，0.5h后，关闭酸气联锁阀SDV-101、酸气流量调节阀FV-106A。

b. 然后D-1401内N_2经LV-101→D-1402→PSV-1402吹扫至放空火炬，直至取样合格后，停止吹扫。

⑥惰性气体除硫至少应进行24h，并保证液硫封X-1402A～D取样包处无液硫流出为止。

⑦惰性气体除硫开始后，打开E-1405末级硫冷器煮炉蒸汽，防止冷凝器炉水温度过低造成炉管被硫黄堵塞。

（3）过氧除硫。

燃料气除硫前重要阀门、盲板初始状态见表1.4。

①当惰性气体除硫完毕后，应将各级再热炉H-1404、H-1406、H-1408熄火停炉，并关闭各级再热炉的燃料气和空气联锁阀、调节阀的前后截止阀及旁通阀。不得使上述气体漏入系统内，此时焚烧炉H-1504的温度降至400℃运行。

表 1.4 燃料气除硫前重要阀门、盲板初始状态表

序号	位号/名称	状态	备注
1	FV-109	开	主燃烧炉降温蒸汽
2	FV-108B	开	主燃烧炉燃料气
3	FV-104C	开	主路空气
4	FV-105C	开	支路空气
5	SDV-101	关	酸气联锁阀
6	FV-106	关	主路酸气
7	FV-107	关	支路酸气
8	B-1258	开	酸气界区盲板

②继续维持 H-1401 的燃料气燃烧，当 R-1401、R-1402、R-1403 床层各点温度均降到 195℃时，缓慢地增加 H-1401 的空气量，使系统内过剩 O_2 含量控制在 0.5%~1% 以内（E-1402 出口 SC-1402 取样分析）。在空气过量时，应严密注视 R-1401、R-1402 床层各点温度不得超过 230℃，若超过 230℃时，应减少 H-1401 的过剩空气供给量，以稳定或降低反应床层温度。如果在 H-1401 配风无过剩 O_2 的情况下，反应器床层温度超过 350℃，并仍有上升趋势时，应立即使用灭火蒸汽。

③在第二项能够正常的情况下，且 R-1401、R-1402、R-1403 床层温度均稳定，并呈下降趋势时，可逐步增加主燃烧炉 H-1401 的空气量，以使烟气中过剩 O_2 含量逐渐增加（此过程应缓慢进行），同时注意主燃烧炉的温度，适当降低主燃烧炉的降温蒸汽，防止主燃烧炉熄火。

④在上述过程稳定进行时，要加强对 H-1401 燃烧情况的巡检，防止主火嘴熄火。当上述过程进行到 R-1401、R-1402、R-1403 床层各点温度降至 150℃左右时，H-1401 熄火停炉，并关闭主火嘴降温蒸汽和燃料气的联锁阀、调节阀的前后截止阀及旁通阀，不得使上述气体漏入系统内，除硫结束。

1.2.3.2.3 装置冷却

（1）当 H-1401 熄火停炉后，继续用空气冷吹系统，此时应严密注视床层温度，当温度无上升趋势时，可以增大空气流量至最大量进行吹扫，同时用锅炉给水置换余热锅炉 E-1401 炉水以降低气流温度，直至 R-1401、R-1402、R-1403 床层各点温度降到 100℃以下为止，且在 SC-1408（E-1405 出口）处取样分析吹扫气中 H_2S 及 SO_2 含量要低于 0.01%（体积分数）、O_2 含量要大于 19.5%（体积分数）。

（2）冷却吹扫合格后，停尾气焚烧炉 H-1504，关闭焚烧炉的燃料气联锁阀、调节阀前后截断阀。

1.2.3.2.4 液硫池硫黄输送

（1）当惰性气体除硫到液硫封 X-1402A 至 D 取样包处无液硫流出，在蒸汽系统停止前时，启运 P-1401A/B 将 PT-1401 中液硫全部转入液硫储罐，直到池底可见为止。

（2）停止液硫脱气系统，关闭鼓泡空气，停运蒸汽引射器。

1.2.3.3 尾气处理单元

1.2.3.3.1 还原段钝化停工

经过一段时间的运行后，加氢反应器催化剂由于出现FeS而容易着火。将FeS暴露在空气中可能导致FeS自燃生成H_2S或SO_2，会造成设备损坏和进入反应炉工作人员的人身伤害。因此，在开启反应炉检查或更换催化剂之前应对反应炉内的催化剂进行钝化处理。

（1）停车准备工作。

①检查气循环流程，打开气循环放空管线上压力调节阀PV-102的前后截断阀，打开C-1501出口管线至气循环管线的总阀。

②检查开工蒸汽引射器蒸汽管线的疏水器，保证蒸汽管线无凝结水，并对蒸汽管线进行暖管处于备用（表1.5）。

表1.5 钝化前重要阀门、盲板初始状态表

序号	位号/名称	状态	备注
1	HV-101（HV-157）	关	1400尾气至尾气处理单元
2	HV-102（HV-158）	开	1400尾气至尾气焚烧炉
3	PV-102前后截断阀	开	急冷段调压阀
4	C-1501–C-1502蝶阀	关	过程气从急冷塔到吸收塔阀门
5	PV-118	关	蒸汽引射器调压阀
6	B-1501	开	气循环盲板
7	B-1502	关	预硫化盲板

（2）停气，建立气循环。

①中控室确保在线燃烧炉燃烧器风气比不变，适当降低在线燃烧炉燃烧器的燃料气和空气流量，以降低在线燃烧炉燃烧器的温度。

②中控缓慢打开至焚烧炉的尾气旁通阀HV-102，以降低进入尾气装置的尾气流量，直到处理量降为设计值的40%为止。

③打开蒸汽喷射器入口和出口蝶阀，将气循环放空管线上压力调节器PICA-102投入自动，并将设定值设定为16kPa。

④打开开工蒸汽引射器的蒸汽阀门，打开冷却塔塔顶至加氢反应炉再热器上的蝶阀，控制气循环量FIQ-123为3000~8000m³/h，关闭至冷却塔气体入口蝶阀（蒸汽引射器旁通阀），还原段建立气循环。

⑤中控室根据回收尾气管线上PIA-134压力显示，缓慢关闭至尾气处理装置的蝶阀HV-101，同时打开至焚烧炉的尾气旁通阀HV-102，直至HV-102开完、HV-101关完，在整个过程中PIA-134压力不能超过30kPa。

⑥当停止尾气，并建立气循环正常后，将在线燃烧炉燃烧器的风气比比值提高到0.9~0.95，继续保持在线燃烧炉燃烧器燃烧。此时，要注意C-1501底部酸水pH值（AIA-103）的变化情况，异常时，要及时进行调整，保证酸水pH值在7.0左右。

⑦当 C-1501 顶部过程气管线上氢分析仪（AIA-109）显示低于 1% 时，对在线燃烧炉熄火停炉。

⑧熄火停炉后，及时关闭在线燃烧炉燃烧器上的降温蒸汽、燃料气和空气联锁阀、调节阀及前后截断阀。

⑨熄火停炉后，继续保持气循环，当气循环放空管线上压力调节器 PIC-102 未达到 16kPa 时，打开 GN-1516 氮气管线上的氮气阀门，将氮气补充入循环系统，尽可能使用最大氮气量在系统中循环，过量气体可以通过气循环放空管线上压力调节阀 PV-102 放空至焚烧炉系统。

⑩气循环过程中当加氢反应器 R-1501 床层温度均降到 100℃以下时，开始钝化操作并与化验室联系在 R-1501 进、出口取样点 SC-1502、SC-1503 取样分析气流中 O_2、SO_2、CO_2 含量，频率为 2h/次（在钝化前应取一个分析样，便于对照）。

⑪建立气循环时注意事项：停气时，防止 H-1501 熄火；防止系统压力过高或过低；注意酸水 pH 值，及时调整至正常；防止 R-1501 反应器床层超温。

（3）钝化操作。

①确认加氢反应器 R-1501 床层温度均降到 100℃以下时，通过 H-1501 点火枪向炉内引入部分仪表风向系统注入空气，并保持循环气 O_2 含量为 0.1%～0.5%（体积分数）左右，（在 SC-1502、SC-1503 取样分析 O_2、SO_2、CO_2 含量）密切注意 O_2 耗量及 R-1501 床层温度变化，及时调整酸水 pH 值。

②当 R-1501 床层温度有所上升时，应稳定加入的仪表风或压缩空气流量，如果上升并超过 150℃时，停止引入仪表风或压缩空气，待温度降至 150℃以下时再引入仪表风或压缩空气，重复上述操作过程。

③当引入仪表风或压缩空气后，钝化可以正常进行（R-1501 进出口 O_2 含量作依据），R-1501 床层各点温度呈稳定下降趋势时（温度不高于 150℃），可逐渐增加仪表风或压缩空气量。当加入的仪表风或压缩空气不足时，引入 K-1401 来的压缩空气逐步增大流量（注意此过程中 R-1501 床层各点温度仍不得超过 150℃）。

④当循环气中 O_2 含量增加到 20%（体积分数）以上，SO_2 含量低于 0.01%（体积分数）时，并且温度不再上升，稳定操作 8h 以上，停止空气引入，钝化结束。

⑤钝化注意事项：注意反应器温度，严禁超温；注意酸水 pH 值，及时调整。

（4）急冷塔工业水洗。

①钝化结束后，停止急冷塔 C-1501 循环，排净急冷塔循环酸水（排到污水处理单元，严禁就地排放）。

②用软管向系统加入工业水，启运酸水循环泵，建立循环，循环水洗 2h 后，停止循环，并排净系统清洗水，完成第一次工业水洗。

③根据系统脏污的情况，决定是否进行第二次工业水洗，方法同第一次工业水洗。

④C-1501 水洗完后，从 H-1501 引入 K-1401 来的空气，经 R-1501→C-1501→C-1502→D-1501→H-1503 进行吹扫，直到在 SC-1506 取样分析 O_2 > 19.5%（体积分数）以上为止（注意：此项必须在 C-1502 的 N_2 吹扫合格后进行），还原段停车结束。

1.2.3.3.2 吸收再生段停车

(1)停车准备工作。

按照停工计划,提前5天对溶液储罐B(TK-1501B)和胺液排放罐(D-1508)进行清洗。

(2)热、冷循环,回收溶液。

①热循环。

待加氢还原段停止进气后,确认C-1501至C-1502蝶阀关闭,在酸气量不足以进入1400#时,关闭D-1504酸气至回收装置的压力调节阀PV-104A及前后截断阀,压力由放空调节阀PV-104B控制,关闭D-1501出口废气管线上手操阀HV-151。

吸收再生段继续进行热循环2h后,可通知分析人员取样分析富液的硫化氢含量,当其质量浓度小于0.2g/L时,停止热循环,将系统转入冷循环。

注意:C-1503压力不够时,用氮气增压,维持0.10 MPa的压力。

②冷循环。

停止重沸器的蒸汽供给,关蒸汽调节阀FV-107及前后截止阀,关疏水器阀。当贫液温度达到55℃时,停止冷循环。

(3)溶液回收。

停运贫液空冷器和酸气空冷器E-1507、E-1505,再停贫液泵P-1503。

微开TK-1501A到P-1503入口大阀,利用再生塔压力,将再生塔的溶液经E-1504→E-1507→E-15048压至TK-1501中。注意防止C-1503气体串入TK-1501A,当C-1503低液位时,关TK-1501A到P-1503入口大阀。

当C-1502低液位时,停富液泵P-1502。

当酸气分液罐液位降为零,停回流泵P-1504。

打开设备和管线低点溶液回收阀门,或利用皮管将系统低点的溶液回收到低位罐,用溶液补充罐液下泵(低位泵)P-1505转入TK-1501A(胺液储罐)中。

在回收完溶液后,将D-1508溶液补充罐内溶液全部打至TK-1501A储存并计算溶液回收量,确认溶液回收干净。

收液注意事项:

①先收溶液多的部位,每次打开1~2个点,严禁D-1508溶液补充罐满罐溢流。

②确认每一个点的溶液收完。

③从各低点排液口接皮管,回收残液,直至回收干净。

(4)除氧水洗,回收稀溶液。

①建压。

从吸收塔进料管线上的GN-1509-1.6AI-25氮气管线引入氮气进入吸收塔C-1502建压,当吸收塔中部压力表PG-013显示为13kPa时,关闭建压阀。

从C-1503底部GN-1506-1.6A1-25来的氮气进入再生塔C-1503建压,当酸水回流罐顶部PIC-104显示为0.10MPa时,关闭建压阀。

②除氧水洗。

向低位罐加入除氧水,高液位后,启运低位罐溶液补充泵P-1505,向吸收塔C-1502

进除氧水。

当吸收塔液位 LIA-106 大于 80% 时，启运富液泵 P-1502A/B，并打开富液流量调节阀 FV-106，将除氧水打入再生塔。

当再生塔有液位时，启运贫液泵 P-1503A/B，并打开贫液循环量调节阀 FV-105，对系统建立除氧水循环，当吸收塔、再生塔液位达到 50% 左右时，停止加入除氧水。

对装置进行除盐水洗，循环量控制在 150m³/h，循环 2h 后，停止水洗。

循环结束后，按照回收溶液的方法回收整个系统的稀溶液至 TK-1501B。

（5）工业水洗。

①建压。

从吸收塔进料管线上的 GN-1509-1.6AI-25 氮气管线引入氮气进入吸收塔 C-1502 建压，当吸收塔中部压力表 PG-013 显示为 13kPa 时，关闭建压阀。

从 C-1503 底部 GN-1506-1.6A1-25 来的氮气进入再生塔 C-1503 建压，当酸水回流罐顶部 PIC-104 显示为 0.10MPa 时，关闭建压阀。

②工业水洗。

用软管分别向吸收塔 C-1502 和再生塔 C-1503 加入新鲜水，当吸收塔 C-1502 和再生塔 C-1503 有液位时，按泵的操作规程分别启运富液泵 P-1502A/B 和贫液泵 P-1503A/B 建立循环。

当吸收塔 C-1502 和再生塔 C-1503 液位达到 50% 左右时，分别关闭吸收塔 C-1502 和再生塔 C-1503 的新鲜水阀门。

对装置进行工业水洗，循环水洗 2h 后，停止循环，排净系统清洗水至污水处理单元。

第一次新鲜水循环清洗完成后，可视系统清洗的脏污程度，决定是否进行第二次或更多次新鲜水循环清洗，操作同第一次。

（6）N₂ 吹扫。

①吹扫流程。

从吸收塔进料管线上的氮气管线引入氮气，进入吸收塔 C-1502，吹扫路线如下：

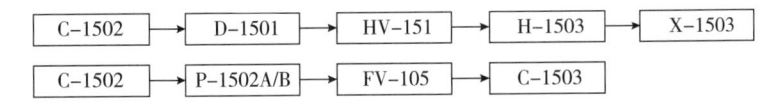

C-1502 → D-1501 → HV-151 → H-1503 → X-1503

C-1502 → P-1502A/B → FV-105 → C-1503

从 C-1503 底部管线引入氮气至再生塔，吹扫路线如下：

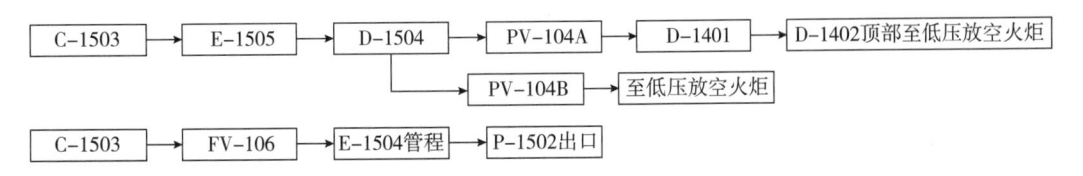

C-1503 → E-1505 → D-1504 → PV-104A → D-1401 → D-1402顶部至低压放空火炬

D-1504 → PV-104B → 至低压放空火炬

C-1503 → FV-106 → E-1504管程 → P-1502出口

②取样点。

取样地点 1：C-1503 底部排污甩头。

取样地点 2：D-1402 出口甩头。

取样地点3：P-1503入口甩头。

取样地点4：P-1502出口甩头。

各取样点取样分析H_2S小于$10mg/m^3$为合格。

（7）工厂风吹扫。

①吹扫流程。

打开吸收塔C-1502工厂风阀门，吹扫路线如下：

C-1502 → D-1501 → HV-151 → H-1503 → X-1503 → 排放到大气

C-1502氮气置换合格后，也可以将还原段与吸收段拉通置换，吹扫路线如下：

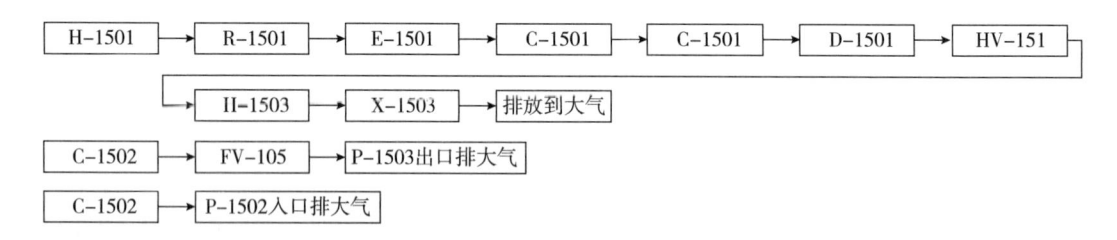

H-1501 → R-1501 → E-1501 → C-1501 → C-1501 → D-1501 → HV-151

H-1503 → X-1503 → 排放到大气

C-1502 → FV-105 → P-1503出口排大气

C-1502 → P-1502入口排大气

打开再生塔C-1503工厂风阀门，吹扫路线如下：

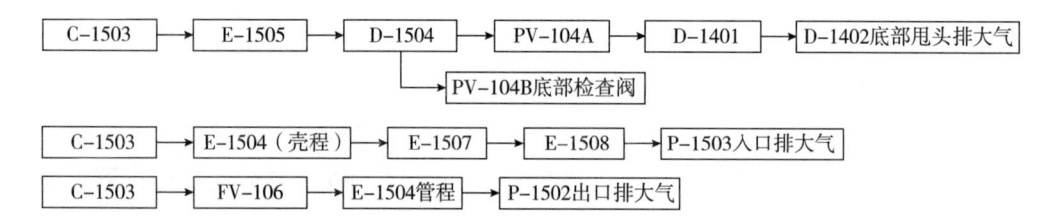

C-1503 → E-1505 → D-1504 → PV-104A → D-1401 → D-1402底部甩头排大气

PV-104B底部检查阀

C-1503 → E-1504（壳程）→ E-1507 → E-1508 → P-1503入口排大气

C-1503 → FV-106 → E-1504管程 → P-1502出口排大气

②取样点。

取样地点1：C-1503底部排污甩头。

取样地点2：P-1502出口甩头。

取样地点3：P-1503入口甩头。

取样地点4：P-1502入口甩头。

从远点取样O_2含量大于19.5%为合格。

注意事项：

①吹扫应在火炬熄灭、燃料气系统与吹扫系统有效隔离后进行。

②吹扫气就地排放，不得进入放空系统。

③对易发生硫化物自燃的设备，应将吹扫空气导入旁路，无法旁路的应在可能发生自燃的设备预接氮气或工业水管线做好灭火准备，加强巡检和取样，一旦发生自燃及时处理，并在随后的设备检修过程中增加检测操作。

④空气吹扫时应严格控制气体流速小于5m/s。

⑤空气吹扫的分析数据只作为进入后续停工操作的依据，进入有限空间作业需按规定另行取样分析。

1.2.3.4 酸水汽提单元

1.2.3.4.1 热、冷循环及排水

(1) 热循环。

D-1601停止进水后,关闭进入D-1601的所有酸水阀门,将本单元转为热循环,以充分汽提酸水中的H_2S、CO_2。

关闭C-1601到C-1501酸气管线截断阀,打开C-1601顶部安全阀PSV-1604旁通将酸气切换到火炬。

对酸水汽提塔底冷却器出口酸水进行取样分析,当酸水中H_2S小于5×10^{-6}后,停重沸器E-1602蒸汽,关FV-1603前后截止阀,转入冷循环。

(2) 冷循环及排水。

当C-1601底部酸水温度TIA-105达到55℃后,停E-1603的冷却水。

当D-1601液位达到0%时,停止氮气增压;当C-1601液位达到0%时,停P-1601A/B。将系统的净化水尽可能送到2300#。

注意:冷循环时,适时向C-1601补入氮气防止负压。

1.2.3.4.2 工业水洗

(1) 建压。

打开D-1601顶部GN-1602-1.6A1-50来的氮气压力调节阀PV-101B,对中间罐D-1601建压,当酸水回流罐顶部PICA-101显示为0.45MPa时,关闭建压阀,并将PIC-101B调节器投入自动。

若D-1602有液位,启运P-1602,将D-1602内酸水全部打入D-1601并关闭进水总阀。

从汽提塔C-1601上的GN-1603-1.6AI-50氮气管线引入氮气对汽提塔C-1601建压,当C-1601中部压力表PG-002显示为20kPa时,关闭建压阀。

(2) 工业水洗。

用软管将新鲜水引入原料酸水中间罐D-1601中,将新鲜水逐步引入酸水汽提塔C-1601,使汽提塔建立起正常液位。

启动P-1601A/B,将汽提塔中的新鲜水沿循环工艺线路引向原料水罐D-1601中。引水路线如下:

| 新鲜水 | → | D-1601 | → | E-1601管程 | → | C-1601 | → | E-1601壳程 | → | P-1601 | → | D-1601 |

当系统建立起正常液位并维持内循环时,暂时停止新鲜水引入,维持系统循环水洗2h后,停止循环,排净系统清洗水至污水处理单元。

第一次新鲜水循环清洗完成后,可视系统清洗的脏污程度,决定是否进行第二次或更多次新鲜水循环清洗,操作同第一次。

1.2.3.4.3 氮气置换

(1) 吹扫流程。

从GN-1602-1.6A1-50引入氮气至D-1601,沿如下所示路线进行氮气置换:

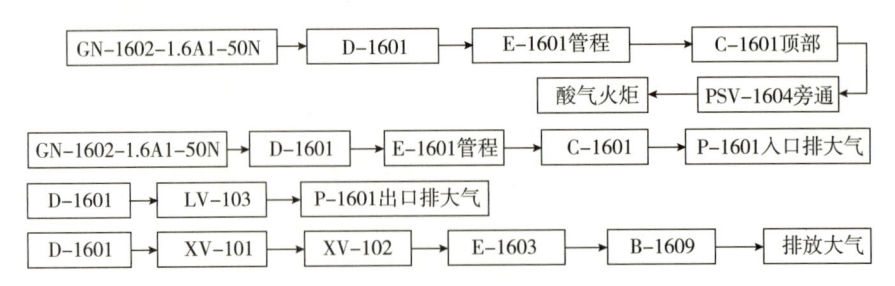

```
GN-1602-1.6A1-50N → D-1601 → E-1601管程 → C-1601顶部
                                                ↓
                            酸气火炬 ← PSV-1604旁通

GN-1602-1.6A1-50N → D-1601 → E-1601管程 → C-1601 → P-1601入口排大气

D-1601 → LV-103 → P-1601出口排大气

D-1601 → XV-101 → XV-102 → E-1603 → B-1609 → 排放大气
```

打开 D-1602 顶部氮气阀，对 D-1602 进行氮气置换。

（2）取样点。

取样地点 1：C-1601 顶部安全阀甩头。

取样地点 2：P-1601 入口甩头。

取样地点 3：P-1601 出口甩头。

取样地点 4：E-1603 出口管线甩头。

以上各取样分析 H_2S 含量小于 $15mg/m^3$ 为合格。

1.2.3.4.4　工厂风吹扫

吹扫路线同氮气置换，吹扫气排入大气，在 E-1601 出口甩头取样，直到 O_2 含量大于 19.5%～23.5%（体积分数）为止。

1.2.3.5　硫黄成型装置

停工顺序如下：

液硫泵（P-2101A/B）→硫黄成型机（X-2101A/B/C/D/E/F）→皮带输送机（X-2102A/B）→自动称重包装码垛生产线（X-2103A/B）

1.2.3.5.1　降温

停车前 30min，将硫黄成型成套设备（X-2101A/B）的布料器、保温罩的伴热蒸汽全部关闭。

1.2.3.5.2　停液硫泵

确认液硫储罐（D-2101A/B）内液位已处降至 20% 时，打开液硫管 PL-2110-1.6A10-150/100-SJ 上液硫压调（PV-2103）的旁通夹套阀，缓慢关闭液硫压调阀及其旁通阀，让液硫返回到液硫储罐储存。

按停止按钮停运液硫泵，关闭液硫泵进出口夹套阀。

1.2.3.5.3　停硫黄成型机

确认硫黄成型机（X-2101A/B/C/D/E/F）的液硫已完，用净化空气将管路和机头内的残料吹扫干净，以备下次开车。

关闭硫黄成型机（X-2101A/B/C/D/E/F）进口液硫夹套阀，按停止按钮停运硫黄成型机。关闭硫黄成型机进出口循环冷却水阀。

1.2.3.5.4　停皮带输送机

确认硫黄成型机无颗粒硫生成时，按停止按钮停运皮带输送机。

1.2.3.5.5　停自动称重包装码垛生产线

确认硫黄成型机无颗粒硫生成时，按停止按钮停运自动称重包装码垛生产线。

停成型装置动设备电源。

1.2.3.5.6 注意事项

打扫设备、场地卫生，做好相关记录。

1.2.3.6 污水处理装置

（1）确认各污水池（检修水池、事故污水池、曝气调节池集水池、循环水排污池、滤后水池、一级浓水池、二级浓水池、事故原水池）处于极低液位。

（2）停运生化处理装置各运转设备，停运汽水混合加热器蒸汽及 UASB 加热蒸汽。

（3）停运蒸发结晶装置真空泵及各效循环水泵和冷凝水泵，并关闭蒸发结晶加热蒸汽。

（4）停运三法净水一体化装置及电渗析装置。

（5）办理污水处理装置停电作业票，停止供电。

（6）打扫场地卫生，做好相关记录。

1.2.3.7 火炬及放空系统

1.2.3.7.1 火炬熄火

（1）高压放空火炬 FS-2401 停运。

在 1100# 过滤分离装置、1200# 脱硫装置、1300# 脱水装置和 3500# 燃料气系统全部停工完毕后，将 FS-2401 长明灯燃料气阀门关闭。

（2）低压放空火炬 FS-2402 停运。

在 1200# 脱硫装置、1400# 硫黄回收装置、1500# 尾气处理装置和 1600# 酸水汽提装置全部停工完毕后，将 FS-2402 长明灯燃料气阀门关闭。

1.2.3.7.2 氮气置换

当系统停车完毕后，立即进行 N_2 置换，通知分析人员对各排放点置换气取样，直至各点取样分析 CH_4 小于 2%（体积分数）、H_2S 小于 $10mg/m^3$ 为合格。

1.2.3.7.3 空气吹扫

当 N_2 置换合格后，立即进行空气吹扫，通知分析人员对各排放点置换气取样，直至各点取样分析 O_2 大于 19.5%（体积分数）为合格。

1.2.3.8 循环水处理装置

1.2.3.8.1 停止药剂投加

在装置即将停止进原料气的前两天，停止向循环水中投加药剂。

1.2.3.8.2 关闭循环水补充水阀

关闭新鲜水补充水和旁滤器，所有循环冷却水系统的阀门全开，进行大流量冲洗。

1.2.3.8.3 停凉水塔风机

在脱硫脱水单元溶液冷循环结束后，停空冷风机 K-3101。

1.2.3.8.4 停循环泵，关闭泵出口阀

停循环水泵 P-3101，关闭泵出口阀；装置机泵需要循环水时，其机泵用水转为新鲜水供给。

1.2.3.8.5 排净，关闭循环水进出口总阀

在无水返回循环水池并得到统一指令后，即可排净循环水池中的水，关闭循环水进出口总阀。

1.2.3.8.6 停止供电

办理停电作业票,停止各运转设备的供电,做好记录。

1.2.3.9 锅炉及蒸汽系统

接到停炉指令后,检查锅炉本体、阀门及附属设备,记录存在的问题,汇报工段,以便锅炉停工检修。

确认前段热循环结束,且硫黄回收单元处于冷却时,停运锅炉。

1.2.3.9.1 停炉

(1)将电控柜的燃烧控制方式从"自动"转为"手动"。

(2)手动调节燃料气开度逐渐降低燃料气用量,逐渐降低锅炉负荷,当锅炉蒸汽压低于蒸汽管网系统压力时,切断与蒸汽总管的连接。

(3)当锅炉压力降到 0.2MPa 时(或降到锅炉最小燃料气流量时),按下操作屏(PLC)的"停炉"按钮停炉。通知中控室,停止向锅炉供燃料气。

(4)停止送风,在最初 4~8h 内,关闭烟道、风道挡板,防止冷空气大量进入炉膛避免锅炉急剧冷却。

1.2.3.9.2 放空、泄压

(1)关闭锅炉燃料气供气联锁阀后,打开锅炉燃料气的排空阀,排尽燃料气管线内的燃料气。待压力为 0MPa 时,关闭燃气排空阀。

(2)关闭蒸汽出口阀,锅炉压力上升时适当打开放空阀缓慢放空。

(3)锅炉蒸汽压力稳定在 0.2MPa 左右,保持锅炉给水供给,使锅炉液位略高于正常生产液位值(60%)时,关闭锅炉给水阀停止上水。关闭蒸汽排空阀,停止注药、关闭连续排污等阀门。

(4)根据实际情况,对锅炉进行检修或内部检查,则缓慢打开锅炉蒸汽排空阀,并保持适当开度,当锅炉压力降为零后(即大气压),打开锅炉放空阀,以防锅炉产生真空。

1.2.3.9.3 降温、停止给水

从锅炉停炉起每 8h 对锅炉换水一次,直到锅炉炉水温度降为 50℃。

停止锅炉给水。

1.2.3.9.4 排水

打开锅炉定期排污阀,将锅炉炉水排尽。该过程安排专人在定排扩容器附近值守观察,且与排污坑保持一定的安全距离,负责排炉水的人员根据值守人指示调整排放开度,防止液相排完后,带压蒸汽高速冲击造成周边人员烫伤。

1.2.3.9.5 保养

根据停产检修实际情况锅炉做干法或湿法保养,如需立即检修,可按照上述要求打开排空阀完全泄压并冷却炉体,并倒换盲板,与系统隔离。

1.2.3.10 空氮系统

1.2.3.10.1 停运制氮装置、空气干燥器

检查确认装置无任何仪表风、空气、氮气用点,停运制氮装置 X-3302、干燥器 X-3301,并关闭对应进出口阀门。

1.2.3.10.2 停运空气压缩机

停运空气压缩机 K-3301，关闭空气出口阀门并泄压。

1.2.3.10.3 储罐保压备用

关闭各储罐 D-3301、D-3302、D-3303、D-3304 进出口阀门，保压备用。

1.2.3.10.4 停止供电

办理停电作业票，停止各用电设备的供电，做好记录。

1.3 开工方案

1.3.1 开工准备

（1）严格落实启动前安全检查针对施工项目逐一确认，确保设备设施具备投运条件。
（2）全面细致检查各项检修项目是否完工，拆卸过的设备是否全部复位，盲板是否倒换加装到位。
（3）反复检查仪表和所有阀门所处状态，调节阀、联锁阀动作要求，手动阀开关灵活。
（4）现场检修设施拆除，场地杂物清除合格。

1.3.2 开工进度管理

1.3.2.1 开工顺序

净化装置经过停产检修后，根据生产安排，要对装置进行正常开工。在供电系统正常启运后，其开工顺序如下：
（1）供电系统投运，确保装置各单元用电正常。
（2）新鲜水、消防水系统投运，确保主装置和辅助装置用水正常和以备发生火灾时使用。
（3）污水处理装置正常投运，确保产生的污水能得以处理。
（4）锅炉软水制备，锅炉上满水。
（5）循环水系统正常投运（包括清洗、预膜、运行），保证需要提前投运的设备的冷却。
（6）空压制氮系统正常投运，保证开产前的吹扫和仪表用风。
（7）燃料气系统和火炬放空系统正常投运，为装置提供燃料气，防止在装置试压检漏过程中放空造成人员中毒。
（8）锅炉蒸汽系统投运，为装置开产前的回收装置煮炉、保温及脱硫脱碳装置热循环提供蒸汽，以及保证开产后的热能供给。
（9）硫黄回收单元和尾气处理单元试压、检漏、暖锅、点火升温、烘炉。
（10）原料气预处理、脱硫脱碳、脱水装置开车（试压、检漏、水洗、进溶液、冷循环、热循环）。
（11）酸水汽提单元开车。
（12）待硫黄回收装置和脱硫脱碳、脱水装置各点温度达到进气条件后，进气生产。
（13）待脱硫脱碳装置有酸气时，硫黄回收装置进酸气生产。

（14）尾气处理单元和酸水汽提单元投运。

（15）硫黄成型装置正常投运。

1.3.2.2 开工统筹图

开工统筹图如图 1.10 所示。

1.3.3 分单元开工方案

1.3.3.1 原料气过滤分离、脱硫脱碳、脱水单元

1.3.3.1.1 检查确认

（1）公用系统正常供给水、电、气等。

（2）对照表 1.6，按照流程仔细检查各阀门（包括调节阀、联锁阀及安全阀前后切断阀）开关状态，检查调节阀、联锁阀动作是否灵敏，中控和现场阀位是否一致。

表 1.6 开工重要阀门、盲板初始状态表

序号	名称/位号	状态	备注
1	原料气界区阀	关	原料气界区
2	XSDV-101	开	原料气至1100#
3	XV-101	关	原料气放空
4	PV-102及前后截断阀	关	原料气放空
5	XV-103	关	湿净化气放空
6	PV-104及前后截断阀	关	湿净化气放空
7	XV-102	开	湿净化气至1300#
8	XV-101	关	产品气放空
9	PV-104及前后截断阀	关	产品气放空
10	ESDV-101	关	产品气至界外
11	PV-103及前后截断阀	关	产品气至界外
12	FV-102及前后截断阀	关	贫CT8-5至C-1201
13	SDV-101	关	贫CT8-5至C-1201
14	SDV-102	关	富CT8-5自C-1201
15	LV-103及前后截断阀	关	富CT8-5自C-1201
16	PV-107及前后截断阀	关	闪蒸气自C-1203
17	LV-107及前后截断阀	关	富CT8-5至C-1202
18	SDV-102	关	富TEG自C-1301
19	LV-102及前后截断阀	关	富TEG自C-1301
20	LV-104及前后截断阀	关	富TEG至重沸器
21	PV-109及前后截断阀	关	闪蒸气自D-1302
22	SDV-103	关	燃料气至重沸器
23	产品气界区阀	关	产品气界区
24	B-1100	关	原料气界区盲板
25	B-1128	关	1100#公用介质盲板
26	B-1303	关	1300#公用介质盲板
27	B-1312	关	产品气界区盲板

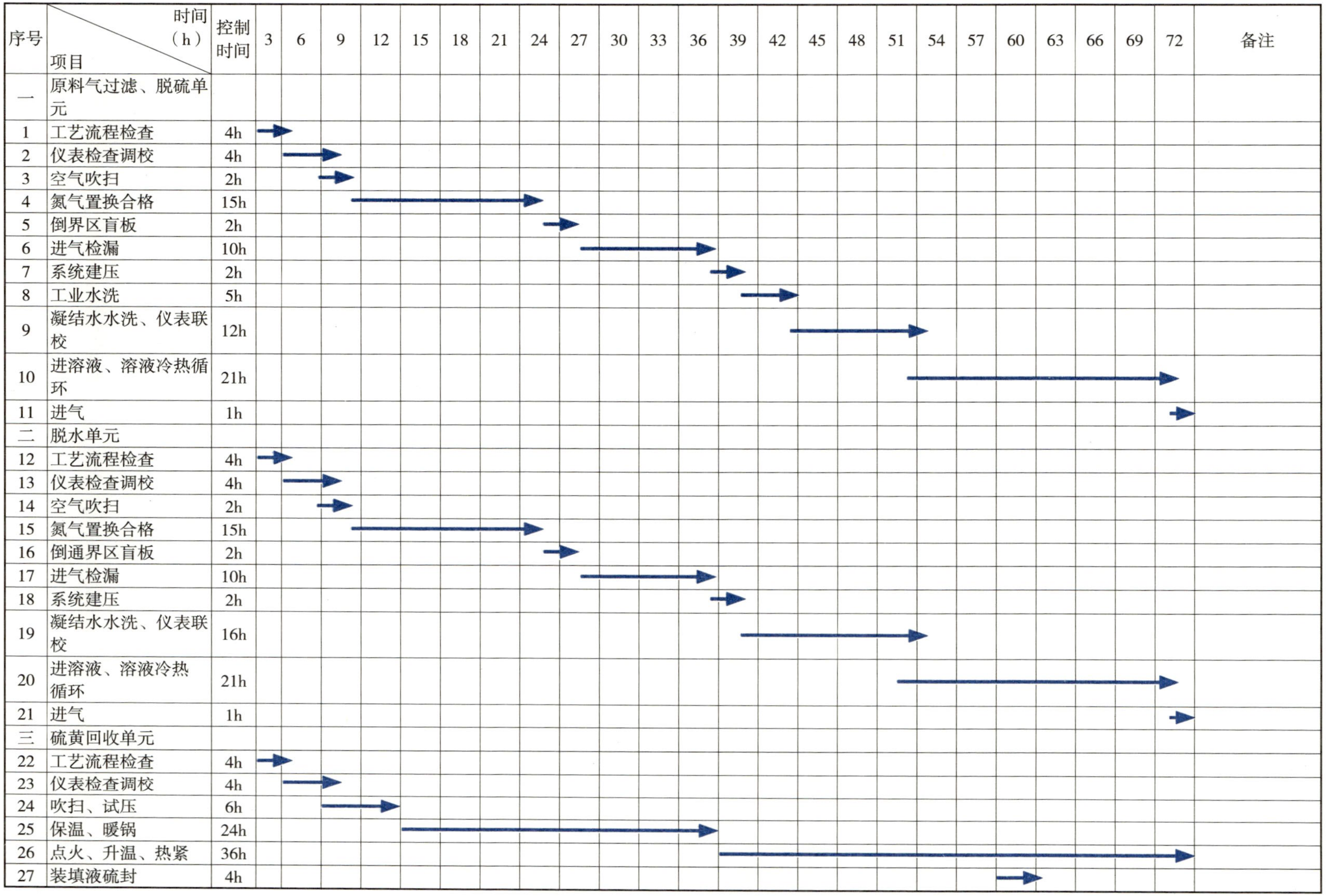

1 典型含H₂S天然气处理厂停开工方案

序号	项目	控制时间(h)	备注
一	原料气过滤、脱硫单元		
1	工艺流程检查	4h	
2	仪表检查调校	4h	
3	空气吹扫	2h	
4	氮气置换合格	15h	
5	倒界区盲板	2h	
6	进气检漏	10h	
7	系统建压	2h	
8	工业水洗	5h	
9	凝结水水洗、仪表联校	12h	
10	进溶液、溶液冷热循环	21h	
11	进气	1h	
二	脱水单元		
12	工艺流程检查	4h	
13	仪表检查调校	4h	
14	空气吹扫	2h	
15	氮气置换合格	15h	
16	倒通界区盲板	2h	
17	进气检漏	10h	
18	系统建压	2h	
19	凝结水水洗、仪表联校	16h	
20	进溶液、溶液冷热循环	21h	
21	进气	1h	
三	硫黄回收单元		
22	工艺流程检查	4h	
23	仪表检查调校	4h	
24	吹扫、试压	6h	
25	保温、暖锅	24h	
26	点火、升温、热紧	36h	
27	装填液硫封	4h	

图 1.10 开工统筹图

序号	项目	控制时间	时间(h) 3 6 9 12 15 18 21 24 27 30 33 36 39 42 45 48 51 54 57 60 63 66 69 72	备注
28	进酸气	1h		
四	尾气处理单元			
29	工艺流程检查	4h		
30	仪表检查调校	4h		
31	还原段吹扫、试压检漏	15h		
32	余热锅炉试压、保温、暖锅	18h		
33	急冷塔工业水洗、除氧水洗、水循环	18h		
34	还原段点火、升温	36h		
35	吸收再生段吹扫、试压检漏	18h		
36	吸收再生段工业水洗、除盐水洗	15h		
37	吸收再生段氮气置换	12h		
38	进溶液、冷热循环	18h		
39	进气	1h		
五	酸水汽提单元	36h		
40	工艺流程检查	4h		
41	仪表检查调校	4h		
42	氮气置换合格	15h		
43	试压检漏	10h		
44	工业水洗、除盐水洗	18h		
45	冷热循环	9h		
46	进气	1h		
六	投运硫黄成型装置	2h	液硫池达到一定液位后	
七	投运污水处理装置	6h		
八	投运火炬及放空系统	2h		
九	投运新鲜水、循环水系统	2h	先投运、循环水系统预膜	
十	投运锅炉及蒸汽系统	9h		
十一	投运空氮系统	4h		
十二	投运燃料气系统	2h		

图 1.10 开工统筹图（续）

1.3.3.1.2 氮气置换

氮气置换重要阀门、盲板初始状态见表1.7。

表1.7 氮气置换重要阀门、盲板初始状态表

序号	名称/位号	状态	备注
1	原料气界区阀	关	原料气界区
2	XSDV-101	开	原料气至1100#
3	XV-101	关	原料气放空
4	PV-102及前后截断阀	关	原料气放空
5	XV-103	关	湿净化气放空
6	PV-104及前后截断阀	关	湿净化气放空
7	XV-102	开	湿净化气至1300#
8	XV-101	关	产品气放空
9	PV-104及前后截断阀	关	产品气放空
10	ESDV-101	关	产品气至界外
11	PV-103及前后截断阀	关	产品气至界外
12	FV-102及前后截断阀	关	贫CT8-5至C-1201
13	SDV-101	关	贫CT8-5至C-1201
14	SDV-102	开	富CT8-5自C-1201
15	LV-103及前后截断阀	开	富CT8-5自C-1201
16	PV-107及前后截断阀	关	闪蒸气自C-1203
17	LV-107及前后截断阀	开	富CT8-5至C-1202
18	SDV-102	开	富TEG自C-1301
19	LV-102及前后截断阀	开	富TEG自C-1301
20	LV-104及前后截断阀	开	富TEG至重沸器
21	PV-109及前后截断阀	关	闪蒸气自D-1302
22	SDV-103	关	燃料气至重沸器
23	产品气界区阀	关	产品气界区
24	B-1100	关	原料气界区盲板
25	B-1128	开	1100#公用介质盲板
26	B-1303	关	1300#公用介质盲板
27	B-1312	关	产品气界区盲板

（1）高压段氮气置换。

①置换流程。

置换流程如下：

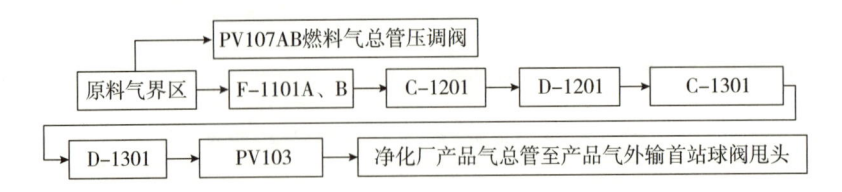

```
                    ┌──PV107AB燃料气总管压调阀──┐
                    ↓                          ↓
  原料气界区 → F-1101A、B → C-1201 → D-1201 → C-1301

  → D-1301 → PV103 → 净化厂产品气总管至产品气外输首站球阀甩头
```

上述部位置换合格后打开原料气、湿净化气、干净化气放空阀，以及各设备安全阀放空附线对高压放空管线进行置换。

②取样点。

取样地点：产品气外输首站球阀甩头取样分析，O_2含量小于2%（体积分数）为合格。

（2）中、低压段氮气置换。

①置换流程。

置换流程如下：

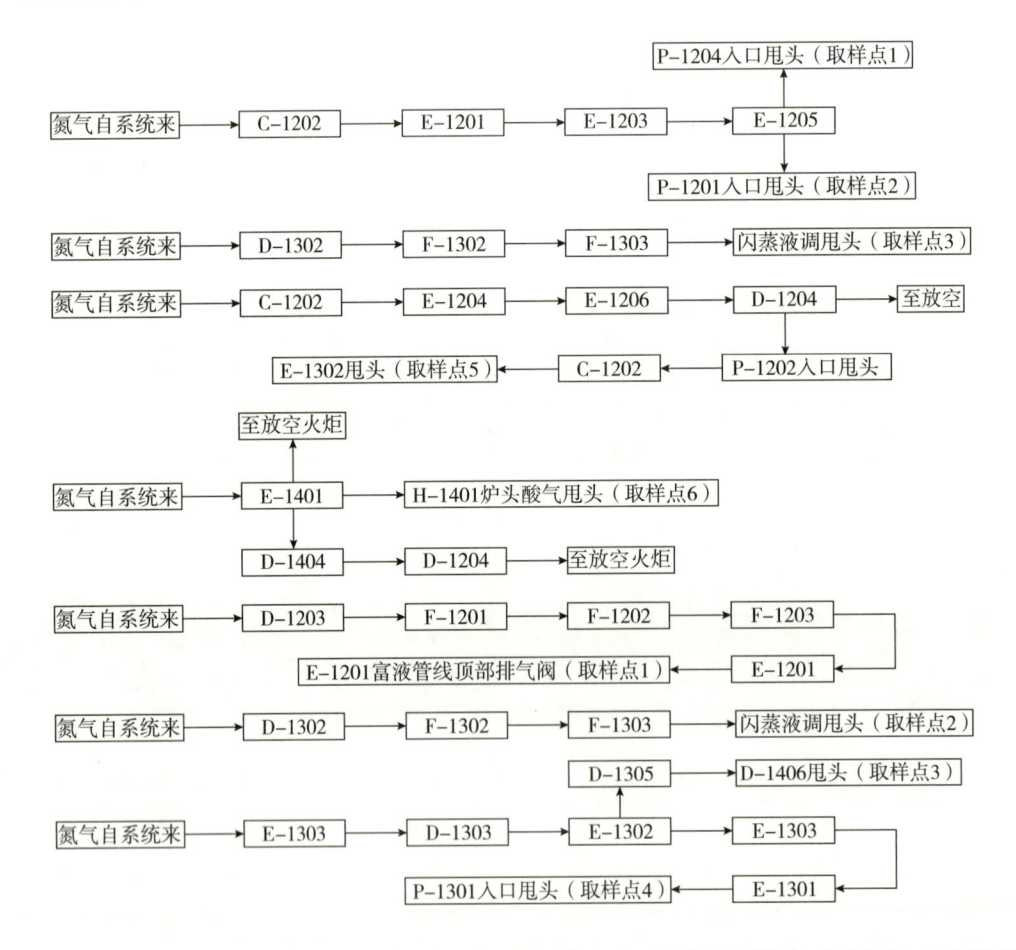

```
                                           P-1204入口甩头（取样点1）
                                                  ↑
  氮气自系统来 → C-1202 → E-1201 → E-1203 → E-1205
                                                  ↓
                                           P-1201入口甩头（取样点2）

  氮气自系统来 → D-1302 → F-1302 → F-1303 → 闪蒸液调甩头（取样点3）

  氮气自系统来 → C-1202 → E-1204 → E-1206 → D-1204 → 至放空

          E-1302甩头（取样点5） ← C-1202 ← P-1202入口甩头

                  至放空火炬
                     ↑
  氮气自系统来 → E-1401 → H-1401炉头酸气甩头（取样点6）
                     ↓
                  D-1404 → D-1204 → 至放空火炬

  氮气自系统来 → D-1203 → F-1201 → F-1202 → F-1203
                                                ↓
          E-1201富液管线顶部排气阀（取样点1） ← E-1201

  氮气自系统来 → D-1302 → F-1302 → F-1303 → 闪蒸液调甩头（取样点2）

                                   D-1305 → D-1406甩头（取样点3）
                                     ↑
  氮气自系统来 → E-1303 → D-1303 → E-1302 → E-1303
                                                ↓
                          P-1301入口甩头（取样点4） ← E-1301
```

上述部位置换合格后打开闪蒸气放空阀及各设备安全阀放空附线对高压放空管线进行置换。

a. 打开1200#、1300#闪蒸罐至D-3501阀门对闪蒸气分液罐进行置换。燃料气出口分别对至1300#燃料气管线、汽提气管线，至1400#主燃烧炉、尾气焚烧炉燃料气管线，至锅炉房燃料气管线，至放空火炬燃料气管线，至食堂生活用气管线进行置换，置换合格后打开全厂燃料气总管至高压放空阀门置换放空管线。

b. 按以上流程对装置进行氮气置换，置换气直接排大气。

②取样点。

a. 中压段。

取样地点1：P-1204入口甩头。

取样地点2：P-1201入口甩头。

取样地点3：脱硫脱碳单元闪蒸液调甩头。

取样地点4：E-1302P排污甩头。

取样地点5：H-1401酸气甩头。

b. 低压段。

取样地点1：E-1201富液管线顶部排气阀。

取样地点2：脱水闪蒸液调甩头。

取样地点3：D-1406排污甩头。

取样地点4：P-1301入口甩头。

对以上取样点进行分别取样分析，O_2含量小于2%（体积分数）为合格。

注：氮气置换合格后投运火炬。

1.3.3.1.3　气密性试压检漏

氮气置换后，气密性试压检漏前倒原料气、产品气界区盲板、D-1203闪蒸气盲板、D-1302氮气盲板、净化气补充气盲板。

（1）高压段气密性试验。

①装置高压段气密性试验采用返输气检漏至1.0MPa、3.0 MPa、5.0 MPa，原料气检漏至6.0MPa、6.7 MPa。试压的各个压力等级稳压过程中，操作人员采用中性检漏剂重点对各静密封点进行检漏，并对发现问题的地方进行标记，在泄压后统一进行整改，再试压。建压流程如下：

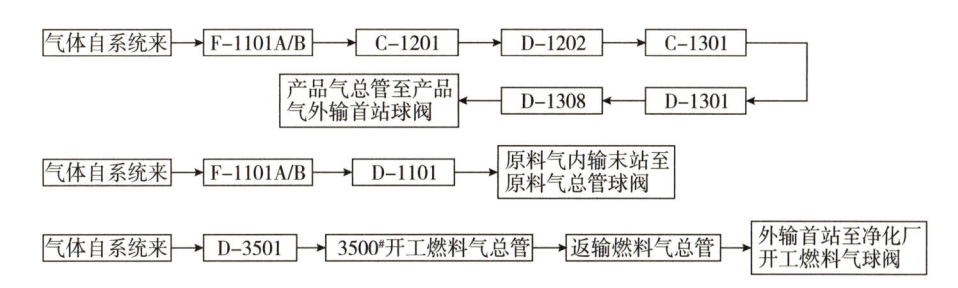

气体自系统来 → F-1101A/B → C-1201 → D-1202 → C-1301 → D-1301 → D-1308 → 产品气总管至产品气外输首站球阀

气体自系统来 → F-1101A/B → D-1101 → 原料气内输末站至原料气总管球阀

气体自系统来 → D-3501 → 3500#开工燃料气总管 → 返输燃料气总管 → 外输首站至净化厂开工燃料气球阀

②注意打开原料气、湿净化气、干净化气放空联锁，对到截止放空调节阀和旁通阀进口前管段同步进行试压。

③注意打开脱硫、脱水贫液流调阀，对脱硫循环泵和脱水往复泵出口至塔设备的管段同步进行试压。

④将试压区域用警示围栏标示出来，并安排专人值班，防止非操作人员进入试压区域。

撤离除操作监护人员外的所有现场人员,并与试压区域保持 30m 以外的安全距离。在试压区域外围建立禁入警示围栏,放置警示标牌。

⑤确认装置各设备安全阀正常投用。

⑥通知调度协调人员,联系返输天然气、原料气逐步导入系统。

⑦对高压段系统进行升压,分 1.0MPa、3.0 MPa、5.0 MPa、6.7 MPa 四个等级分别试验,升压速度小于 0.1MPa/min。每进入一个压力等级,应暂停升压,静置观察 10~15min,并用试漏液对装置进行初步泄漏以检查、验证安装恢复的密封质量。检查期间,不得向试压区域继续注入试压介质。系统压力应保持不变。在没有泄漏的前提下,试压段区域方可继续升压。

⑧当系统压力上升到 3.5 MPa 以上时,每增加 10% 的压力,至少稳压不小于 5min,观察没有异常时,继续升压,直至升到预定压力为止。

⑨在装置升压期间,如果发生设备、管线变形、移位或异常的金属响声,应立即停止升压,必要时进行泄压处理,并查明原因后再执行下一步操作。

⑩准备好试漏瓶、试漏剂、反光镜、提水桶等工具。当建压达到规定指标后,切断建压气体注入,观察试压区域的压力是否稳定,在系统压力稳定的前提下,对所有试压区域内的管线法兰、静设备开口和法兰、人孔、手孔、仪表连接口、焊接口、与管线连接的转动设备进、出口等进行泄漏检查。

⑪对系统压力下降的情况,要进行详细检查和分析,找出泄漏点位并加以整改和消除泄漏,不允许任何泄漏现象存在。

⑫当发现有气体外漏时,应确定安全的整改方法,在整改方法不能解决问题时,应停止升压,并对系统卸压后再进行整改,严禁在带压下做紧固螺栓的强行整改。

⑬达到最终试验压力后,切断原料气引入,保持系统压力。在保压期间,用试漏剂对系统进行全面的检查试漏,并统计记录好试漏过程和试验数据,以及整改情况描述和技术分析等资料,以备归档保存。

(2)中低压段气密性试验。

装置中压段和低压段采用氮气进行试压检漏,低压段试压压力缓慢升至工作压力,中压段升压先升至 0.2 MPa,再升至 0.8MPa,其操作步骤参照高压段气密性试验进行。

①中压区域段氮气进入及主要建压流程方向路线如下:

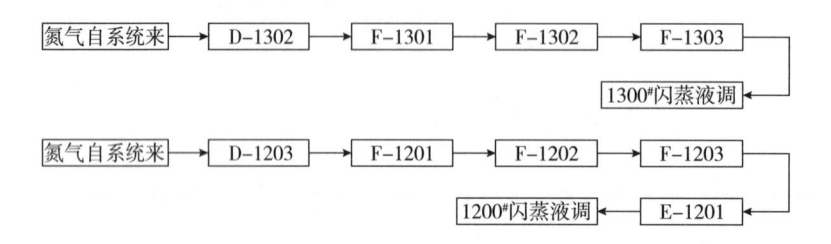

氮气自系统来 → D-1302 → F-1301 → F-1302 → F-1303 → 1300#闪蒸液调

氮气自系统来 → D-1203 → F-1201 → F-1202 → F-1203 → 1200#闪蒸液调 → E-1201

a. 脱硫脱碳中压段试验压力为 0.8MPa。

注意:同步对进闪蒸罐富液调节阀阀后至闪蒸罐管段试压,对闪蒸罐至放空调节阀阀前管段试压,对闪蒸罐至燃料气分液罐管段试压。

b. 脱水中压段试验压力为 0.8MPa。

注意：同步对进闪蒸罐富液调节阀阀后至闪蒸罐管段试压，对闪蒸罐至放空调节阀阀前管段试压，对闪蒸罐至燃料气分液罐管段试压。

c. 燃料气系统试验压力为 0.5MPa。

氮气至 D-1203，D-1203 至 D-3501，分别至 1300# 燃料气管线、汽提气管线，至 1400# 主燃烧炉、尾气焚烧炉燃料气管线，至锅炉房燃料气管线，至放空火炬燃料气管线，至食堂生活用气管线进行试压。

d. 高压放空管线试验压力为 0.2MPa。

在 1100#、1200#、3500# 试压完成后通过以上各单元放空管将氮气引入高压放空总管，再到 D-2401A、B（关闭其出口双蝶阀），以及来自内输末站的原料气放空管线。

②低压区域段氮气进入及主要建压流程方向路线如下。

a. 脱硫低压段试验压力为 80kPa。

流程方向路线如下：

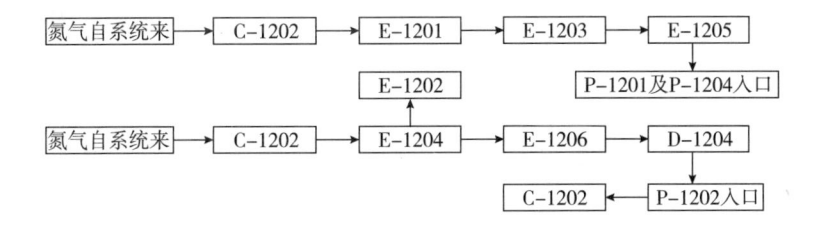

```
氮气自系统来 → C-1202 → E-1201 → E-1203 → E-1205
                            ↑                  P-1201及P-1204入口
                          E-1202
氮气自系统来 → C-1202 → E-1204 → E-1206 → D-1204
                          C-1202 ← P-1202入口
```

b. 脱水低压段试验压力为 0.03MPa。

流程方向路线如下：

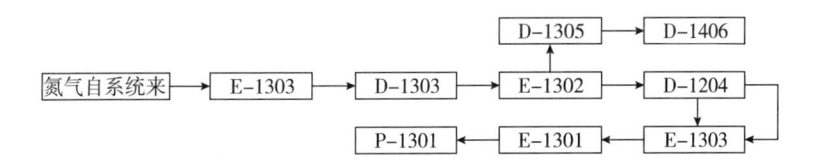

```
                                    D-1305 → D-1406
氮气自系统来 → E-1303 → D-1303 → E-1302 → D-1204
                        P-1301 ← E-1301 ← E-1303
```

c. 酸气管线试验压力为 80kPa。

氮气管线 → D-1401 → E-1401 → H-1401（试压前 H-1401 入口酸气法兰插临时盲板，试压完成后去掉盲板）。

d. 低压放空管线试验压力为 0.2MPa。

在 1200#、1400# 酸气管线试压完成后通过以上各单元放空管将氮气引入低压放空总管 → D-2402A、B（关闭 D-2402 出口双蝶阀）。

e. 回收至脱硫酸水管线试验压力为 100kPa。

氮气管线 → D-1404 → D-1204。

1.3.3.1.4　工业水洗

对系统进行工业水洗，可以除去系统中残留的铁锈、焊渣以及沉积物等杂质，保护溶液不受污染，避免溶液发泡。

（1）脱硫脱碳单元工业水洗。

①应具备的条件。

a. 对脱硫脱碳单元进行全面检查，确认已关闭各设备、管线底部溶液回收阀、排污阀以及顶部排空阀。对转动设备的安装固定、校准和润滑进行检查，检查油位，并按照转动方向仔细盘车，转动多圈，检查应无卡、涩、滞、跳和异常响声，并使各转动部位得到充分润滑。将脱硫溶液循环泵 P-1201A/B 贫液进口管线过滤器拆开检查并清洗，清除管内杂质后装复，避免将上游管线中泥沙和杂质混入运转设备的进口管线中（表1.8）。

b. 提前将溶液储罐和低位罐用工业水清洗干净，在溶液储罐中储存足够的工业水，同时注意储罐进水和抽取水前必须打开罐顶呼吸阀。

表1.8 水洗前重要阀门、盲板初始状表

序号	名称/位号	状态	备注
1	原料气界区阀	关	原料气界区
2	XSDV-101	开	原料气至1100#
3	XV-101	关	原料气放空
4	PV-102及前后截断阀	关	原料气放空
5	XV-103	关	湿净化气放空
6	PV-104及前后截断阀	关	湿净化气放空
7	XV-102	关	湿净化气至1300#
8	XV-101	关	产品气放空
9	PV-104及前后截断阀	开	产品气放空
10	ESDV-101	关	产品气至界外
11	PV-103及前后截断阀	关	产品气至界外
12	FV-102及前后截断阀	开	贫CT8-5至C-1201
13	SDV-101	开	贫CT8-5至C-1201
14	SDV-102	开	富CT8-5自C-1201
15	LV-103及前后截断阀	开	富CT8-5自C-1201
16	PV-107及前后截断阀	开	闪蒸气自C-1203
17	LV-107及前后截断阀	开	富CT8-5至C-1202
18	SDV-102	开	富TEG自C-1301
19	LV-102及前后截断阀	开	富TEG自C-1301
20	LV-104及前后截断阀	开	富TEG至重沸器
21	PV-109及前后截断阀	开	闪蒸气自D-1302
22	SDV-103	关	燃料气至重沸器
23	产品气界区阀	关	产品气界区
24	B-1100	开	原料气界区盲板
25	B-1128	关	1100#公用介质盲板
26	B-1303	开	1300#公用介质盲板
27	B-1312	开	产品气界区盲板

②注意事项。

a. 储罐储水时,要提前将罐顶呼吸阀打开,防止储罐变形。

b. 在排污过程之前,要确定吸收塔和闪蒸罐液调阀、截止阀都已关闭,以防排污过程中发生串压事故。

c. 排污过程中,要随时注意设备的液位变化,防止建压气体串漏和泄漏,尤其要防止高压设备中的原料气泄漏,保证每一个点有操作人员坚守。

d. 设备带压排污过程中污水流速快、冲击力大,因此排污时,在排污点附近使用警示带,避免引起安全事故。

③操作步骤。

a. 工艺流程检查。

确认吸收塔液调阀、闪蒸罐液调阀以及其旁通阀门全部关闭,确认各设备安全阀正常投用,联锁系统正常投用,梳理流程,确认相应盲板处于正确状态。

b. 系统建压。

打开开工天然气返回阀,向高压系统建压,将吸收塔高压段区域建压至3MPa。

打开闪蒸罐顶部氮气进口管线阀门,向闪蒸罐中压段区域用氮气建压0.4MPa。

打开再生塔上氮气管线阀门,向再生塔低压区域用氮气建压0.08MPa。

c. 引水水洗。

利用再生塔C-1202新鲜水管线,向C-1202不断补充新鲜水。

再生塔液位达到80%后(可尽量提高再生塔液位,避免循环过程中再生塔液位不足导致停运循环泵),打开贫富液换热器E-1201A/B和贫液空冷器E-1203A/B/C/D贫液管线高处排气阀进行排气(贫液后冷器管线如无排气阀,可通过压力表一次阀排气)。

排气结束后,打开吸收塔C-1201顶部的13、15、18层贫液进口阀,按操作规程启运胺液循环泵P-1201,打开吸收塔顶部贫液进塔流量调节阀FV-102,向吸收塔C-1201转入工业水,当脱硫脱碳塔液位达到50%后,缓慢打开吸收塔液调阀LV-103,控制脱硫脱碳塔液位为50%。

打开闪蒸罐D-1203填料段小股贫液流量调节阀FV-105,当闪蒸罐液位大于50%后,缓慢打开闪蒸罐液调阀LV-107,控制闪蒸罐液位为50%。

当再生塔C-1202的液位稳定到50%时,停胺液补充泵P-1203,开始对系统进行循环水洗,循环量控制在180m³/h左右。

循环清洗2h后,依次打开工艺流程管线和设备的各低位排放点间断排放循环清洗水,时间间隔为5min,各排污点依次为:脱硫脱碳塔、脱硫脱碳塔底部富液出口管线、贫液循环泵出口管线、闪蒸罐、胺液过滤器、活性炭过滤器、胺液后过滤器、贫富液换热器富液管线、再生塔、重沸器、贫富液换热器贫液管线、贫液后冷器和贫液循环泵进口管线的底部的排污阀。

d. 注意事项。

排污过程中,要注意观察各设备液位,并不断通过低位罐补充新鲜水至系统。

循环过程中注意监控各系统的压力,不足时进行补充,确认各设备排污水清亮后,保持系统继续循环1h。然后关闭小股贫液流量调节阀,停运主胺泵,关闭贫液入塔流量调节阀、吸收塔液调阀和闪蒸罐液调阀,将高中低压段隔断。

打开各管线和设备底部排污阀,排出各设备、管线内的污水,在保持系统气体不外漏的前提下,尽可能排除污水。排污应以最快的速度和最大的排放量,迅速将系统中的循环清洗水排出装置,防止过多的固体物发生沉降淤积。

在循环清洗过程中,应用新鲜水灌装液位变送器,检查吸收塔、闪蒸罐、再生塔的液位、压力和溶液循环量显示是否正常。

完成对转动设备的单机试运行,并做好试运行记录。互为备用的转动设备如脱硫溶液循环泵 P-1201A/B,应在兼顾水洗和转动设备试运行的前提下,进行切换运行,以顺利完成转动设备联合试运行工作。

(2)脱水单元工业水洗。

①应具备的条件。

a. 将 TEG 循环泵 P-1301A/B 贫液进口管线过滤器、贫富液热交换器 E-1303A/B 贫、富液进口管线过滤器等拆开检查有无清洗粗滤器,并清除管内杂质后复位,避免将上游管线中泥沙和杂质混入运转设备进口管线中。

b. 对转动设备的安装固定、校准和润滑进行检查,检查油位,并按照转动方向仔细盘车,转动多圈,检查应无卡、涩、滞、跳和异常响声,并使各转动部位得到充分润滑。提前将溶液储罐和低位罐用新鲜水清洗干净,在溶液储罐中制备好足够的新鲜水,同时注意储罐进水和抽取水前必须打开罐顶呼吸阀,防止储罐变形。

②注意事项。

a. 储罐储水时,要提前将罐顶呼吸阀打开,检查氮气水封正常,防止储罐变形。

b. 在排污过程之前,要确定吸收塔和闪蒸罐液调阀都已关闭,以防排污过程中发生串压事故。

c. 排污过程中,要随时注意设备的液位变化,防止建压气体串漏和泄漏,尤其要防止高压设备中的原料气泄漏,避免发生安全事故。

d. 设备带压排污过程污水流速快,冲击力大,因此在排污时,在排污点附近使用警示带,避免引起安全事故。

③操作步骤

a. 工艺流程检查。

确认已关闭各设备、管线底部溶液回收阀、排污阀和顶部排气阀及脱水塔液调阀、闪蒸罐液调阀;确认装置各设备安全阀正常投用,联锁系统正常投用;梳理流程,确认相应盲板处于正确状态。

b. 系统建压。

向脱水塔高压段区域用返输天然气建压 3MPa。

打开闪蒸罐顶部氮气进口阀,向闪蒸罐中压段区域用氮气建压 0.4MPa,闪蒸罐压力调节阀投入自动。

c. 引水水洗。

向低位罐 D-1304 注入工业水液位至 80%,按操作规程启运 TEG 补充泵 P-1302 将工业水打入TEG再生器缓冲罐D-1303，通过溶液储罐向低位罐补充工业水，保持低位罐D-1304液位在50%以上。

再生器缓冲罐液位达到80%后，打开贫富液换热器E-1303A/B和贫液冷却器E-1301贫液管线高处排气阀进行排气。

排气结束后，按操作规程启运TEG循环泵P-1301，向脱水塔C-1301转入工业水，当脱水塔液位大于50%后，缓慢打开脱水塔液调阀LV-102，控制脱水塔液位为50%。

当闪蒸罐液位大于50%后，缓慢打开LV-104，控制闪蒸罐液位为50%。

当再生器换热罐E-1302的液位稳定到50%时，停TEG补充泵P-1302，开始对系统进行循环水洗，循环量控制在8m³/h左右。

循环清洗5h后，依次打开工艺流程管线和设备的各低位排放点间断排放循环清洗水，时间间隔为5min，各排污点依次为：脱水塔、脱水塔底部富液出口管线、闪蒸罐、富液过滤器、TEG再生器及其缓冲罐底部的排污阀。

d. 注意事项。

排污过程中，要注意观察各设备液位，并不断通过低位罐补充新鲜水至系统。

循环过程中注意监控各系统的压力，不足时进行补充，确认各设备排污水洁净后，保持系统再循环1h，然后停运TEG循环泵，关闭脱水塔液调阀、闪蒸罐液调阀，隔断高中压段。

打开各管线和设备底部排污阀，排出各设备、管线内的污水，在保证系统气体不外漏的前提下，尽可能排除污水。排污应以最快的速度和最大的排放量，迅速将系统中的循环清洗水排出装置，防止过多的固体物发生沉降淤积。

在循环清洗过程中，应用新鲜水灌装液位变送器，检查脱水塔、闪蒸罐、再生器缓冲罐的液位、压力和溶液循环量显示是否正常。

完成对转动设备的单机试运行，并做好试运行记录。互为备用的转动设备如TEG溶液循环泵P-1301A/B，应在兼顾水洗和转动设备试运行的前提下，进行切换运行，以顺利完成转动设备联合试运行工作。

1.3.3.1.5　除氧水水洗、仪表联校

（1）脱硫脱碳单元除盐水洗。

①准备工作。

制备除盐水150m³，提前计算好制备除盐水所需时间，并提前将除盐水存储到溶液储罐，溶液储罐必须做好氮气保护。

②操作步骤。

a. 检查系统各段压力，高压系统压力为1~2MPa，中压系统为0.5MPa，低压系统为0.075MPa，不足则进行补充。通过循环泵将除盐水加入系统，按照新鲜水清洗流程和方法建立起脱硫脱碳装置软水水洗循环，循环清洗2h后，按照新鲜水水洗排污方法，隔断排污，排放软水水洗污水。

b. 将溶液循环泵P-1201A/B贫液入口的管道过滤器拆开，清洗除去过滤网上残存的渣滓后装复。在每次系统进行清洗水排水时，应保持系统气体不得外漏，从而保证操作的安

全。当系统排水完成后，对系统进行补压，准备进行后续溶液配制和进溶液操作。

（2）脱水单元系统除盐水洗。

①准备工作。

制备除盐水 $40m^3$，并提前制备除盐水到溶液储罐，溶液储罐必须做好氮气保护。

②操作步骤。

a. 检查系统各段压力，高压系统压力为 1 ~ 2MPa，中压系统为 0.5MPa，不足则进行补充。按照新鲜水清洗流程和方法建立起脱水装置除盐水水洗循环，循环清洗 2h 后，按照新鲜水水洗排污方法，隔断排污，排放软化水水洗污水。

b. 将 TEG 循环泵 P-1301A/B 贫液入口的管道过滤器和贫富液热交换器 E-1303A/B 贫、富液进口管线过滤器拆开，清洗除去过滤网上残存的渣滓后装复。在每次系统进行清洗水排水时，应保持系统气体不得外漏，从而保证操作的安全。当系统排水完成后，对系统进行补压，准备进溶液操作。

1.3.3.1.6 溶液循环及进气生产

（1）脱硫脱碳单元进溶液冷、热循环。

①检查。

系统进溶液之前，关闭所有设备、管线排空阀、检查阀和溶液回收阀，并检查其他阀门是否处于正确的开关位置。

②建压。

检查完毕后对系统补压：

C-1201：6.7MPa。

D-1203：0.6MPa。

C-1202：0.08MPa。

注：建压过程中，注意安全，避免串气，造成超压。

③进溶液。

启动 P-1201，由溶液储罐 D-1206 向 C-1201 进溶液，控制流量防止储罐形成负压（建议打开储罐顶部人孔）。当 C-1201 液位达到 60% 后，缓慢开启 C-1201 富液液调旁通阀向 D-1203 建液位。当 D-1203 液位达到 50% 时再向再生塔建液位，同时逐个打开 F-1201、F-1202、F-1203、E-1201、E-1205 顶部的排气阀，排尽余气，立即关闭排气阀。

当 C-1201、C-1202、D-1203 液位达到正常生产时的液位时，停运 P-1201。关闭 D-1206 到 P-1201 的进口阀，打开 E-1201 至 P-1201 溶液阀，排尽余气，启运泵进行溶液冷循环。

在向系统进溶液时，也可以启运溶液补充泵 P-1203 向再生塔 C-1202 进溶液。

④冷循环。

进行系统冷循环，循环量维持在 $90m^3/h$ 操作，并加强溶液循环泵的巡检。

投运溶液过滤器 F-1201。系统溶液冷循环 2h 后，应对系统循环溶液连续取样分析，根据分析结果调整溶液质量分数在 45% 左右。

冷循环期间，仪表人员再次检查调校液位变送器等仪表，确保现场参数与中控显示一致。应加强巡检、调整，监视各点液位、各点压力和泵的运行状况。

⑤热循环。

a. 重沸器、凝结水管暖管。

溶液系统运行平稳后,对重沸器 E-1202 蒸汽管线进行疏水暖管,暖管时凝结水温度很低,直接外排。暖管时避免发生水击。

b. 溶液热循环。

E-1202 缓慢进蒸汽对系统溶液进行热循环,热循环按 15～25℃/h 升温速度对重沸器、再生塔升温,C-1202 塔顶温度大于 98℃,启运空冷风机。防止急剧升温引起设备泄漏。

在脱硫再生塔底温度达到 65℃及以上时,应对再生塔系统设备和管道法兰等进行一次热紧,防止因热胀导致泄漏。

c. 凝结水投运。

当凝结水温度大于 60℃时,关闭凝结水外排,对 D-1208 建立液位和压力,液位控制在 50%～70%,开启凝结水液位调节阀投入运行。此时应缓慢开启液调阀,重点监控凝结水管线水击情况,防止严重水击造成管线损坏。

d. 启运冷换设备。

按操作规程启运贫液空冷器 E-1203、后冷器 E-1205,启运酸气空冷器 E-1204、后冷器 E-1206,并控制参数在正常范围。

e. 启运酸水回流泵。

当再生塔顶回流罐 D-1204 有液位时,及时启运酸水回流泵 P-1202,并控制好回流罐的液位和回流量。

⑥等待进气生产。

逐渐增加重沸器蒸汽流量,将再生塔顶温度提升到(105±5)℃恒温运行,等待进气生产。

(2)脱水单元进溶液冷、热循环。

①检查。

系统进溶液之前,关闭本单元所有设备、管线的排污阀、排空阀和回收溶液阀,并检查其他阀门是否处于正确的开关位置。

②建压。

检查完毕后对系统补压:

C-1301:6.7MPa。

D-1302:0.6MPa。

③进溶液。

启动 P-1301,由 TEG 储罐 D-1307 向 C-1301 进溶液。当 C-1301 液位达到 50% 时,对 C-1301 建压至 6.7MPa,在保持 C-1301 液位的同时向 D-1302 进溶液。当 D-1302 的液位达到 40% 时,对 D-1302 建压至 0.6MPa,在保持 D-1302 液位的同时向 D-1303 进溶液。直至 C-1301 液位为 60%～70%、D-1302 液位为 40%～50%、D-1303 液位为 50%～60% 时停止向系统补充溶液,系统转为冷循环。

④冷循环。

各塔罐建立足够液位后,系统开始冷循环 1h。

投运 TEG 机械过滤器和 TEG 活性炭过滤器。

溶液冷循环期间，应加强巡检，安排调校仪表，监视各点液位（C-1301、D-1302、D-1303）、各点压力和泵的运行状况。

⑤热循环。

在开产进气 15h 前将系统由冷循环转为热循环。

H-1301 点火升温，升温速度控制在 20℃/h 以内，当 H-1301 的温度达到 190℃后，将燃料调节回路转为自动。

热循环期间应注意各点液位和压力以及 H-1301 的燃烧情况。

⑥等待进气生产。

分析贫液组成，控制 TEG 浓度大于 99.5%，等待进气生产。

1.3.3.1.7　进气生产

（1）待装置各点参数达到进气生产条件，提前与上游沟通，等待生产指令。

（2）生产指令下达后，逐渐打开原料气、产品气界区阀，装置进气生产，此时产品气尚未合格的情况下不能外输，应先将湿净化气进行放空处理。

（3）通过对湿净化气进行取样分析，当硫化氢含量小于 20mg/m³ 后，并逐步打开产品气压力调节阀，逐渐关闭湿净化气放空阀，使合格产品气外输。

（4）进气生产后，应及时观察和调整各项参数，使偏离生产指标的参数及时恢复到正常状态。

（5）检查设备运行状况，及时进行排污操作，防止进气初期污水进入装置。

1.3.3.2　硫黄回收单元

1.3.3.2.1　检查确认

（1）本项工作应在锅炉点火前 24h 内完成。

（2）全面细致检查各项检修项目是否完毕，设备是否全部复位。

（3）现场检修设施拆除，场地杂物清除合格。

（4）工艺流程检查，确认工艺流程上所有阀门、盲板开关状态正确。重要阀门、盲板初始状态见表 1.9。

表 1.9　吹扫前重要阀门、盲板初始状态表

序号	位号	状态	备注
1	FV-109	关	主燃烧炉降温蒸汽
2	FV-108B	关	主燃烧炉燃料气
3	FV-104C	关	主路空气
4	FV-105C	关	支路空气
5	SDV-101	关	酸气联锁阀
6	FV-106	关	主路酸气
7	FV-107	关	支路酸气
8	B-1258	开	酸气界区盲板

（5）检查确认集散式控制系统（DCS）/厂级监控信息系统（SIS）/火灾及气体报警系统（F和GS）调试完成。

（6）反复检查仪表和所有阀门所处状态，调节阀、联锁阀动作符合要求，手动阀开关灵活。

（7）确认转动设备运行正常，各炉子点火孔、观察孔畅通。

（8）确认公用单元已运行，能正常供应所需的水、电、燃料气、氮气、蒸汽、工厂风、仪表风等。

（9）确认放空火炬燃烧正常。

（10）确认消防系统正常。

（11）便携式可燃气、硫化氢检测仪、防爆对讲机、防爆F扳手等和常用工具、开工需用的检漏瓶、检漏剂、密封垫片、石棉板、黑橡胶皮管线等准备到位。

1.3.3.2.2 吹扫、试压

（1）气相系统工厂风吹扫。

在停产检修后，新安装或更换过的工艺管线需要进行吹扫，将管线中的泥沙、焊渣、碎铁屑等吹扫干净，可以减少堵塞。吹扫前，应关闭所有仪表的压力引线管切断阀及安全阀切断阀，拆除计量孔板，计量仪表及调节阀等，吹扫通过旁通管线或临时短管进行，采用高进低出，逐级吹扫，不能将渣子吹入下游设备。

①将各级液硫封的硫黄进口端法兰拆开，用临时盲板将法兰隔开，防止渣子进入液硫封，造成堵塞。

②将主燃烧炉和各级再热炉前的各工艺管线上的阀门全部关闭；将各级冷凝冷却器底部液硫管线球阀关闭；将末级冷凝器出口至在线燃烧炉H-1502和尾气焚烧炉的手操阀HV-101和HV-102关闭。

③按操作规程启动主风机，控制风机压力在90kPa，并投入自动运行，将空气引入硫回收装置，然后逐级打开各级冷凝冷却器底部液硫管线球阀，直到吹扫干净，没有残留物吹出后再逐级关闭冷凝冷却器底部液硫管线球阀；最后打开末级冷凝器出口至尾气焚烧炉的手操阀HV-102，将吹扫气体引入尾气焚烧炉。

④吹扫完成后，按操作规程停运主风机。

注意：在吹扫过程中，操作风机出口空气管线上的手动阀和调节阀时，不得动作过大，造成风机压力波动过大，引起风机联锁。

（2）试压。

①气相系统气密性试验。

将末级冷凝器出口管线至尾气焚烧炉的手操阀HV-102关闭。

再次按操作规程启动主风机，缓慢将空气引入硫回收过程气系统中，将系统压力缓慢提升到90kPa后，切断空气引入，用试漏剂对所有法兰、人孔、手孔、取样口、仪表连接口等进行检漏。

对泄漏的部位整改，整改后再次试压，直至试压合格为止。

气密性试验合格后，按操作规程停运主风机，缓慢打开末级冷凝器出口至尾气焚烧炉

的手操阀 HV-102，将系统泄压为零。

吹扫试压完成后，及时将拆卸的法兰及盲板复位。

②余热锅炉、硫冷凝器严密性试验。

将余热锅炉 E-1401、E-1509、各冷凝器 E-1402、E-1403、E-1404、E-1405 的压力表前闸阀、顶部安全阀前后截断阀、玻板液位计及液位变送器气液相阀门、顶部排气阀全部打开。

关闭余热锅炉 E-1401、E-1509、各冷凝器 E-1402、E-1403、E-1404、E-1405 液面上部排污阀、底部炉水排污阀、蒸汽出口阀等。

联系锅炉单元，启运中压锅炉给水泵 P-3203A/B/C，打开尾气余热锅炉 E-1509 上水调节阀 FV-140 旁通阀，将 E-1509 加满水，待 E-1509 顶部排气阀出水后，关闭排气阀，缓慢将压力提到 3.3MPa，关闭上水阀，进行试压，观察 E-1405 连接的所有接口、密封部位有无泄漏，并稳压 30min，如果压力不能稳定，要查找原因并进行整改，直至试验合格。

联系锅炉单元启运低压锅炉给水泵 P-3207A/B/C，关闭 E-1405 顶部出口温度调节阀 TV-174，打开四级冷凝器 E-1405 上水阀，将 E-1405 上满水，待 E-1405 顶部排气阀出水后，关闭排气阀，控制压力为 1.25 MPa，对 E-1405 试水压，观察 E-1405 连接的所有接口、密封部位有无泄漏，并稳压 30min，如果压力不能稳定，要查找原因并进行整改，直至试验合格。

将锅炉水压力调节器 PIC-129、PIC-130 压力设定为 1.0 MPa 投自动，再分别给余热锅炉 E-1401、各冷凝器 E-1402、E-1403、E-1404 加满水，直至顶部排气口出水后，关闭顶部排气阀，现场手动控制上水调节阀旁通阀，缓慢将余热锅炉、各级冷凝器的压力分别提升到 0.55MPa 后，停止上水，观察余热锅炉和各级冷凝冷却器连接的所有接口、密封部位有无泄漏，并稳压 30min，如果压力不能稳定，要查找原因并进行整改，直至完成试验合格为止。

当试验完成后，打开余热锅炉 E-1401、E-1509、各冷凝器 E-1402、E-1403、E-1404 顶部排空阀，将炉水通过排污管线排至正常液位（40% 左右），等待暖锅。

E-1405 进行保压。

根据情况通知停运锅炉给水泵。

注意：在升压过程中，不得动作过大，以免压力上升过快而导致超压或安全阀起跳。升压时，设备内的空气要排除干净，不得留有气相空间。

1.3.3.2.3 保温、暖锅

（1）对本装置所有蒸汽及凝结水管线进行蒸汽吹扫和疏水。

（2）疏水和吹扫完毕后，用蒸汽加热夹套管线、阀门以及蒸汽伴热管线，通过棒式温度计，当温度在 125℃ 以下时，检查下列管线：

①蒸汽夹套的硫黄管线和阀门。

②蒸汽夹套的液硫封（X-1411A 至 D）。

③硫黄冷凝器（E-1402 至 E-1405）后端部的捕雾网蒸汽盘管。

④蒸汽夹套的硫黄池泵（P-1401A/B）。

⑤硫黄池（PT-1401）里的蒸汽盘管。

⑥硫黄池（PT-1401）顶部排气夹套管线。

⑦所有蒸汽伴热的酸气进料管线，燃料气管线，取样接头，仪表。

⑧硫黄池（PT-1401）灭火用蒸汽夹套管。

⑨蒸汽夹套的取样接头和仪表。

⑩硫黄池上面，蒸汽喷射泵用蒸汽夹套保温的吸入管及阀门。

⑪尾气在线分析仪夹套管线。

⑫检查所有的蒸汽疏水器正常。

（3）缓慢打开余热锅炉 E-1509、E-1401 和硫冷凝冷却器 E-1402/03/04 的暖锅蒸汽阀门，逐步引入暖锅蒸汽，开始暖锅操作。

（4）暖锅开始后，要求对余热锅炉 E-1509、E-1401 和硫冷凝冷却器 E-1402/03/04 的附属仪表进行反复检查、校验并纠正偏差。

（5）当余热锅炉 E-1509、E-1401 和硫冷凝冷却器 E-1402/03/04 的炉水温度不小于100℃、蒸汽从排空阀连续喷出时，暖锅合格，可以停止暖锅，达到点火条件。

1.3.3.2.4　点火升温、热紧

（1）点火枪点火试验。

①排净尾气焚烧炉燃烧器 H-1503 和主燃烧炉燃烧器 H-1401、再热炉燃烧器 H-1403、H-1405、H-1407 燃料气管线内的氮气，严禁将吹扫气吹进炉内。

②点火枪的点火试验程序如下：

a. 检查确认点火程序正常，分别从 H-1401、H-1503 取出点火枪，在大气中进行点火试验。打开点火燃料气和点火仪表风管线上的手动阀门，按厂家提供的点火程序，点燃点火枪。调整点火燃料气和点火仪表风管线上的 PCV 阀，以得到蓝色火焰，并使火焰长为150～200mm，当得到燃烧平衡的蓝色火焰后，记下 PCV 阀门的压力，然后按程序熄灭点火火枪，将它们重新装回 H-1401、H-1503。

b. 由于再热炉燃烧器 H-1403、H-1405、H-1407 不需点引火，而是先预设好进入各级再热炉燃烧器燃料气和空气调节阀的阀位值，当点火枪点燃后，直接点燃各级再热炉的主火嘴，因此需检查点火程序，确认点火枪打火。取出点火枪，实验点火枪是否打火正常，正常后，装入各级再热炉燃烧器。

（2）焚烧炉、主燃烧炉、再热炉点火升温及热紧。

①排净主燃烧炉燃烧器降温蒸汽管线上的凝结水，待用。

②确认各炉子仪表风或氮气吹扫冷却气正常。

③点火升温。

按点火顺序对各炉子及反应器进行点火升温（点火顺序：H-1503 → H-1401 → H-1403 → H-1405 → H-1407）。炉子升温曲线如图 1.11 所示。

a. 按点火程序点燃尾气焚烧炉 H-1503。

严格按该炉子的升温曲线进行升温。点燃时，先保持燃料气最小流量、空气最大量燃烧，保证燃烧稳定；再逐步提高燃料气流量和降空气流量来升温，最后同步提高燃料气和

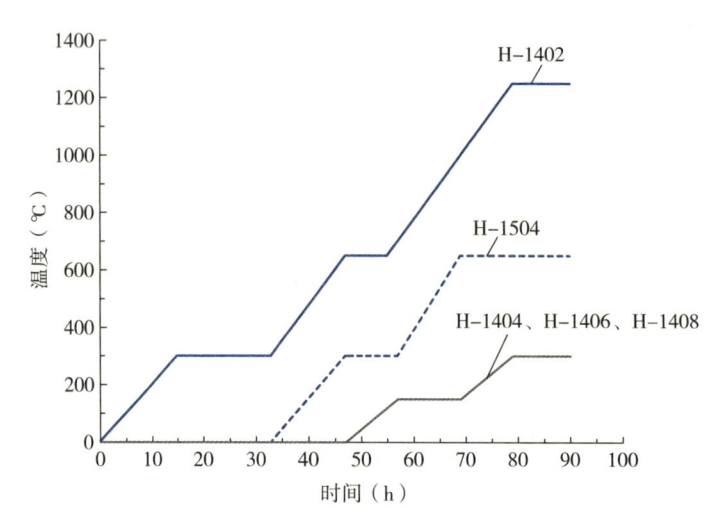

图 1.11 炉子升温曲线图

空气流量来升温,一直升温到 600℃。

b. 按点火程序点燃主燃烧炉燃烧器 H-1401。

严格按该炉子的升温曲线进行升温。点燃时,保证燃料气最小流量、空气最大流量燃烧,且燃烧稳定。先采用保持空气量不变,提高燃料气流量进行升温;燃料气升到一定的时候,再采用保持燃料气不变,降低空气流量来升温,当达到等当量燃烧时,且炉膛温度 TIA-105A/B/C、TIA-107A/B 显示大于 600℃后,按照适当的比例(燃料质量/蒸汽质量 =1:5~6),对主火嘴引入降温蒸汽,保护火嘴和控制炉膛温度;最后同步提高燃料气和空气流量来升温,一直升温使 A-105A/B/C、TIA-107A/B 达到 1200℃左右。

c. 按点火程序点燃再热炉燃烧器 H-1403、H-1405、H-1407。

逐级按点火程序,先预设好进入各级再热炉燃烧器燃料气和空气调节阀的阀位值,当点火枪点燃后,分别点燃再热炉燃烧器 H-1403、H-1405、H-1407,同样严格按各炉子的升温曲线进行升温。点燃时,先保持燃料气最小流量、空气最大量燃烧,保证燃烧稳定;再逐步提高燃料气流量和降空气流量来升温,最后同步提高燃料气和空气流量来升温,一直升温使反应器(R-1401/02/03)温度达到 300℃。

d. 各炉子点燃后,及时打开火焰观察孔、火焰检测器、温度检测仪等的氮气和仪表风吹扫保护气,保护好上述器件,保证对炉膛火焰的监控。

④暖管和蒸汽压力调整。

各炉子点燃后,当余热锅炉 E-1401 和硫冷凝冷却器 E-1402、E-1403、E-1404 的放空排放口出现连续的蒸汽喷出时,将排空阀关闭,打开出口蒸汽阀门的旁通阀进行暖管,排净蒸汽总管上的凝结水,使气包和蒸汽汇管压力均衡后,缓慢开出口蒸汽阀门至全开,再将总管上蒸汽压力调节器 PIC-117 投入自动,并设定给定值为 0.45MPa。

当余热锅炉 E-1509 顶部排放口出现连续的蒸汽喷出时,将排空阀关闭,打开出口蒸汽阀门的旁通阀进行暖管,使气包和蒸汽系统压力均衡后,投运蒸汽压力调节回路,并将蒸汽压力调节器 PIC-117 和温度调节阀 TIC-136 投入自动,分别设定给定值为 0.7MPa 和 155℃。

⑤热紧。

在各炉子、冷凝器、反应器及管线升温到200℃时安排第一次热紧，升温到350℃时安排第二次热紧，升温到最终温度时，进行最后一次热紧。

⑥注意事项。

a. 各炉子点燃后，要严格按升温曲线进行升温，防止升温速度过快。

b. 要加强检查，注意燃烧状况和温度变化，发现熄火应及时进行处理。

c. 密切注意余热锅炉 E-1401、E-1509，一级冷凝器 E-1402、二级冷凝器 E-1403、三级冷凝器 E-1404 的压力和液位。

d. 加强对仪表和控制回路的校验，对报警和声光提示系统进行检查，各岗位应做好巡检和操作参数记录，对升温过程进行详细描述，交接班应清楚明白。

1.3.3.2.5　装填液硫封

（1）确认硫回收装置的保温正常。

（2）当液硫封保温达到预定温度，开始向硫液封装填硫黄，直到液硫采样包出液硫。

1.3.3.2.6　进气生产

（1）进酸气前的检查准备。

①对所有高温设备进行了最后一次热紧，并检查所有燃烧器的法兰和全部玻璃观察窗无泄漏。

②通过硫黄块熔化来确认蒸汽伴管和蒸汽夹套正常。

③再次确认各燃烧炉所有的法兰和视镜是否泄漏。

④在引入酸气时，应防止酸气泄漏。人员应配备防护设备，硫黄回收区域内作业的所有操作人员应配备便携式 H_2S 报警仪。

⑤检查风向。

⑥投运尾气在线分析仪。

⑦确认酸气联锁阀和两路流量调节阀关闭。

⑧确认各参数达到进气条件：

主燃烧炉温度 927 ～ 1200℃（TIA-105A/B/C、TIA-107A/B）。

三级再热炉 300℃（TIA-163、TIA-171、TIA-173）。

三级反应器床层 300℃（TIA-113、TIA-154、TIA-141、TIA-155、TIA-116、TIA-142、TIA-156、TIA-157、TIA-119、TIA-143、TIA-158、TIA-159）。

余热锅炉、各冷凝器液位 50%（LIA-104A/B/C、LICA-111、LC-105、LICA-113、LICA-106）。

焚烧炉温度 550 ～ 650℃（TI-119）。

焚烧炉余热锅炉液位 50%（LIA-104A/B/C、LICA-117）。

（2）引入酸气并调整参数。

为了减少酸气污染，在脱硫脱碳单元进气后，一旦有酸气产生时，应立即引入 H-1401 内生产，尽量减少酸气放空。

①化验分析酸气组成，粗略计算空酸比。

②打开酸气进料管线上的界区阀门，D-1401 进入酸气。

③关闭主燃烧炉炉头降温蒸汽。

④中控室在程序控制面板中启动"进酸气"，启动主燃烧炉酸气供应，酸气联锁阀打开。

⑤适当增加主燃烧炉空气流量，慢慢打开燃烧室的主酸气流量调节阀，引入酸气并确认酸气成功燃烧。

⑥逐渐增大酸气量的同时，缓慢减少燃料气，根据主燃烧炉温度和尾气在线分析仪数据严格配风，保证酸气燃烧平稳，直到完全切断到主燃烧炉的燃料气。

⑦在进酸气的同时要及时调整各级再热炉燃烧器 H-1403、H-1405、H-1407 的燃料气和空气量，避免 R-1401、R-1402、R-1403 入口温度下降。

⑧当进料酸气稳定且装置运行平稳后，将三级转化器的进口温度调节回路 TICA-161、TICA-146、TICA-165 的设定值逐步调整到 260℃、220℃、200℃进行操作，投运尾气分析仪（主要用 AT-1401）的反馈控制，调整空气/酸气比例在最佳状态，保证尾气中 $H_2S/SO_2=2$，然后对装置各点的温度作全面检查，并将各参数调整至正常。

⑨密切关注主燃烧室的温度，如果温度低于 950℃即开始通过支路酸气管线分流酸气。

⑩取样分析末级冷凝冷却器 E-1405 出口尾气里的 H_2S、SO_2 含量，并与在线分析仪相比较，判断在线分析仪的准确性。

⑪酸气进入 10～30min 后，将会得到硫黄，逐一打开各级液硫封的进口球阀，观察液硫采样包中液硫流动情况；检查确认液硫池液硫温度在 120～150℃之间，当液硫池液位达到 30% 后，启用液硫脱气系统，废气引至尾气焚烧炉。液硫池液位达到高液位后，启运液硫泵 P-1401A/B，将液硫打入液硫储罐。

⑫注意事项。

a. 在进气过程中，不能认为流量、温度、液位等指示是绝对可靠的。需要现场人员加强检查与控制室进行核对，以发现潜在的问题。

b. 酸气一旦被引入，应通过 H-1402 观察孔对酸气火焰进行肉眼检查，确认正常。

c. 进气过程中，加强各级再热炉的配风，防止配风过多引起催化剂硫酸盐化，配风过少引起催化剂积炭。

d. 进气时，当回收单元出现异常情况时，回收单元紧急停车，切断入炉酸气，脱硫脱碳单元来的酸气通过脱硫脱碳单元酸气分离器进行放空处理。待问题查找完成，处理正常后再投入运行。

e. 现场要加强动静设备运行巡检，对异常情况要及时汇报处理。

1.3.3.3　尾气处理单元

1.3.3.3.1　检查确认

（1）全面细致检查各项检修项目是否完毕，设备是否全部复位。

（2）现场检修设施拆除，场地杂物清除合格。

（3）工艺流程检查，确认工艺流程上所有阀门、盲板开关状态正确。重要阀门、盲板初始状态见表 1.10。

表 1.10　尾气单元开产重要阀门、盲板初始状态表

序号	位号/名称	状态	备注
1	HV-101（HV-157）	关	1400尾气至尾气处理单元
2	HV-102（HV-158）	开	1400尾气至尾气焚烧炉
3	PV-102	关	急冷段调压阀
4	C-1501-C-1502蝶阀	关	过程气从急冷塔到吸收塔阀门
5	PV-118	关	蒸汽引射器调压阀
6	B-1501	开	气循环盲板
7	B-1502	开	预硫化盲板

（4）检查确认 DCS /SIS /F&GS 调试完成。

（5）反复检查仪表和所有阀门所处状态，调节阀、联锁阀动作符合要求，手动阀开关灵活。

（6）确认动静设备正常，炉子点火孔、观察孔畅通。

（7）确认公用单元已运行，能正常供应所需的水、电、燃料气、氮气、蒸汽、工厂风、仪表风、化学溶剂等。

（8）确认放空火炬燃烧正常。

（9）确认消防系统正常。

（10）便携式可燃气、硫化氢检测仪、防爆对讲机、防爆 F 型扳手等和常用工具、开工需用的检漏瓶、检漏剂、密封垫片、石棉板、黑橡胶皮管线等准备到位。

（11）全面检查装置的隔断封闭已经完成。

1.3.3.3.2　还原段开工程序

（1）气相系统工厂风吹扫。

拆除 E-1501 入口封头，打开空气联锁阀 SDV-141、调节阀 FV-134，进行吹扫。吹扫完毕后复位 E-1501，再打开 C-1501 底部排污甩头，用大量的工厂风吹扫 H-1501、R-1501、E-1501、C-1501，直至吹扫干净。

（2）气相系统气密性试验。

①流程调整：将还原段尾气工艺流程调整为气密性试验状态。

a. 关闭 HV-101 手操阀。

b. 关闭还原段开工气循环压力调节阀 PV-102 后截断阀。

c. 关闭到吸收塔的还原段工艺气体流程管线 PG-1510-1.6A7-600 上的碟阀。

d. 打开 C-1501 顶部出口过程气气循环到 H-1501 的蝶阀。

e. 将还原段开工气循环流程范围的设备、管线、管件、仪表等纳入建压范围；调整好阀门正确开关状态。

②建压试漏。

打开空气联锁阀 SDV-141、调节阀 FV-134 用空气对加氢还原段建压，在还原段的开

工工艺气体循环流程范围建压到 35kPa 稳压，用试漏剂对流程中所有设备、阀门、管线法兰、连接口检查有无气体泄漏现象。对泄漏部位进行整改时，严禁系统在带压状态下强行紧固螺栓，应卸压整改后重新进行试压确认，并最终试到无泄漏为止。检漏结束后，打开开工气循环压力调节阀 PV-102 对还原段系统再次拉通吹扫 10min，停止工厂风吹扫。

（3）余热锅炉严密性试验。

①关闭余热锅炉 E-1501 蒸汽出口阀、各排污阀等，打开顶部排气阀和安全阀，联系锅炉单元启运 P-3207A/B，打开 E-1501 上水调节阀 LV-101 旁通阀，对 E-1501 上水，直到锅炉顶部排气口出水为止，关小上水阀。

②缓慢关闭顶部排空阀，用锅炉给水向余热锅炉 E-1501 建压到 0.55MPa，停止进水，进行试验。观察锅炉压力，应稳定无下降，稳压时间应大于 30min，如不能稳压，查找原因并整改，直到试验合格为止。

③利用锅炉内余压，对锅炉排污管线和液位计进行冲洗。

（4）余热锅炉 E-1501 保温、暖锅。

①对本装置所有蒸汽及凝结水管线进行蒸汽吹扫和疏水。

②将余热锅炉 E-1501 残余液体全部排除，打开 BFW-1501-1.6AL-50 管线上液调阀旁通阀，对余热锅炉上水至 40%。

③确认 E-1501 出口蒸汽阀关闭，顶部排气阀打开。

④将暖锅蒸汽逐渐引入余热锅炉，对余热锅炉进行暖锅，当蒸汽从锅炉排空阀连续喷出，锅内水温达到 100℃左右时，暖锅完毕，关小暖锅蒸汽，并保持锅内温度在 100℃以上，等待在线燃烧炉点火升温。

（5）急冷塔新鲜水、除氧水清洗。

①向还原段引入压缩空气或氮气，确认急冷塔至吸收塔的还原尾气管线上蝶阀关闭；打开还原尾气管线上至焚烧炉管线上 PV-102 压力调节阀前后闸阀；将 PIC-102 调节回路设定到 16kPa 投入自动运行。

②接软管向系统引入新鲜水，启动循环水泵 P-1501A/B，对急冷塔循环水建立正常循环，向系统不断补充新鲜水，以保持系统正常的循环水液位。循环 2h 后，停止循环，排净系统清洗水，根据系统干净情况，决定是否进行第二次新鲜水水洗，方法同第一次。

③新鲜水清洗完成后，打开 DOW-1513 管线上的阀门，向系统引入除氧水，启运 P-1501A/B，急冷塔循环水建立正常循环，循环水洗 2h 后，排净清洗水，重新向系统引入除氧水建立正常循环，并将空冷器 E-1502、后冷器 E-1503、过滤器 F-1501 投入运行，等待在线燃烧炉点火升温。

（6）还原段点火升温（包括催化剂的预硫化）。

对开车采用的新催化剂或再生停车后的催化剂需要预硫化。

因为斯科特法（SCOT）加氢还原反应起催化作用的活性成分是钴/钼的硫化态，而制造厂提供催化剂是钴/钼的氧化态，没有预硫化的钴/钼的催化剂在高于 200℃的情况下与硫化氢接触，就会降低催化剂的活性（$9CoO+8H_2S+H_2 \longrightarrow Co_9S_8+9H_2O$），因此，对首次开车采用的新催化剂或再生停车后的催化剂需要预硫化。

要求完全被硫化的催化剂含硫量约为6%（质量分数），但预硫化期间只能达到3%（质量分数）左右，催化剂预硫化是用含硫化氢的酸性气体在还原性气体存在并且在一定温度下进行的。含硫化氢的酸性气体来至硫黄回收单元酸气分液罐D-1401出口酸气管线（PG-1403-1.6A7-50）。

①建立气循环流程。

a. 确认E-1501暖锅达到点火条件、急冷塔系统酸水循环正常。

b. 将燃料气管线上盲板倒置到导通状态，打开燃料气管线上的阀门，将燃料气管线内的氮气进行吹扫置换，严禁吹扫入炉。

c. 调节有关阀门开关，建立气循环流程（图1.12）。

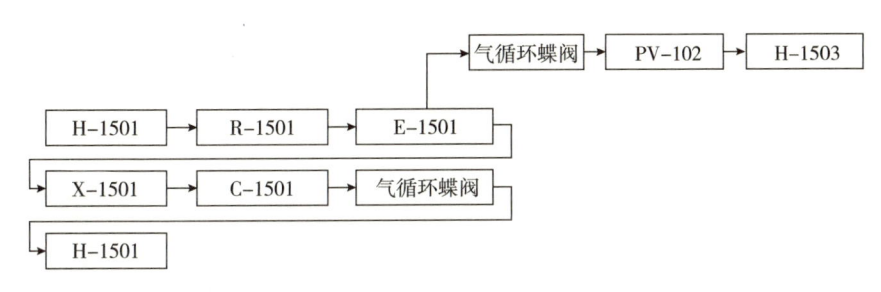

图1.12 气循环流程

d. 用氮气经GN-1516-1.6AI-80管线，向还原段系统引入氮气，置换系统空气。通过PV-102调节回路排出置换气体。在急冷塔进入在线炉的过程气管线的取样口取样分析，置换到循环气体中氧小于2%（体积分数）为合格，停止氮气置换。

e. 用氮气经GN-1516-1.6AI-80管线，向还原段系统引入氮气，给系统建压到16kPa，打开蒸汽喷射器X-1501蒸汽进口阀，预热和启动蒸汽喷射器，控制气循环流量FT-124为3000~8000m³/h，将还原段建立起气循环，并将PIC-102调节回路设定值设定到16kPa投入自动运行。

②炉子点火升温。

a. 从H-1501取出点火枪，对点火枪进行点火实验，并确认点火程序正常。打开点火燃料气和点火仪表风管线上的手动阀门，按厂家提供的点火程序，点燃点火枪。调整点火燃料气和点火仪表风管线上的PCV阀，以得到蓝色火焰，并使火焰长为150~200mm，当得到燃烧平衡的蓝色火焰后，记下PCV阀门的压力，然后按程序熄灭点火枪，将它们重新装回H-1501。

b. 按点火程序点燃在线燃烧炉燃烧器H-1501，并严格控制升温速度在25℃/h的范围内。

c. 炉子点燃后，及时打开火焰观察孔、火焰检测器、温度检测仪等吹扫保护气，保护好上述器件，保证对炉膛火焰的监控。

d. 炉子点燃后，使H-1501的燃料气稳定在最低流量下，适度的过当量配风，保证在线燃烧炉燃烧器H-1501处于稳定燃烧的状态。通过调整蒸汽喷射泵X-1501的蒸汽用量，控制还原段气体循环量FI-124在7500~8300m³/h，并始终保持该气体循环量的稳定，以混合室 H-1502 温度 TIA-133 为准，将升温速度控制在 25℃/h 以内的范围。

e. 在升温过程中，可以采用逐渐增大燃烧器主火嘴的燃料气流量或逐渐减小主火嘴过剩空气流量的方法来达到较理想的升温效果。当过剩空气流量减小到一定程度（即等当量燃烧）时，炉膛变红后，主火嘴承受到较高的温度，为了保护主火嘴不被烧坏，应适当加入降温蒸汽。推荐方法有向主火嘴按照燃料气：蒸汽 =1kg ：5kg 的比例引入降温蒸汽来保护主火嘴温度。

f. 当转化器入口温度 TICA-131 升至 200℃时，保持恒温操作，直到反应器床层各点温度均达到 200℃，并且在 E-1501 出口取样分析循环气 O_2 含量小于 0.4%（体积分数）。

g. 对高温设备和管线进行热紧。

③催化剂预硫化。

a. 在维持催化剂床层温度 200℃的情况下，缓慢将空气的化学当量值降至 85%～90% 的微次化学当量燃烧，开始制造还原气。当循环气中 H_2+CO（即 AI-101、AI-102 显示）含量在 3%（体积分数）左右时，进行预硫化操作。

b. 进行预硫化前：确认可以得到回收单元来的预硫化酸性气体；确认 1600# 已建立热循环，具备酸水汽提条件。

c. 打开 D-1401 至 H-1501 的酸气预硫化管线处的阀门，逐渐向还原段循环气体中引入酸性气体，调节酸气流量，并连续对还原段转化器进出口管线的循环气体取样分析 H_2S 浓度，使反应器进口循环气体中 H_2S 在 1%（体积分数）的浓度下运行，（H_2+CO）/H_2S 的比率始终大于 2/1，维持初期的预硫化操作。

d. 当反应器出口气流内 H_2S 含量较高或反应器进出口没有温升时，逐渐将空气的微次化学当量值降到 75%～80% 的次化学当量燃烧，使循环气体中 H_2+CO（即 AIA-109 显示）含量升至 5%～6%(体积分数)，同时将催化剂床层温度升至 250℃，继续进行预硫化操作，此时，吸收再生段应逐渐运转，直至热循环达到进气条件。

e. 当反应器进出口 H_2S 含量相等时，将反应器床层温度提高到 300℃运行，并继续维持 4～6h，此时预硫化结束。关闭 D-1401 出口酸气管线上的 PG-1403-1.6A7-50 来的预硫化管线阀门，打开预硫化酸气管线上氮气阀门，吹扫至 H-1501，最后关闭氮气和预硫化管线上的阀门。

f. 将反应器入口温度 TICA-131 降至 240～280℃，调整循环气中 H_2+CO 的含量在 1.5%～3%（体积分数）的范围内，为装置进气做好准备，此时还原段已具备了进气条件。

预硫化注意事项：

由于预硫化是放热反应，在升温和提高循环气体中 H_2S、H_2+CO 的浓度时，均应严格控制增加浓度的速度，防止反应器床层超温（严禁超过 340℃）。因此，在上述操作过程中，应严密监视转化器床层温度的变化情况，一旦温度快速上升，应暂时停止升温和提升浓度操作，待床层温度稳定或有下降趋势时，再继续升温或提升浓度操作，避免发生催化剂床层温度大幅度波动甚至出现超温。

提升循环气体中 H_2S、H_2+CO 浓度的操作和升温的操作原则上应分步进行，严格控制操作节奏，避免同时进行引起的大幅度波动。同时，基本保持 H_2S/H_2+CO 浓度（体积分数）

比值在1/2范围操作。

需定时取样分析转化器进、出口过程气中H_2S浓度变化情况，及时调整循环气体中的硫化氢含量，把握预硫化进程，在预硫化过程中，建议每2h取样分析一次，并密切关注转化器床层温度的变化。

在预硫化2h后，反应器出口气流中可能会出现一些硫黄，使急冷塔循环水变浑浊，应加强P-1501A/B的粗滤器清洗。

在预硫化开始时，冷却塔循环酸水pH值有可能下降，需及时加入氢氧化钠调整循环酸水pH值。

1.3.3.3.3 吸收再生段开工程序

对照表1.11，按照流程仔细检查吸收再生段重要阀门、盲板开关状态。

表1.11 吸收再生段开工重要阀门、盲板初始状态表

序号	位号/名称	状态	备注
1	HV-101（HV-157）	关	1400尾气至尾气处理单元
2	HV-102（HV-158）	开	1400尾气至尾气焚烧炉
3	PV-102	关	急冷段调压阀
4	C-1501（C-1502）/蝶阀	关	过程气从急冷塔到吸收塔阀门
5	PV-118	关	蒸汽引射器调压阀
6	B-1501	开	气循环盲板
7	B-1502	开	预硫化盲板

（1）吸收、再生段吹扫。

①从吸收塔进料管线上的GN-1509-1.6AI-25氮气管线引入氮气或用软管接工厂风进入吸收塔C-1502，分别打开吸收塔C-1502和废气分液罐D-1501底部排污阀，吹扫干净后，关闭吹扫阀和排污阀。

②将C-1503底部GN-1506-1.6A1-25来的氮气，或用软管接工厂风进入再生塔C-1503，分别打开再生塔C-1503和酸气分液罐D-1504底部排污阀，吹扫干净后，关闭吹扫阀和排污阀。

（2）吸收再生段氮气置换。

①从吸收塔进料管线上GN-1509-1.6AI-25氮气管线引入氮气，进入吸收塔C-1502，吹扫路线如下：

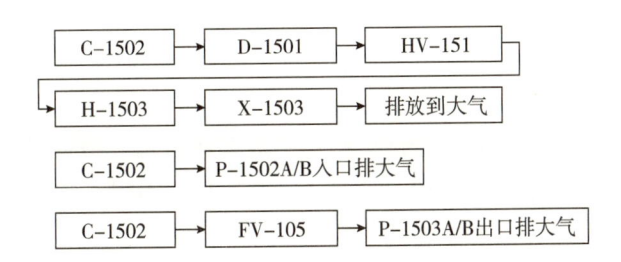

```
C-1502 → D-1501 → HV-151
       → H-1503 → X-1503 → 排放到大气
C-1502 → P-1502A/B入口排大气
C-1502 → FV-105 → P-1503A/B出口排大气
```

②从 C-1503 底部 GN-1506-1.6A1-25 管线引入氮气至再生塔，吹扫路线如下：

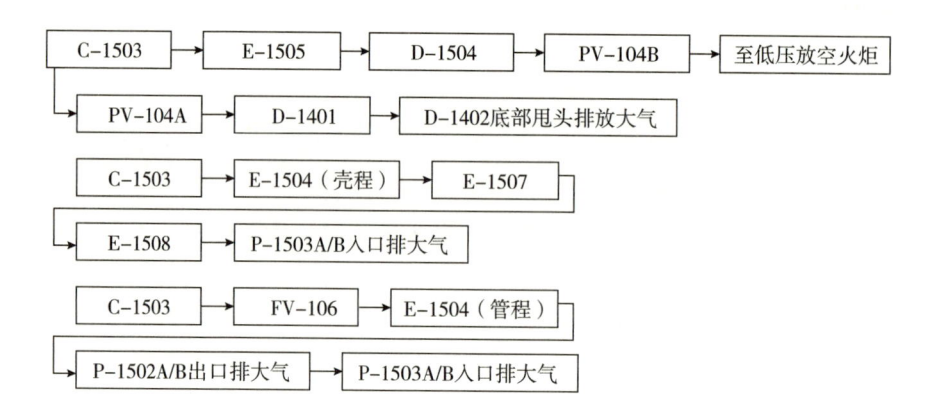

C-1503 → E-1505 → D-1504 → PV-104B → 至低压放空火炬

→ PV-104A → D-1401 → D-1402底部甩头排放大气

C-1503 → E-1504（壳程）→ E-1507

→ E-1508 → P-1503A/B入口排大气

C-1503 → FV-106 → E-1504（管程）

→ P-1502A/B出口排大气 → P-1503A/B入口排大气

③取样地点 1：P-1503 出口甩头。

取样地点 2：D-1402 排污甩头。

取样地点 3：P-1503 入口甩头。

对以上取样点进行分别取样分析，O_2 含量小于 2% 为合格。

④吸收段的氮气置换可与还原段的氮气置换同时进行，氮气吹扫置换合格后，应将系统外界工艺管线完全隔断，并用氮气升压到 30～100kPa 对系统保压。

（3）吸收、再生段气密性试验。

①建压。

依据工作压力等级的不同，分区域建压，具体参数和规定如下：

吸收塔 C-1502 区域试验压力：0.035MPa。

再生塔 C-1503 区域试验压力：0.13MPa。

a. 吸收塔区域建压。

关闭过程气至吸收塔管线 PG-1510-1.6A7-600 上蝶阀、关闭吸收塔顶废气分液罐 D-1501 出口手操阀 HV-151（气密性试验也可与还原段连通一同进行）。

从吸收塔进料管线上的 GN-1509-1.6AI-25 氮气管线引入氮气或用软管接工厂风进入吸收塔 C-1502 建压，当吸收塔中部压力表 PG-013 显示为 35kPa 时，关闭建压阀。

b. 再生塔区域建压。

关闭再生塔回流罐 D-1504 酸气出口管线 PG-1520-1.6A7-200 上的压力调节阀 PV-104A/B 的后闸阀及旁通阀。

关闭再生塔回流泵出口甩水管线上液位调节阀 LV-108 的后闸阀及旁通阀。

从 C-1503 底部 GN-1506-1.6A1-25 引入氮气，或用软管引入工厂风进入再生塔 C-1503 建压，当酸水回流罐顶部 PICA-104 显示为 0.13MPa 时，关闭建压阀。

②气密性试验。

吸收塔区域和再生塔区域的气密性试验压力段分隔开后，按照各区域所建的压力分别对需要参与相同压力等级试验的管段、设备、仪表、阀门及其他管件进行检漏，对泄漏之处进行整改，直至检漏合格后，对系统进行泄压。

（4）新鲜水清洗。

①系统建压。

a. 从吸收塔进料管线上的 GN-1509-1.6AI-25 氮气管线引入氮气或用软管接工厂风进入吸收塔 C-1502 建压，当吸收塔中部压力表 PG-013 显示为 13kPa 时，关闭建压阀。

b. 从 C-1503 底部 GN-1506-1.6A1-25 来的氮气或用软管接工厂风进入再生塔 C-1503 建压，当酸水回流罐顶部 PICA-104 显示为 0.10MPa 时，关闭建压阀。

②引水水洗。

a. 用软管分别向吸收塔 C-1502 和再生塔 C-1503 加入新鲜水。

b. 当吸收塔 C-1502 和再生塔 C-1503 液位至操作液位时，按操作规程分别启运富液泵 P-1502A/B 和贫液泵 P-1503A/B 建立循环。

c. 当吸收塔 C-1502 和再生塔 C-1503 液位达到 50% 左右时，分别关闭吸收塔 C-1502 和再生塔 C-1503 的新鲜水阀门，循环水洗 2h 后，停止新鲜水循环，排净系统新鲜水。

d. 注意事项。

在停止循环后，以最快的速度和最大的排放量，迅速将系统中的循环清洗水排出装置，防止过多的固体物沉降淤积。

第一次新鲜水循环清洗完成后，可视系统清洗的脏污程度，进行第二次或更多次新鲜水循环清洗，直至清洗水干净为止，操作同第一次。

（5）除氧水清洗、仪表联校。

①建压。

a. 从吸收塔进料管线上的 GN-1509-1.6AI-25 氮气管线引入氮气或用软管接工厂风进入吸收塔 C-1502 建压，当吸收塔中部压力表 PG-013 显示为 13kPa 时，关闭建压阀。

b. 从 C-1503 底部 GN-1506-1.6A1-25 来的氮气或用软管接工厂风进入再生塔 C-1503 建压，当酸水回流罐顶部 PICA-104 显示为 0.10MPa 时，关闭建压阀。

②引除氧水水洗、仪表联校。

a. 向低位罐加入除氧水到高液位后，启运低位罐溶液补充泵 P-1505，向吸收塔 C-1502 进除氧水。

b. 当吸收塔液位 LIA-106 大于 80% 时，启运富液泵 P-1502A/B，并打开富液流量调节阀 FV-106，将除氧水打入再生塔。

c. 当再生塔有液位时，启运贫液泵 P-1503A/B，并打开贫液循环量调节阀 FV-105，对系统建立除氧水循环，当吸收塔、再生塔液位达到 50% 左右时，停止除氧水加入。

d. 除氧水循环水洗 2h 后，停止循环，将系统除氧水排净，并关闭所有排污阀。进行清洗水排水时，应始终保持系统为微正压，从而保证清洗水能彻底排净。

e. 在除氧水水洗时，对系统仪表进行联校，有问题及时进行整改。

f. 将富液循环泵 P-1502A/B、贫液循环泵 P-1503A/B 溶液入口的管道过滤器拆开，清洗并除去过滤网上残存的渣滓后复位。

（6）吸收再生段进溶液、冷循环。

①从吸收塔进料管线上 GN-1509-1.6AI-25 氮气管线引入氮气进入吸收塔 C-1502 建压，

当吸收塔中部压力表 PG-013 显示为 13kPa 时，关闭建压阀。

②从 C-1503 底部 GN-1506-1.6A1-25 来的氮气引入再生塔 C-1503 建压，当酸水回流罐顶部 PIC-104 显示为 0.10MPa 时，关闭建压阀，将压力调节回路投运，并将 PIC-104B 设定值设定为 0.10MPa。

③关闭贫富液后冷器 E-1508 至贫液泵 P-1503A/B 大阀，打开储罐 TK-1501A/B 至贫液泵 P-1503A/B 大阀，打开 TK-1501A/B 顶部呼吸阀。按操作规程启运 P-1503A/B，打开溶液循环量调节阀 FV-105，将溶液打入吸收塔 C-1502，吸收塔 C-1502 液位 LIC-106 大于 30% 时，按操作规程启运富液泵 P-1502A/B，打开富液流量调节阀 FV-106，将溶液打入再生塔 C-1503，当吸收塔、再生塔液位达到 50% 时，按操作规程停运 P-1503A/B，关闭储罐 TK-1501A/B 至贫液泵 P-1503A/B 大阀，打开贫富液后冷器 E-1508 至贫液泵 P-1503A/B 大阀，重新启运 P-1503A/B 建立溶液冷循环，并确认各控制点液位正常，并将各调节回路投入自动运行，再次确认所有仪表运行正常。

④在向系统进溶液时，也可以启运溶液补充泵 P-1505 同时向吸收塔 C-1502 进溶液。

⑤建立起系统溶液冷循环后，应尽量维持最大设计循环量 160m³/h 操作，并加强溶液循环泵的巡视检查，如果泵的进口压力趋于下降或明显下降，应切换到备用泵运行，及时清洗泵进口管道过滤器。

⑥系统溶液开始冷循环时，投运溶液过滤器 F-1502、F-1503、F-1504。

⑦系统溶液正常循环 2h 后，应对系统循环溶液连续取样分析，分析频率为 1 次 /2h，调整浓度在正常范围内。如果浓度差异大，应及时进行调整，使溶液浓度达到预定值。

（7）溶液热循环。

①当溶液浓度达到预定范围后，对重沸器蒸汽管线进行疏水暖管，暖管正常后，向再生塔重沸器缓慢引入蒸汽量，开始进行热循环。

②热循环的升温应按 15～25℃/h 升温速度进行升温，以防止因急剧升温引起的设备泄漏。

③热循环开始后，按操作规程启运贫液空冷器 E-1507、水冷器 E-1508，启运酸气空冷器 E-1505，并控制参数在正常范围。

④当再生塔顶回流罐 D-1504 有液位时，按操作规程及时启运酸水回流泵 P-1504，并控制好回流罐的液位和回流量。

⑤在脱硫再生塔底温度达到 65℃ 及以上时，应对再生塔系统设备和管道法兰等进行一次热紧，防止因热胀导致的泄漏。

⑥逐渐增加重沸器蒸汽流量，将再生塔顶温度提升到（115±1）℃ 恒温运行，达到进气条件，等待进气生产。

1.3.3.3.4　进气生产

（1）确认进气条件。

①确认仪器仪表、DCS、紧急停车系统（ESD）、火灾及气体报警（F&G）控制，检测系统灵活准确，工作稳定可靠。

②了解上游装置进气生产的大致负荷，做好溶液循环量、溶液浓度调整。

③确认还原段达到进气条件。

a.加氢反应器床层温度在240～280℃之间。

b.急冷塔酸水pH值AIA-103在7.0左右，并准备好足够的碱量（氢氧化钠），保证随时可以投加。

c.急冷塔顶部过程气氢分析仪AIA-109在1.5%～3.0%。

d.提前对硫黄回收装置尾气进行精细调整，将尾气中H_2S/SO_2的比值调整到4∶1及以上，并且使SO_2在尾气中的体积分数控制在小于0.25%的范围内。

④确认吸收再生段热循环正常，并达到进气条件。

a.再生塔顶部温度稳定在（115±1）℃。

b.装置溶液热循环正常，动静设备运行及备用系列正常。

尾气进气前重要阀门、盲板初始状态见表1.12。

表1.12 尾气进气前重要阀门、盲板初始状态表

序号	位号/名称	状态	备注
1	HV-101	关	1400尾气至尾气处理单元
2	HV-102	开	1400尾气至尾气焚烧炉
3	PV-102	关	急冷段调压阀
4	C-1501（C-1502）/蝶阀	开	过程气从急冷塔到吸收塔阀门
5	PV-118	关	蒸汽引射器调压阀
6	B-1501	关	气循环盲板
7	B-1502	关	预硫化盲板

（2）进气生产要求。

①缓慢打开吸收塔C-1502进气蝶阀和废气出塔手操阀，确保循环气体能够顺畅地排往尾气焚烧炉H-1503。

②中控岗对HV-101（开）及HV-102（关）进行切换，切换阀位要相同（20%、50%、100%），在进行下一个阀位开关时，系统需要稳定5min，直至HV-101全开、HV-102全关，在切换过程中将气循环路线中蒸汽喷射器X-1501的进出口逐渐关小，并逐渐全开正线阀门，及时调整在线燃烧炉燃烧器的燃料气和空气流量，控制好反应器入口温度。

③取样分析D-1504出口酸气含量达到一定含量时，缓慢打开去回收装置的酸气压力调节阀PV-104A，关闭酸气放空压力调节阀PV-104B，停止酸气放空，并将PICA-104投自动，设定值为100kPa，同时联系回收单元加强配风操作。

④全关蒸汽喷射器X-1501进口端碟阀和蒸汽阀门，关闭气循环放空压力调节阀PV-102及前后截断阀。打开GN-1516-1.6AI-80用氮气吹扫蒸汽喷射器，连续吹扫一小时后，关闭蒸汽喷射器出口端蝶阀，关闭吹扫氮气，确保正压约25～30kPa压力静置。

⑤投入尾气生产后，要及时观察和调整各项参数。

⑥检查设备的运行状况，及时调整操作，保证装置平稳运行和尾气处理质量。

⑦认真做好生产数据记录和生产状况描述，过程记录等。

（3）参数调整。

①完成进气后，应及时投运急冷塔顶出口管线上的氢浓度在线分析仪，加强硫黄回收单元的配风操作或调整在线燃烧炉的风气比，保证急冷塔出口气流中氢含量在 0.5% ~ 2%（体积分数）及以上。

②确保急冷塔的急冷水的 pH 值控制在 6.5 ~ 7.5 之间。当有下降趋势时，应及时加注碱液来调整急冷水的 pH 值。如果急冷水 pH 值有明显的持续下降趋势时，应及时减少硫黄回收装置主燃烧炉的配风量，以降低硫黄回收装置尾气中的 SO_2 含量，避免 SO_2 的穿透。如果出现急冷水 pH 值大幅度下降并低于 4，加碱操作不能及时到位和及时恢复时，中控室应采取果断措施，切断尾气引入，尾气直接排入焚烧炉，调整正常后重新进气。

③及时调整急冷循环水的水温和循环量，使进入吸收塔的过程气温度不高于 42℃。注意急冷水循环量不宜过大，防止因拦液出现冲塔现象。

④进气完成后，及时联系取样分析废气总硫，保证达标排放。若废气总硫超标，及时查找原因进行处理直至合格。

（4）进气时注意事项。

①进气前，首先调整好酸水 pH 值为 7.0 ~ 7.5，氢含量 AIA-109 在 1.5% ~ 3.0%，防止进气过程中酸水 pH 值急剧下降，引起 SO_2 穿透。

②进气过程中，动作要缓慢，现场和中控室要密切配合，防止系统压力过高，引起回收单元回压过高。

③进气过程中，防止在线燃烧炉熄火。

④进气过程中，防止在线燃烧炉温度过低或过高，防止加氢反应器温度过低或过高。

⑤进气过程中，防止急冷塔和吸收塔拦液淹塔。

⑥进气后，要及时调整参数，尽快达到正常生产。

1.3.3.4 酸水汽提单元

1.3.3.4.1 检查确认

（1）全面细致检查各项检修项目是否完毕，设备是否全部复位。

（2）现场检修设施拆除，场地杂物清除合格。

（3）工艺流程检查，确认工艺流程上所有阀门开关、盲板状态正确。

（4）检查确认 DCS/SIS/F&GS 调试完成。

（5）反复检查仪表和所有阀门所处状态，调节阀动作符合要求，手动阀开关灵活。

（6）确认动静设备正常。

（7）确认公用单元已运行，能正常供应所需的水、电、氮气、蒸汽、工厂风、仪表风等。

（8）确认放空火炬燃烧正常。

（9）确认消防系统正常。

（10）便携式可燃气体、硫化氢检测仪、防爆对讲机、防爆 F 型扳手等和常用工具、开工需用的检漏瓶、检漏剂、密封垫片、石棉板、黑橡胶皮管线等准备到位。

1.3.3.4.2 系统吹扫

（1）从 D-1601 顶部 GN-1602-1.6A1-50 来的氮气，或用软管接工厂风进入中间罐 D-1601，打开 D-1601 底部排污阀，进行吹扫，吹扫干净后，进入下一个设备，直至吹扫至尾端，关闭吹扫阀门和排污阀，吹扫路线如下：

D-1601 → E-1601管程 → 入大气

（2）从汽提塔 C-1601 上的 GN-1603-1.6AI-50 氮气管线引入氮气或用软管接工厂风进入汽提塔 C-1601，打开 C-1601 底部排污阀，进行吹扫，吹扫干净后，进入下一个设备，直至吹扫至尾端，关闭吹扫阀门和排污阀，吹扫路线如下：

C-1601 → E-1601壳程 → P-1601入口 → 入大气

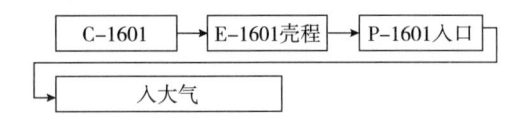

（3）系统吹扫，主要吹扫设备和管线的固体杂质（吹扫气体：高进低出，依据流程逐一吹扫）。

1.3.3.4.3 氮气置换

（1）置换路线。

沿以下吹扫置换路线进行氮气置换：

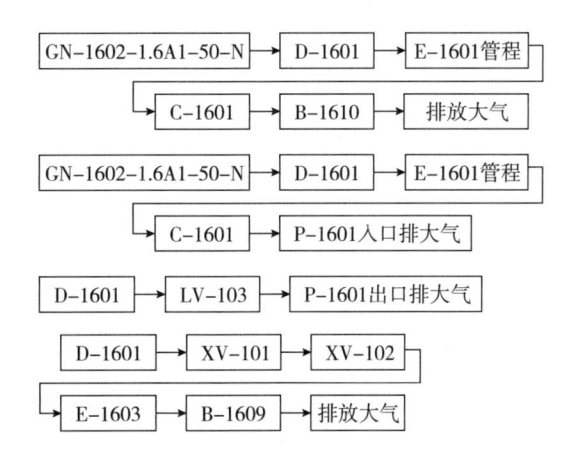

GN-1602-1.6A1-50-N → D-1601 → E-1601管程 → C-1601 → B-1610 → 排放大气

GN-1602-1.6A1-50-N → D-1601 → E-1601管程 → C-1601 → P-1601入口排大气

D-1601 → LV-103 → P-1601出口排大气

D-1601 → XV-101 → XV-102 → E-1603 → B-1609 → 排放大气

（2）取样点。

取样地点①：C-1601 底部排污甩头。

取样地点②：P-1601 出口甩头。

取样地点②：E-1603 甩头。

取样地点③：P-1601 入口甩头。

对以上取样点分别进行取样分析，O_2 含量小于 2%（体积分数）为合格。

1.3.3.4.4 气密性试验

（1）流程调整。

将工艺流程调整为气密性试验状态。

将各单元到原料水罐 D-1601 的酸水管线上的闸阀或球阀关闭，或将盲板倒为隔断位置，进行隔断。具体如下：

①关闭 1200# 单元酸水 AW-1211-1.6A7-40 上的闸阀。

②关闭 1400# 单元酸水压送罐 D-1402 底部出口酸水管线 AW-1402-1.6A7-80 上的球阀。

③关闭 1500# 单元回流酸水外排管线 AW-1520-1.6A7-50 管线上的流量调节阀 LV-108 后闸阀、旁通阀。

④关闭 1500# 单元急冷塔酸水 AW-1509-1.6K1-50 管线上的液位调节阀 LV-103 后闸阀、旁通阀。

⑤关闭净化酸水 AW-1611-1.6A7-50 外输管线上的盲板 B-1609 后闸阀。

⑥关闭汽提塔酸气出口管线 PG-1603-1.6A7-150-STT 管线上的盲板 B-1510 前闸阀。

⑦关闭 F-1501 来酸水管线 AW-1627-1.6A7-50-LS 上的闸阀。

（2）建压检漏。

①将本装置与相邻装置或系统隔断后，将本装置内部流程中的设备和管线，按照不同的工作压力区域，用工厂风或氮气分别建压进行检漏。

检漏压力区域如下：

酸水汽提塔 C-1601 区域试验压力：0.05MPa。

酸水中间罐 D-1601 区域试验压力：0.50MPa。

②试压流程。

从汽提塔 C-1601 上 GN-1603-1.6AI-50 氮气管线引入氮气或用软管接工厂风对汽提塔 C-1601 建压，当 C-1601 中部压力表 PG-002 显示为 50kPa 时，关闭建压阀。

从 D-1601 顶部 GN-1602-1.6A1-50 氮气管线引入氮气或用软管接工厂风对中间罐 D-1601 建压，当酸水回流罐顶部 PIC-101 显示为 0.5MPa 时，关闭建压阀，对系统检漏，对泄漏部位进行彻底整改，直至合格。

1.3.3.4.5 新鲜水水洗

（1）系统建压。

①打开 D-1601 顶部的 GN-1602-1.6A1-50 氮气压力调节阀 PV-101B 或用软管接工厂风对中间罐 D-1601 建压，当酸水回流罐顶部 PIC-101 显示为 0.45MPa 时，关闭建压阀，并将 PIC-101B 调节器投入自动。

②从汽提塔 C-1601 上 GN-1603-1.6AI-50 氮气管线引入氮气或用软管接工厂风对汽提塔 C-1601 建压，当 C-1601 中部压力表 PG-002 显示为 20kPa 时，关闭建压阀。

（2）引水水洗。

①用软管将新鲜水引入原料酸水中间罐 D-1601 中，逐步将新鲜水引入酸水汽提塔 C-1601，使汽提塔建立起正常液位。

②启动 P-1601，将汽提塔中的新鲜水沿循环工艺线路引向原料水罐 D-1601 中。引水路线如下：

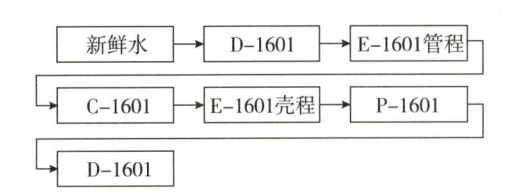

```
新鲜水 → D-1601 → E-1601管程
  ↑                    ↓
C-1601 ← E-1601壳程 ← P-1601
  ↑
D-1601
```

③当系统建立起正常液位时，暂停新鲜水引入，维持系统循环水洗，联运2h后排净。

④第一次新鲜水循环清洗完成后，可视系统清洗的脏污程度，决定是否进行第二次或更多次新鲜水循环清洗，直至清洗水清亮干净为止，操作同第一次。

1.3.3.4.6　除氧水清洗、仪表校验

（1）系统建压。

同第1.3.3.4.5节。

（2）引水水洗。

①打开进料中间罐D-1601进料管线上的除氧水管线阀门，向D-1601加入除氧水。

②当D-1601液位LICA-102达到50%左右时，打开酸水流量调节阀FV-104，向C-1601引入除氧水。

③当C-1601液位LICA-103达到50%左右时，关闭除氧水阀。

④启运P-1601A/B，中控室打开内循环联锁阀XV-101，系统建立内循环进行除氧水水洗。

⑤在循环清洗期间，投用各调节回路，进行仪表调校。

⑥循环水洗2h后，停止循环，排净清洗水，将系统的清洗水彻底排出，并将系统压力卸至常压。

⑦拆开并清洗酸水泵P-1601的进口过滤器网，清除杂质后安装复位。

1.3.3.4.7　除氧水冷循环

（1）系统建压。

同第1.3.3.4.5节。

（2）引水冷循环。

同第1.3.3.4.6节除氧水水洗步骤，重新给系统引入锅炉给水并建立系统内循环。

1.3.3.4.8　系统热循环

（1）在系统除氧水冷循环正常后，检查系统所有仪表和控制回路运行正常，打开C-1601顶部至C-1501的阀门。

（2）对重沸器蒸汽管线进行疏水和暖管，暖管正常后，缓慢打开蒸汽流量调节阀FV-103向重沸器引入蒸汽，按25℃/h对系统进行升温。

（3）当汽提塔顶部温度TI-104达到105℃时，达到进气条件。

（4）对本单元的保温伴热管线引入伴热蒸汽进行保温。

1.3.3.4.9　投料生产

（1）确认本单元系统各控制参数均已达到投产要求，汽提塔塔顶温度达到105℃，并做好各控制点偏差参数的修正和调整。

（2）打开酸水各管线上进入原料酸水中间罐 D-1601 的阀门，使各单元转来的酸性水能够进入本单元。

（3）将内部水循环量提高到最大设计负荷试运行，确认运行正常。

（4）调整参数，联系取样分析净化水指标，确保净化水指标合格。

1.3.3.5　硫黄成型装置

1.3.3.5.1　检查确认

（1）确认工艺流程畅通，各阀门及盲板是否处于开工状态。

（2）装置所需水、电、气、仪表风、工厂风、氮气、除盐水、凝结水已引入装置，已待使用。

（3）装置水洗、吹扫、试压合格。

（4）硫黄成型除盐水系统建立除盐水冷循环。

1.3.3.5.2　蒸汽保温启用

（1）引入蒸汽对装置暖管，引入蒸汽应缓慢，注意排凝，防止水击。

（2）液硫储罐加热盘管、液硫管线夹套、液硫泵、硫黄成型成套设备蒸汽接口等缓慢引入蒸汽升温，注意先在疏水器前排凝，待有蒸汽喷出后转入疏水器正常工作的流程。

（3）设备、管线干燥、热紧。

（4）将 0.45MPa 蒸汽通入液硫储罐 D-2101 及其蒸汽盘管、液硫泵 P-2101A/B、液硫压调阀 PV-102 及其旁通阀、硫黄成型成套设备 X-2101A/B 和液硫夹套管，同时打开凝结水排放口（基本排尽后关闭），并用块状硫黄检查夹套的保温情况，确认硫黄熔化，连续保温。

1.3.3.5.3　开工程序

投产总流程如下：

液硫储罐 D-2101A/B →硫黄包装机 X-2102 →硫黄成型成套设备 X-2101A/B →液硫泵 P-2101A/B。

（1）投运液硫储罐。

打开液硫储罐进口液硫管 PL-2101-1.6A10-100/150-ST 上的液硫夹套阀，联系硫黄回收装置（确认有液硫生成）将液硫送到液硫储罐。

（2）投运硫黄成型成套设备。

确认硫黄成型成套设备调试完成；保温蒸汽管路畅通，已经预热待用。

打开硫黄成型成套设备控制机柜电源，启动后确认其运转处于良好状态。

（3）投运硫黄包装机。

启动硫黄包装机 X-2102，确认其运转处于良好状态。

（4）投运液硫泵 P-2101A/B，液硫循环。

（5）出硫生产。

1.3.3.6　污水处理装置

1.3.3.6.1　检查确认

（1）确认装置工艺流程正确。

（2）确认所有仪表、电气完成调试，并能正常投运。

（3）确认所有转动设备完成安装并单机试运。

（4）确认阀门均处于正确的开关位置，并已挂牌上锁。

（5）确认水、电、仪表风、蒸汽供应稳定。

（6）确认各项生产记录和必要工具已备好。

（7）确认安全防护用品已备齐，各项设施符合安全生产的要求。

1.3.3.6.2 投运生化污水处理装置

（1）投运集水池、曝气调节池。

①当接到装置有正常生产污水排入污水处理装置时，打开集水池 PT-2302A/B 进口污水阀，待集水池 PT-2302A/B 液位有 50% 后，通知分析人员对其取样分析。

②打开曝气调节池 PT-2303 进口污水阀和空气阀，启动集水池污水提升泵 P-2302A/B 并打开其出口阀，分别向曝气调节池 PT-2303 输送污水。根据其曝气程度，逐步调整曝气风量。

③待曝气调节池 PT-2303 池内污水曝气达到一定时间后，通知分析人员对其取样分析。

（2）投运气浮装置。

①待曝气调节池 PT-2303 液位有 50% 后，启动 COD 在线分析仪（AT-104）对其水质进行分析检测。

②分别打开调节池污水提升泵 P-2303A/B 的出口阀、流量计 FT-102 和汽水混合加热器 C-2301 的旁通阀、气浮装置 Q-2301 的进口污水阀，以确保其出水畅通。

③投运污水提升泵 P-2303A/B。

④确认汽水混合器出口水温达到设计要求时，暂不向汽水混合加热器通入蒸汽。

⑤打开气浮装置 Q-2301 进口加药阀和出口污水阀，以确保其出水畅通。待气浮装置 Q-2301 液位有 20% 后，启动加药装置 CL-2301 向其投加絮凝剂。确认气浮装置运行平稳后，通知分析人员对其取样分析。

（3）投运水解酸化池、缺氧池、好氧池。

①水解酸化—缺氧—好氧池的水质管理。

a. 水温：最适温度为 25~35℃，高于 40℃和低于 10℃时应采取技术措施。

b. pH 值不需调节。

c. 溶解氧：好氧池进口处不低于 0.5mg/L，出口处高于 2mg/L；水解酸化池控制在 0.5~0.8mg/L 范围内。

d. SV：废水浓度较高时，控制在 25%~30%（质量分数），废水浓度较低时可控制在 10%~20%（质量分数）。

e. 混合液浓度：混合液悬浮固体（MLSS）浓度一般在 2500~3500mg/L 范围内。

f. 生物相镜检：当好氧池运行正常时，活性污泥中含有大量菌胶团和纤毛类原生动物，如针虫、枝虫、盖纤虫等。根据原生动物的种属及数量能判断出废水净化的程度和活性污泥的状态。

②操作要求。

a. 营养盐投加：按比例 BOD_5：N：P=100：5：1（质量比）每班投放一次，投放时间应在每完成一个运行周期（即滗完水后）投放。

b. 污泥排放：打开排泥阀，视池内污泥沉降比（SV）的多少酌情排放，超过规定值较多则排泥时间长些，反之，则排泥时间少一些。

c. 有机物负荷：正常运行中应保持平稳操作，避免过大的冲击负荷。

d. 污泥回流量：为维持水解池正常的污泥浓度（2～3g/L），可启动水解酸化池循环泵 P-2305A/B 将污泥加入水解酸化池，回流量应根据水解酸化池的污泥浓度而定，若 MLSS 较低可加大回流量，若 MLSS 已达到正常值可采用不回流或少回流。

经水解酸化—好氧工艺处理后，出水流入斜管沉淀池 PT-2307 Ⅳ，再到保险池 PT-2308，通知分析人员对其取样分析。

（4）投运污泥提升泵。

①检查并确认斜管沉淀池积有一定量的污泥后，打开污泥提升泵 P-2304A/B 进口阀，启动该泵并打开其出口阀，向储泥池 PT-2310A/B 输送污泥。

②启运加药装置向储泥池投加絮凝剂和杀菌剂，通知分析化验人员对其取样分析。

1.3.3.7 火炬及放空系统

1.3.3.7.1 投运前的检查准备

检查确认工艺流程是否畅通，各阀门及盲板是否处于正确的开关状态。

水、电、燃料气及仪表风引入装置并运转正常。

低点确认：对高、低压放空系统所有低点进行逐一检查确认，确保放空系统管道无积液，分液罐内污水排尽。

1.3.3.7.2 氮气置换

本单元氮气置换可与原料气过滤分离、脱硫脱碳装置、脱水装置氮气置换同时进行，在主体装置置换合格后实施。

在主体装置置换合格后，打开各设备安全阀放空附线对高、中、低压放空管线及设备进行置换。

用氮气置换出系统中的空气，并取样分析置换气中氧气体积分数不大于 2% 为合格。

1.3.3.7.3 气密性试验

火炬系统氮气置换后，即可进行检漏，检漏压力为设备最高工作压力。

1.3.3.7.4 投运

（1）水封投运。

正确投运火炬放空装置水封。

（2）点火操作。

按照操作规程（可采用多种点火方式：电点火、外传点火、内传点火等）正确进行火炬装置点火操作，点火成功后，调整燃料气参数优化火焰大小。

仪表调试运转正常并按设定值投入自动运行。

适量引入燃料气至火炬分子封，形成微正压隔离空气。

1.3.3.8 新鲜水及消防系统

1.3.3.8.1 检查确认

（1）确认系统吹扫、水洗、试压合格，转动设备单机调试和试运完成。

（2）确认电气、仪表检查调校完毕，并投入正常运行。

（3）确认工艺流程畅通，相关阀门关闭并挂牌上锁。

（4）检查确认清水池 PT-3002C 清洗干净，液位处于 70% 以上，消防水池 PT-3001 的液位处于 70%～89% 之间。

（5）确认各项生产记录和必要工具已备好。

（6）确认安全防护用品已备齐，各项设施符合安全生产的要求。

1.3.3.8.2 新鲜水投运

（1）确认启运电源，仪表完好，新鲜水池的水位正常，确认紫外线消毒仪已具备投运条件。

（2）确认泵和电动机各部位状况良好，盘车正常，泵出口阀处于关闭状态。

（3）打开连接 WD-3019-1A1-250 管线上的阀门，打开 PS-3002 变频泵入口阀，打开消毒仪 CL-3002A/B 进出口阀，完成管线流程联通。

（4）启动变频泵，使泵处于工作状态，缓慢开启泵出口阀，调节出口水量。

（5）检查泵和电动机运转声音、电流、温度、振动情况是否正常，检查流量和压力是否正常，悬挂设备运行指示牌。

（6）启动紫外线消毒仪并投入正常运行。

（7）检查消毒仪运转情况是否正常；检查流量是否正常。

（8）运行正常后，对管线及仪表进行检查。

（9）填写启运记录，并向中控室汇报。

1.3.3.8.3 消防水管网投运

（1）确认管网系统上所有连接的消防水炮、消防栓阀门处于关闭状态（各装置用户末端预留排气口）。

（2）联系中控室，通知单元负责人，消防管网准备投运。

（3）确认启运电源、仪表完好、消防水池的液位正常。

（4）启动 P-3001A/B，使原消防水管网达到所需要的压力。

（5）缓慢打开连接阀门对管网建压（选择管网末端排气）。

（6）完成所有消防水炮、消防栓的检查测试。

（7）填写投运记录，并向中控室汇报投运情况。

1.3.3.9 循环水系统

1.3.3.9.1 检查确认

（1）确认界区外有新鲜水供给。

（2）循环冷却水系统已完成清洗、预膜工作。

（3）PT-3102 已清洗干净，并注入新鲜水到规定液位。

（4）确认各用水单位已做好用水准备。

（5）确认各运转设备已供电，并能正常运行。

（6）确认各化学药剂已配备。

（7）确认各调节阀的截止阀和有关阀门已处于正确开关位置。

1.3.3.9.2　水洗、清洗与预膜

（1）水洗。

①注入新鲜水到循环水池 PT-3101 至 50% 液位（起泵低液位），将所有冷却设备的进出口阀全开，启运循环水泵 P-3101，对循环冷却水系统进行大循环量水洗。

②根据水质情况打开补充水和排污阀进行循环水置换，置换水排至污水处理装置，直至无浑浊和杂质时停止。

（2）清洗。

①投加 CT4-34A、B 药剂各 100kg（按循环水量 100m³，药剂 1.0kg/m³ 循环水量计算），分两次投加，先投加 CT4-34A 剂，0.5h 后再投加 CT4-34B 剂，总磷含量控制在 25～35mg/L，清洗过程中总磷呈下降趋势。

②清洗时间约 24～48h 后，一次性投加 100kg CT4-42，再运行 24～48h，期间每 4h 取样分析一次循环水的总磷和浊度，待循环水中浊度基本不变时，即可转入预膜。

（3）预膜。

①循环水补换水到浊度小于 10mg/L 时，即可转入预膜操作。预膜时水池液位处于低液位，水流速度采用较低流速。

②按分析数据补充 CT4-34，预膜时总磷控制在 20～25mg/L，预膜时间约 36～48h，带热负荷后进行预膜时间可以缩短。

③每 4h 一次取样分析循环水的总磷和浊度，当水池中挂片上出现均匀蓝色衍射光时结束预膜。

④补排循环水并调整液位至正常液位，当循环水总磷含量降至 4～7mg/L、浊度小于 10mg/L 后可转入正常运行。

1.3.3.9.3　投运

（1）启运循环水泵。

按操作卡的操作程序启动其中的一台，保持最小流量在 800m³/h 以上，压力为 0.5MPa。根据用水点冷却水量的需求，使循环量控制在 1800～2500m³/h，单台运行最大量不得超过 1300m³/h。运行正常后，若现场设置有切换开关，将切换开关转为"远程控制"。

（2）启动循环水池和凉水塔风机。

启动循环水池和凉水塔风机，根据循环水温度调整风机转速。

（3）启用无阀过滤器。

①确认无阀过滤器 F-3102 反洗流程正确，阀门都处于正确开关位置。

②设定过滤器流量在 180m³/h。

③投运完毕后，对系统管路、设备、仪表、电气及运行参数进行检查，做好记录。

1.3.3.10　锅炉及蒸汽系统

1.3.3.10.1　锅炉迁装、改造、修理、长期停用情况确认

锅炉迁装、改造、修理、长期停用后，按照 TSG G0001《锅炉安全技术监察规程》释义规定,经地方质量技术监督部门和专业机构评价,锅炉需要完成以下试验。

(1)锅炉水压试验。

按照 GB 50273《锅炉安装工程施工及验收标准》的规定,对锅炉进行水压试验,并做好记录。

(2)锅炉漏风试验。

按照 GB 50273《锅炉安装工程施工及验收标准》的规定,对锅炉进行漏风试验,并做好记录。

(3)锅炉烘炉。

按照 GB 50273《锅炉安装工程施工及验收标准》的规定,使用燃料气对锅炉进行烘炉,并做好记录。

所谓烘炉,就是采用比点火升温缓慢得多的升温速度进行烘烤、干燥衬里及保温层的过程。由于 WNS10-1.0-Q 燃烧室(炉胆)内无测温点,只能以排烟温度作为参考控制参数。

①烘炉时,将燃烧控制方式置于"手动"位置,仅一个小火喷嘴低负荷燃烧或间断燃烧。升温曲线如图 1.13 所示。

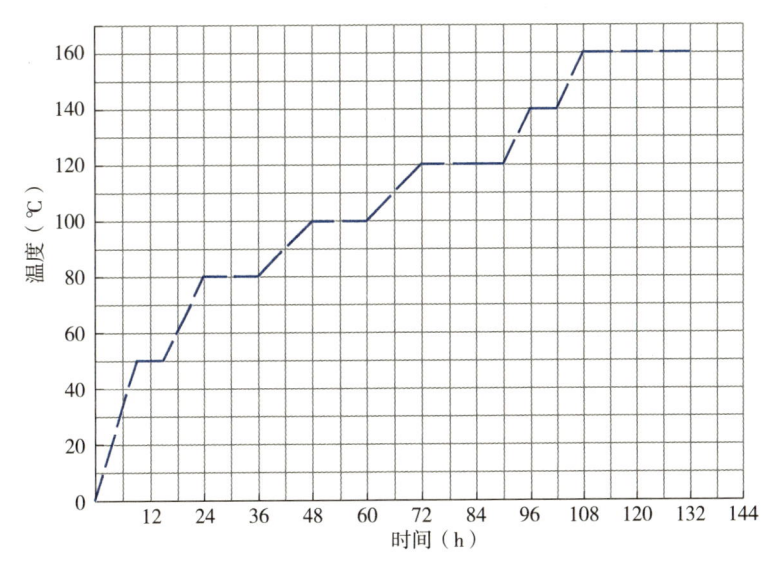

图 1.13 锅炉烘炉升温曲线图

②烘炉期间锅炉不得升压,锅炉液位控制在 60%。

注意:在小火烘炉期间,若升温过快或恒温期间不能保持恒定,可熄火停工等待温度稳定和保持恒温。当温度低于规定值时,再次启动燃烧机升温。

(4)锅炉煮炉。

按照 GB 50273《锅炉安装工程施工及验收标准》的规定,对锅炉进行煮炉,并做好记录。

煮炉蒸汽允许少量进入蒸汽管道系统,当锅炉煮炉完成后,逐渐更换炉水,将炉水的碱度降到 24mmol/L 以下。

煮炉安全注意事项：

①加药时炉水应在低水位，煮炉时炉水应在高水位。

②若 NaOH 飞溅到人体皮肤上时，首先立即用清水冲洗干净，然后找医生处理。

③锅炉的排污水应排放到污水处理装置。

1.3.3.10.2 检查确认

（1）确认锅炉各点检修项目已完成，锅炉本体已复位，且检查无问题。

（2）确认仪表风、新鲜水供给正常。

（3）确认各仪表运行正常，检查各调节阀动作情况，现场开度是否与 DCS 系统显示值一致，现场各点参数指示值与 DCS 系统指示值是否相符，锅炉电控柜各指示灯、指示值是否准确。

（4）检查蒸汽系统：锅炉出口阀门关闭、放空阀门打开，蒸汽总管出口阀门关闭，疏水旁路阀关闭、疏水阀前后阀打开。

（5）检查给水系统：给水管路中除给水调节阀的前后阀关闭，其余阀门均打开。连续排污，定期排污阀关闭。

（6）检查燃料系统：进气管路上各阀关闭、自力式调压阀的动作情况、天然气过滤器是否畅通。

（7）锅炉各项保护试验正常。

①低液位联锁停炉：修改锅炉的液位联锁值，确认锅炉是否联锁或报警，报警和联锁为正常。

②熄火保护：拆下燃烧机的火焰监测器确认锅炉是否联锁或报警，报警和联锁为正常。

③蒸汽超压联锁：在锅炉有压力时，修改锅炉压力联锁值，确认锅炉是否联锁或报警。锅炉在任何时候都不允许在安全阀故障或关闭截止阀的情况下运行。

（8）启动除盐水装置，将合格的除盐水引入除盐水储罐。

（9）对各运转设备作试运转。要求电动机转向正确、无异常振动，温度正常。

（10）给凝结水罐上水，保持液位在 70% 左右。

1.3.3.10.3 锅炉进水

（1）打开锅炉本体的蒸汽放空阀。

（2）启动锅炉给水泵 P-3205，对给水管线灌水排气。

（3）打开锅炉上水阀，对锅炉缓慢上水，当液位达到正常值时，停止上水，对玻板液位计进行冲洗，并确认玻板与变送器液位指示一致。

（4）锅炉上水的同时将 NaOH 和 Na_3PO_4 分别按 3～4kg/m³ 水（原药剂接近全纯度）的用量配制成浓度为 20%（质量分数）的溶液，从磷酸三钠罐经溶液泵注入锅炉。

1.3.3.10.4 严密性试验

开启锅炉上水阀继续对锅炉上水，当锅炉的放空阀有水喷出时，关闭放空阀并继续对锅炉缓慢上水，此时应注意观察锅炉本体压力表的读数，控制升压速度在 0.1MPa/min 以下。

压力分别在 0.1 MPa、0.4 MPa、0.8 MPa、1.25 MPa 时各稳压 10min，同时对锅炉进行全面的检查，若发现渗漏，则应立即停止试验，锅炉泄压后对泄漏部位进行及时检修后再进行试压检漏，直到试验合格为止。

若无渗漏，将锅炉液位排至正常值，锅炉准备点火。

1.3.3.10.5　锅炉点火、升温

（1）先对燃烧器系统进行氮气置换并检漏。

（2）倒通燃料气盲板，将燃料气总阀至锅炉的气体排尽。

（3）将控制柜的燃烧控制方式按钮置于"手动"位置点火，维持小火低负荷燃烧，锅炉液位控制在60%，使锅炉缓慢均匀受热，注意观察排烟温度的变化。

1.3.3.10.6　升压

锅炉升压时（有煮炉要求时，煮炉后期锅炉可以升压），锅炉的燃烧控制方式为手动燃烧控制方式。

升压过程按0.1MPa、0.4 MPa、0.8MPa、1.25MPa的压力等级进行升压，每个压力等级正常燃烧10min，同时检查汽水系统、烟气系统、燃烧系统是否工作正常。

锅炉压力在0.1MPa、0.2MPa时对锅炉排污一次。

当压力升至0.3MPa、0.4MPa时，冲洗液位计，再次检查压力表、液位计是否完好。

在锅炉正常运行24h后，进行管道设备、连接部件的热紧工作。

1.3.3.10.7　暖管送气

（1）暖管准备工作。

①疏水器前后阀关闭，将疏水旁路阀及现场排水阀打开。

②通知用蒸汽单元做好暖管准备工作。

（2）暖管操作。

缓慢打开锅炉蒸汽出口阀和蒸汽总管的出口阀，对蒸汽系统管道进行暖管。

系统暖管完毕，关闭现场排水阀和疏水阀旁通，打开疏水阀前后截止阀。

（3）暖管注意事项。

①暖管时如发生振动或水击，应立即停止暖管，同时应加强疏水，待水击或者振动消除后，再缓慢开启蒸汽出口阀，继续进行暖管。

②注意管道膨胀及其支架的情况，如有异常现象应立即停止暖管，及时消除故障。

③各蒸汽阀缓慢开启至全开后，应回转半圈，以防止汽阀因受热膨胀后卡住，不能灵活开关。

④暖管时应缓慢升温，一般升温速度应为2～3℃/min。

⑤暖管完毕，缓慢开启蒸汽总管出口阀至全开，开始向工艺装置供汽，使锅炉进入正常运行。此时，将燃烧控制方式由"手动"转"自动"状态。

1.3.3.10.8　启运凝结水回收系统

对全厂停工检修后，开工时当系统有凝结水并达到正常值时，应投运凝结水回收系统并应暖管。

1.3.3.10.9　调整操作

与有关用汽单元联系，根据需要随时调整锅炉负荷，确保正常供汽。

1.3.3.11 空氮系统

1.3.3.11.1 检查确认

（1）压缩机单机和仪表调节系统调试合格。

（2）变压吸附制氮系统调试合格。

（3）确认工艺流程畅通，所有的阀门都处于正确的开关位置，并挂牌上锁。

（4）中控室 DCS 操作正常。

1.3.3.11.2 空压系统投运

（1）投运非净化空气罐（D-3304）。

打开非净化空气罐（D-3304）进口阀对非净化空气罐（D-3304）建压至工作压力。

（2）投运净化空气罐（D-3303）。

打开净化空气罐（D-3303）进口阀对净化空气罐（D-3303）建压至工作压力。

（3）投运空气压缩机机组。

①通知控制室操作员，空气压缩机机组准备启动。

②关闭所有的放空阀和排空阀，开启空气压缩机之间的连通阀。

③在开启压缩机前，打开空气压缩机出口到缓冲罐之间的空气阀门；打开缓冲罐到油过滤器之间的空气阀门；打开前置过滤器到空气干燥器之间的空气阀门；打开干燥器出口甩头阀门。

④启动压缩机（压缩机启动后，会自动启动干燥器）。

⑤每台压缩机投运完毕后，对系统进行一次全面检查。

⑥打开连接至 D-3304 和 D-3303 的阀门，关闭干燥器出口甩头阀门，完成系统的投运操作。

（4）检漏、参数调整。

①检查管线及阀门是否有渗漏、内漏现象；检查各点仪表运行是否正常；检查仪表风罐是否稳定在 0.7～0.75MPa。

②调整压缩机运行台数，以满足工厂需要的用气量。

③将所有的控制回路转入自动，密切监视各点液位、压力、温度和流量等参数。

1.3.3.11.3 制氮系统投运

（1）投运氮气储罐 D-3302。

①打开氮气储罐底部排放甩头阀，打开进口阀对氮气储罐吹扫 5min，关闭底部排放甩头阀，并对氮气储罐建压至工作压力。

②关闭氮气储罐进口阀，快速打开底部排放甩头阀进行冲击式排放，对罐泄压至 0.02MPa。

③打开连接至 PA-3313-1A1-80 管线上的阀门引入氮气，在氮气储罐底部排放阀处取样分析（$O_2 < 2\%$）。合格后，关闭氮气储罐底部排放阀，建压至正常工作压力。关闭氮气储罐的氮气出口阀门。

（2）投运变压吸附制氮橇。

①通知控制室操作员，变压吸附制氮橇准备启动。

②缓慢开启空气压缩机干燥器出口至制氮橇之间的净化空气阀,开启制氮橇氮气出口阀。

③启动变压吸附橇,打开氮气储罐出口阀。

④当变压吸附橇的在线分析仪显示氧气含量不大于2%时,将按键开关切换至远程位置。

(3)参数调整。

将所有的控制回路转入自动,密切监视各点液位、压力、温度和流量等参数。

1.3.3.12 燃料气系统

1.3.3.12.1 检查确认

(1)检修项目已完成且质量符合要求。

(2)确认工艺流程畅通,所有的阀门及盲板都处于正确的开关位置,并挂牌上锁。

(3)水、电及仪表风引入装置并运转正常。

(4)确认能正常供给开工燃料气。

(5)确认仪器仪表处于完好状态。

1.3.3.12.2 氮气置换

(1)氮气置换设备、管线中氧气。

关闭产品气、闪蒸气进装置、燃料气出装置界区切断阀,按置换流程和正常生产时的情况开通燃料系统流程。氮气置换流程如下:

FG-3508 → D-3501 → FG-3509 → FG-3504(Ⅱ)。

FG-3502(Ⅱ)→ FG-3503(Ⅱ)→ FG-3505(Ⅱ)→ FG-3504(Ⅱ)。

D-3501 →装置各燃料用户。

放空出口气体氧气体积分数不大于2%合格,关闭放空阀。

(2)置换完毕后维持各设备微正压等待装置进气生产。注意:在充压、泄压的时候速度均不应过快。

1.3.3.12.3 倒盲板

检查确认流程贯通后,确认各盲板处于正常状态。

1.3.3.12.4 升压检漏

(1)打开FG-3502管线上的阀门,关闭旁路PV-104B和PV-107B,打开PV-104A和PV-107A,通过二级调压后作为工厂用的燃料气,进入全厂的燃料气主管FG-3504,开始为锅炉房和厂内其他装置提供燃料气。

(2)待最先开车的一列装置的脱硫脱碳装置正常运行后,先开启该列装置里面的闪蒸气分液罐D-3501入口管线FG-3508和出口管线FG-3509上的8字盲板,此时脱硫脱碳装置的富液闪蒸罐D-1203出来的闪蒸经和脱水装置TEG闪蒸罐D-1302出来的闪蒸气汇合后进入管线FG-3508中,闪蒸气经管线FG-3508进入闪蒸气分液罐D-3501分液后,经FG-3509管线进入全厂燃料气总管FG-3504。待有一列脱硫脱碳装置及脱水装置开车正常后,按前述操作流程对另外两列装置进行操作。

1.3.4 启动前安全检查

1.3.4.1 目的

为规范各类生产作业启动前安全环保管理，确保所有影响工艺、设施和施工安全环保运行的因素在启动前被识别并得到有效控制，在生产装置启动前对所有因素进行检查确认，并将所有必改项整改完成。

1.3.4.2 执行人员

根据项目管理权限，在项目完成工作量前及时成立装置开车前安全审查（PSSR）小组，确定PSSR负责人和小组成员。

按照事先编制好的检查清单进行PSSR，并根据项目规模和任务进度安排，可分阶段、分专项多次实施PSSR。

根据项目管理的级别，由单位主管领导或被授权人指定PSSR组长。组长选定组员并明确每个组员的分工。PSSR小组成员可由工艺、设备、电气、仪表、安全、环保等专业及主要操作人员组成。必要时，可包括承包商、具有特定知识和经验的外部专家等。

1.3.4.3 操作步骤

（1）PSSR小组组长应组织所有组员召开PSSR计划会议。

（2）PSSR小组应针对施工作业性质，工艺设备特点等编制完善本项目PSSR清单，主要包括以下内容：

①人员、设备、安全设施、环境保护、事故事件的应急响应等。

②实施检查。启动前安全检查分为文件审查和现场检查，PSSR组员应根据任务分工，依据检查清单进行检查并形成书面记录，并明确检查内容、检查地点、检查人员。

③完成PSSR检查清单的所有项目后，PSSR小组召开检查审议会，各组员汇报检查过程中发现的问题，审议并将其分类为必改项、待改项，确认启动前或启动后应完成的整改项目、整改时间和责任人。

④分阶段、分专项多次实施的PSSR，在项目PSSR审议会上，应整理、回顾和确认历次PSSR结果。

⑤所有必改项已经整改完成及所有待改项已经落实监控措施、跟踪人和整改计划后，编制PSSR综合报告，方可批准实施启动。

⑥所有必改项完成整改后，PSSR组长将检查报告报送给单位主管领导。根据项目管理权限，由相应责任人审查并批准启动。项目启动后，PSSR组长和待改项跟踪人应跟踪PSSR待改项，检查其整改结果。

⑦对于涉及变更的整改项，应将相关图纸、设计文件等进行更新并归档。待改项整改完成后，应形成书面记录，与PSSR清单、综合报告一并归档。

⑧此方案视具体情况而定，如有变动，应听从大修领导小组安排。

1.4 危害因素识别及风险控制

净化装置开、停工操作的突出特点是工期短、任务紧,并且是天然气净化装置事故的高发期,在整个操作过程中应严格按照《大修作业指导书》和《操作规程》进行规范作业。为了减少开停工过程中的事故发生率,把可能发生的事故控制在萌芽状态,根据对现场实际操作风险的分析以及结合以往开停工操作的经验,对净化厂天然气净化装置开停工过程进行风险评价并制定控制措施。

1.4.1 停工过程危害因素识别及风险控制

1.4.1.1 作业名称:停气作业

1.4.1.1.1 主要风险分析

净化装置停气作业过程中,由于上、下游操作不协调或沟通不及时,在上游还没有停止原料气供给时,净化厂就进行了原料气和产品气界区阀关闭操作,可能造成净化装置和上游集气站超压,存在爆炸的风险。

1.4.1.1.2 主要削减措施

(1)确认上、下游通信畅通,沟通有效。

(2)当原料气和产品气流量降为零,参考原料气进厂和产品气出厂压力参数,确认上游原料气已停止供给,然后再关闭进出厂界区阀。

(3)保证放空设施处于正常状态,确保超压时系统能紧急放空。

1.4.1.2 作业名称:脱硫溶液热、冷循环

1.4.1.2.1 主要风险分析

热、冷循环过程中如果再生塔压力控制不好,加之塔内温度大范围变化,可能造成再生塔负压抽空事故。

1.4.1.2.2 主要削减措施

(1)确认再生塔压力控制处于自动状态,放空压力设定值处于正常操作范围,加强再生塔压力监控。

(2)在热、冷循环前,确认到再生塔的氮气流程畅通,发现压力降低、超出允许范围时,应立即向再生塔补充氮气,以保证再生塔操作压力。

(3)监视溶液循环量,发现流量下降时,应立即调节溶液循环量或停运溶液循环泵。

1.4.1.3 作业名称:脱硫、脱水单元停止溶液循环

1.4.1.3.1 主要风险分析

可能由于高、中、低压系统之间的隔断阀门内漏或未有效隔断,导致串压事故发生。

1.4.1.3.2 主要削减措施

(1)在停止溶液循环后,现场应确认相关的调节阀和隔断阀处于关闭状态。

(2)在停止溶液循环后,关闭高、中、低压系统间的联锁阀。

(3)中控室监控各设备内液位和压力变化情况。

(4)保证放空设施处于正常状态,确保超压时系统能紧急放空。

1.4.1.4 作业名称：回收脱硫单元溶液

1.4.1.4.1 主要风险分析

（1）可能由于H_2S逸出，造成操作人员H_2S中毒事故。

（2）如果高压、中压、低压系统同时回收或者排放速度过大，可能发生串压事故。

（3）如果溶液溢出，可能会导致皮肤或眼睛化学灼伤事故或影响环境。

（4）系统残余压力造成低位罐或储罐超压损坏。

1.4.1.4.2 主要削减措施

（1）停工过程中，保持脱硫溶液热循环，控制H_2S含量低于规定指标。

（2）应在冷循环过程中疏通低位回收点。

（3）在回收溶液之前，应关闭至硫黄回收单元的酸气阀，同时将再生系统泄压至零，防止酸气逸出。

（4）应确保H_2S报警系统完好有效，中控室要随时关注和处置报警信号。

（5）现场作业必须按规定携带H_2S报警仪，准备好空气呼吸器备用，并随时观察风向，应站在上风向，一人操作一人监护。

（6）冷循环结束之后，将系统泄压至零，然后再回收溶液。

（7）在回收溶液的现场操作过程中，必须按规定佩戴护目镜。

（8）在回收溶液之前，应确认溶液储罐和低位罐排污阀门处于关闭状态；溶液回收阀门不能开得太大，控制回收速度，防止溶液溢出。

（9）溶液低位回收点的数量不宜太多，每个回收点应有人监视。

（10）中控室和现场要同时监视溶液低位罐液位，视其液位高低情况及时启停低位罐溶液提升泵或者及时调节溶液回收阀门开度。

（11）打开低位罐和储罐顶部排空阀或检查顶部呼吸阀处于正常状态。

（12）人员不得正对低位罐顶部排空阀方向。

1.4.1.5 作业名称：回收脱水单元溶液

1.4.1.5.1 主要风险分析

（1）如果高压、中压、低压系统同时回收或者排放速度过大，可能发生串压事故。

（2）如果由于溶液溢出，可能会导致人员不适或环境污染事故。

（3）系统残余压力造成低位罐或储罐超压损坏。

1.4.1.5.2 主要削减措施

（1）冷循环结束之后，将系统泄压至零，然后再回收溶液。

（2）在回收溶液之前，应确认溶液储罐和低位罐排污阀门处于关闭状态；溶液回收阀门不能开得太大，控制回收速度，防止溶液溢出。

（3）溶液低位回收点的数量不宜太多，每一个回收点应有人监视。

（4）中控室和现场要同时监视溶液低位罐液位，视其液位高低情况及时启停低位罐溶液提升泵或者及时调节溶液回收阀门开度。

（5）在回收溶液的现场操作过程中，必须按规定佩戴护目镜。

（6）打开低位罐和储罐顶部排空阀或检查顶部呼吸阀处于正常状态。

（7）人员不得正对低位罐顶部排空阀方向。

1.4.1.6　作业名称：脱硫、脱水单元水洗

1.4.1.6.1　主要风险分析

（1）建压可能存在串压或超压的风险。

（2）水洗过程中，溶液循环泵可能抽空，导致泵损坏。

（3）水洗过程中，高、中、低压系统存在串压的风险。

（4）水洗之后排水时，可能造成操作人员 H_2S 中毒、污水可能灼伤眼睛、高速气流可能造成冲击伤害。

1.4.1.6.2　主要削减措施

（1）建压前应确保高、中、低压阀门隔断，建压过程中应控制升压速度和压力在规定范围之内。

（2）在水洗过程中，应确认脱硫再生塔或脱水缓冲罐液位，避免溶液循环泵抽空。

（3）在水洗过程中，应确认吸收塔、闪蒸罐液位，防止发生串气事故。

（4）应控制液相调节阀开度，避免开度过大或突然开启发生串气事故。

（5）应确保 H_2S 报警系统完好有效，中控室要随时关注和处置报警信号。

（6）现场作业必须按规定携带 H_2S 报警仪，准备好空气呼吸器备用，并随时观察风向，应站在上风向，一人操作一人监护。

（7）每一个排水点应有人看守，当排完污水之后，及时关闭排水阀，防止 H_2S 逸出。

（8）在排水操作过程中，必须按规定佩戴护目镜。

1.4.1.7　作业名称：脱硫、脱水单元泄压放空

1.4.1.7.1　主要风险分析

（1）泄压放空流速过大，导致放空管道振动，可能损坏放空管网。

（2）泄压放空过程中，放空气可能夹带大量液体进入放空管网，造成水击损坏放空管网。

（3）泄压放空流速过大，燃烧不完全、或将放空火炬吹熄，部分 H_2S、CO、CH_4 直接排放，影响大气环境质量。

1.4.1.7.2　主要削减措施

（1）停气前，排尽放空管网中的积液。

（2）逐渐打开放空阀，控制放空流速。

（3）应遵循高压、中压、低压顺序进行放空，避免系统压力相互影响。

1.4.1.8　作业名称：脱硫、脱水单元、燃料气系统氮气置换

1.4.1.8.1　主要风险分析

在氮气置换过程中，氮气置换不彻底，氧含量超标，可能造成爆炸事故。

1.4.1.8.2　主要削减措施

（1）氮气置换前，分析氮气中氧含量，氧含量应在规定范围之内。

（2）置换过程中，应定期对氮气中氧含量进行分析。

1.4.1.9 作业名称：脱硫、脱水单元、燃料气系统空气吹扫

1.4.1.9.1 主要风险分析

在空气吹扫过程中，可能发生空气串入火炬造成火炬系统闪爆事故。

1.4.1.9.2 削减措施

（1）在进行空气吹扫前，确认到火炬系统的所有阀门关闭，并关闭放空管上的总阀。

（2）空气吹扫前熄灭火炬。

1.4.1.10 作业名称：脱硫、脱水单元加装、倒换盲板

1.4.1.10.1 主要风险分析

（1）倒换原料气界区盲板时，可能导致 H_2S 中毒。

（2）加装、倒换盲板有遗漏，导致检修作业可能发生事故。

1.4.1.10.2 主要削减措施

（1）根据基础 JSA，编制风险控制措施并严格执行，办理作业许可。

（2）倒换原料气界区盲板时，应佩戴空气呼吸器。

（3）编制盲板加装和倒换清单、绘制示意图、说明盲断/倒通状态并现场公示。

（4）盲板加装、倒换工作完成后，施工人员与技术管理人员共同现场确认，签认盲板加装、倒换工作单。

（5）对盲板位置挂牌标识。

1.4.1.11 作业名称：硫黄回收单元酸水压送

1.4.1.11.1 主要风险分析

在酸水压送过程中，由于管线或阀门泄漏，H_2S 逸出至大气中，可能造成 H_2S 中毒。

1.4.1.11.2 主要削减措施

（1）现场作业须带 H_2S 报警仪，应站在上风向，设置专人监护。

（2）酸水压送完成之后，应将压送罐内的气体放空泄压到火炬。

1.4.1.12 作业名称：硫黄回收单元除硫操作

1.4.1.12.1 主要风险分析

由于配风过剩，反应器超温，造成设备管线或催化剂烧坏。

1.4.1.12.2 主要削减措施

（1）停工之前，调校硫黄回收单元燃料气和空气流量。

（2）停工之前，确认加入反应器的灭火蒸汽或氮气流程畅通，当反应器床层超温时，应加入灭火蒸汽或氮气。

（3）设置专人负责回收除硫操作，严格配风，监视反应器床层各点温度，确保在正常操作范围之内。

1.4.1.13 作业名称：硫黄回收单元系统除硫后降温操作

1.4.1.13.1 主要风险分析

若硫黄回收单元除硫操作不彻底，FeS 自燃引发反应器床层、过程气管线残存硫黄燃烧，反应器、过程气管线超温，造成设备管线或催化剂烧坏。

1.4.1.13.2 主要削减措施

（1）反应器除硫应彻底。

（2）降温时，空气量应逐步缓慢增加，并监视反应器床层各点温度。

（3）在硫黄回收单元至焚烧炉的过程气管线上，定点检测管道外壁温度，监视温度变化情况。

1.4.1.14 现场操作的其他风险分析与削减措施

1.4.1.14.1 主要风险分析

停工、检修、开产过程中，操作人员在现场操作时，还可能存在物体打击、高空坠落、滑倒、撞击、机械伤害、触电、溺水等风险。

1.4.1.14.2 主要削减措施

（1）进入现场操作前，应穿戴好安全帽、护目镜、劳保服、安全鞋等个人劳动防护用品，应携带 H_2S 报警仪。

（2）进入现场操作前，应选择合适的操作工具。

（3）操作阀门时，严禁正对阀杆。

（4）上下楼梯，应扶好扶手。

（5）涉及危险作业的操作，应按危险作业管理规定执行。

1.4.1.15 化验取样风险分析与削减措施

1.4.1.15.1 主要风险分析

停工、检修、开工过程中，化验分析人员在现场取样时，可能存在 H_2S 中毒、溶液灼伤、物体打击、高空坠落、滑倒、撞击、触电、溺水等风险。

1.4.1.15.2 主要削减措施

（1）进入现场取样前，应穿戴好安全帽、护目镜、劳保服、安全鞋等个人劳动防护用品，应携带 H_2S 报警仪。

（2）上下楼梯，应扶好扶手。

（3）涉及危险作业的操作，应按 Q/SY 1240《作业许可管理规范》执行。

1.4.2 开产过程危害因素识别及风险控制

1.4.2.1 作业名称：盲板切换、拆除作业

主要风险和削减措施同 1.4.1.10 停工过程盲板加装、倒换作业。

1.4.2.2 作业名称：脱硫、脱水单元、燃料气系统氮气置换

1.4.2.2.1 主要风险分析

（1）空气进入放空系统，引起闪爆造成放空管线损坏。

（2）空气进入放空系统，天然气放空时，可能造成爆炸事故。

（3）装置在氮气置换过程中，置换用氮气中氧含量超标，可能造成爆炸事故。

1.4.2.2.2 主要削减措施

（1）氮气置换前，确认到放空系统的所有阀门已关闭。

（2）氮气置换前，分析氮气中氧含量，氧含量应在规定范围之内。

（3）置换过程中，应定期对氮气中氧含量进行分析。

1.4.2.3 作业名称：脱硫、脱水单元进气检漏

1.4.2.3.1 主要风险分析

（1）用含 H_2S 天然气升压检漏时，可能造成人员中毒或火灾爆炸事故。

（2）进气升压检漏过程中，由于阀门开关错误或阀门内漏，可能造成系统串压，导致设备超压爆炸。

1.4.2.3.2 主要削减措施

（1）确认所有阀门处于正确开关状态，调节阀、联锁阀动作符合要求。

（2）中控室监控系统各压力变化情况，放空设施处于正常状态，确保系统超压时能紧急放空。

（3）升压速度应缓慢，压力上升速度宜小于 0.1MPa/min。

（4）高压系统检漏应按低压到高压逐级进行，若发现漏点应立即泄压整改，低压检漏合格后方能进入下一压力等级检漏。

（5）现场作业应携带 H_2S 报警仪，佩戴正压空气呼吸器，观察风向，站在上风向操作，并设置监护人。

（6）作业现场按正常生产安全管理要求进行管理。

1.4.2.4 作业名称：脱硫、脱水单元水洗

主要风险和削减措施等同 1.4.1.6 停工过程脱硫、脱水单元水洗作业。

1.4.2.5 作业名称：脱硫、脱水单元补充溶液及冷热循环

1.4.2.5.1 主要风险分析

（1）补充溶液过程，由于再生塔无液位，可能导致溶液循环泵抽空，损坏泵。

（2）溶液循环过程，高压、中压、低压系统存在串压风险。

（3）溶液循环过程，由于溶液泄漏，可能导致化学灼伤及环境污染。

（4）溶液热循环时，再生塔重沸器进蒸汽操作过程中，蒸汽及凝结水管道由于水击，可能导致管道损坏。

1.4.2.5.2 主要削减措施

（1）补充溶液过程中，应确认脱硫再生塔、脱水缓冲罐液位，避免溶液循环泵抽空。

（2）补充溶液过程中，应确认吸收塔、闪蒸罐液位，防止串气事故。

（3）应控制液相调节阀开度，避免开度过大或突然开启发生串气事故。

（4）现场作业应佩戴护目镜，注意观察风向，站在上风向操作，设置专人监护。

（5）再生塔重沸器进蒸汽操作前，应将重沸器的蒸汽及凝结水管道的积水排尽，防止水击。

1.4.2.6 作业名称：炉类点火

1.4.2.6.1 主要风险分析

开产过程中，锅炉、硫黄回收单元主燃烧炉、尾气焚烧炉、脱水单元明火加热炉等炉类设备点火操作时，由于吹扫不彻底，可能发生爆炸事故。

1.4.2.6.2 主要削减措施

（1）严格执行炉类设备点火操作步骤，确保吹扫彻底。

（2）严禁连续点火，如点火不成功，应分析和查找原因，待问题解决后再进行点火操作。

1.4.2.7 作业名称：蒸汽及凝结水系统暖管

1.4.2.7.1 主要风险分析

（1）管道可能产生水击、损坏管道。

（2）在排放蒸汽及凝结水操作时，可能发生烫伤事故。

1.4.2.7.2 主要削减措施

（1）暖管前，应先将蒸汽及凝结水管道低点中的积水排尽。

（2）暖管操作应缓慢进行，蒸汽及凝结水管道升温速度不能过快。

（3）暖管时，操作人员应远离排放点，防止高温介质飞溅。

1.4.2.8 作业名称：进气生产

主要风险和削减措施等同 1.4.1.1 停工过程的停气作业。

1.4.2.9 作业名称：硫黄回收单元升温

1.4.2.9.1 主要风险分析

如果升温速度过快，主燃烧炉、尾气焚烧炉或反应器耐火衬里可能会垮塌，设备损坏，特别是耐火衬里重新浇注或修补后。

1.4.2.9.2 主要削减措施

（1）严格按照升温曲线控制升温速度。

（2）如果耐火衬里重新浇注或修补后，开产前应先进行干燥、烘炉等操作。

1.4.3 停工检修的其他危害因素识别及风险控制

1.4.3.1 违章指挥、违章作业的风险

风险分析：开停车的违章指挥和违章作业都有可能造成设备、人身伤害事故。

削减措施：杜绝违章指挥、违章操作。

1.4.3.2 误操作的风险

1.4.3.2.1 风险分析

整个开停车存在误操作导致各种事故的风险。

1.4.3.2.2 削减措施

（1）提前制定开、停车方案并组织专门培训。

（2）特别要重视开、停车过程中的班组交接质量。

（3）严格按开车必要条件确认要求进行步步确认。

（4）全面推行阀门锁定管理制度。

（5）所有操作都必须按照"有指令、有规程、有确认、有监控、有作业卡片"的"四有一卡"制度执行。

1.4.3.3 开停工、检修期间的环境风险

1.4.3.3.1 风险分析

（1）开停车期间可能发生溶液、高浓度检修污水溢漏。

（2）清洗塔、罐、坑、池等产生的高浓度污水溢漏事故。

（3）清洗塔、罐等设备时掏出的固体残渣及清掏污水池产生的污泥，以及有毒气体放空等污染事故。

1.4.3.3.2 削减措施

（1）提前做好清污分流的准备工作。

（2）按程序回收溶液，严禁溶液漏、溢至地面。

（3）严格控制检修污水量，清洗设备时尽可能采用高压水枪。

（4）清掏出的固体废物按规定堆放，并设置防雨、防污染措施。

1.4.3.4 开、停工过程中人身伤害风险

1.4.3.4.1 风险分析

由于在回收溶液、水洗、热循环等过程中，场地、梯子较滑，容易发生跌落、摔倒、碰撞、划伤、烧伤、烫伤等人身伤害事故。

1.4.3.4.2 削减措施

（1）穿戴好劳动防护用品。

（2）在攀爬梯子时，一定要双手紧握栏杆。

（3）高空作业时必须正确系好安全带。

（4）作业前应清理装置区杂物，拆除施工搭设的脚手架，保证装置通道畅通。

1.4.3.5 边检修、边生产主要风险分析与主要削减措施

1.4.3.5.1 主要风险分析

（1）施工作业时，误操作对邻近生产装置造成影响，生产装置无法正常运行，导致临时停工。

（2）施工作业人员误入生产装置区，由于对现场不熟悉导致无法辨识现场风险，未采取相应的防护措施，未佩戴相应的个人劳动防护用品，在生产作业区域造成人员伤亡和财产损失。

（3）生产装置操作人员误入施工区域，由于对现场不熟悉导致无法辨识现场风险，未采取相应的防护措施，未佩戴相应的个人劳动防护用品，在施工区域造成人员伤亡和财产损失。

（4）检修区域与生产装置区未进行隔离，作业界面不清楚，执行标准不统一，导致现场管理无章可依，现场管理混乱导致人员伤害和财产损失。

1.4.3.5.2 主要削减措施

（1）按照专项能量隔离方案，对工艺系统、电气系统进行能量隔离。

（2）采取物理隔离，将生产装置区与检修区域通过阀门锁定及警示牌分隔开，分开进行管理。

（3）生产装置区执行天然气净化厂生产管理规定，检修区域执行装置检修管理规定。

（4）检修单位在生产装置区及附近区域进行检修作业时，需根据属地单位管理规定，办理作业许可票证，开展危害识别及落实相应控制措施，在属地单位监督下进行作业，保障作业安全。

1.4.3.6 高温酷暑主要风险分析与主要削减措施

1.4.3.6.1 风险分析

连续高温作业导致作业人员中暑、昏倒。

1.4.3.6.2 削减措施

（1）合理安排作业时间，避开高温时段作业。

（2）在现场设置清凉饮料，作业人员在作业期间适当休息。

（3）如发生人员中暑情况，立即将中暑人员转移到阴凉处，用凉的湿毛巾敷患者前额和躯干，或用电风扇、有凉风的电吹风等促其降温，适当喝清凉的饮料或淡盐水，联系现场值班医务人员进行进一步处置。

1.5 应急预案

天然气净化厂成立检修应急处置机构，负责领导应急管理工作，组织、编制、发布现场应急处置预案，落实应急所需人力和物力资源，组织现场应急处置预案培训和演练，下达现场应急处置预案的启动和解除指令，指挥实施现场应急处置工作。作业人员应培训和演练《可燃气体泄漏现场应急处置措施》《有毒气体或高纯氮气体泄漏现场应急处置措施》《火灾事故现场应急处置措施》《突发环境事件现场应急处置措施》《地震灾害现场应急处置措施》《厂区人员及周边居民疏散现场应急处置措施》和《受限空间作业应急救援措施》等相关应急预案后方可进行作业。

1.5.1 可燃气体泄漏现场应急处置措施

可燃气体泄漏现场应急处置措施见表1.13。

表1.13 可燃气体泄漏现场应急处置措施

步骤	负责人	处置、操作步骤	注意事项
1	发现人	发现可燃气体泄漏，根据泄漏区域初步判断泄漏介质、压力、泄漏量等相关信息，立即汇报班长（生活用气则直接汇报应急办公室）	沿上风或侧风方向撤离到安全区域
2	班长	安排人员利用广播系统通知装置区人员沿上风或侧风方向撤离到安全区域	广播系统应持续进行广播，直到确认所有人员已撤离至安全区域为止。通知内容：XX单元可燃气体泄漏，请装置区人员立即撤离
3	班长	安排两人及以上操作人员佩戴空气呼吸器、携带多气体检测仪到现场确认泄漏情况	
4	现场操作人员	到现场确认泄漏情况（泄漏点、泄漏量、泄漏源能否切断）后，汇报班长	

续表

步骤	负责人	处置、操作步骤	注意事项
5	班长	根据确认情况,判断是否具备独立处置能力: (1)若能独立处置,则立即进行处置。 (2)若不能独立处置,则立即向应急办公室和工段负责人汇报。开展自救互救,如有人员受伤,拨打120;如发生火灾,拨打119,并利用消防器材进行初期灭火;同时进行气体检测、设置警戒区域。若泄漏直接威胁到装置设备及人身安全,情况非常紧急时,则按照操作规程进行停产,同时安排人员与上下游取得联系	使用防爆工具。 拨打120要讲清以下事项: (1)受伤人员现在所处的具体地址; (2)受伤人员的主要症状; (3)受伤人员的性别、年龄、数量等。 拨打119要讲清以下事项: (1)着火具体单位、地点; (2)简要描述着火的大概部位,着火物品,现在的火势情况以及是否有人被围困; (3)报警人的姓名,电话
6	工段负责人	接报后指导班组进行应急处置	
7	应急办公室	汇报应急领导小组组长或副组长及应急办公室主任;如涉及装置停产,应及时与上下游联系	
8	应急领导小组组长或副组长	判断响应级别: (1)若未达到分厂级,指挥或指导工段继续进行应急处置,直至处置结束。 (2)若达到分厂级及以上,则启动分厂现场处置方案,并向总厂生产运行科调度室汇报	
9	应急领导小组组长或副组长	指挥相关专业组开展应急处置	
10	各应急专业小组	在应急领导小组指挥下开展应急处置	
11	应急领导小组组长或副组长	组织评估事态是否得到控制: (1)若已有效控制,则在应急处置完成后清理现场,恢复生产,应急结束。 (2)若未有效控制,则请求上级和地方救援力量参与应急处置,直至事态得到控制,应急结束	

1.5.2 有毒气体或高纯氮气泄漏现场应急处置措施

有毒气体或高纯氮气泄漏现场应急处置措施见表1.14。

表1.14 有毒气体或高纯氮气泄漏现场应急处置措施

步骤	负责人	处置、操作步骤	注意事项
1	发现人	发现有毒气体泄漏、高纯氮气泄漏或人员中毒窒息,沿上风或侧风方向撤离到安全区域后,立即汇报班长	
2	班长	安排人员利用广播电话通知装置区人员沿上风或侧风方向撤离到安全区域	广播电话应持续进行广播,直到确认所有人员已撤离至安全区域为止。通知内容:XX单元XX气体泄漏,请装置区人员立即撤离

续表

步骤	负责人	处置、操作步骤	注意事项
3	班长	立即安排人员佩戴空气呼吸器并将中毒窒息人员抬到空气新鲜处，若呼吸心跳停止，立即进行心肺复苏，并拨打120	拨打120要讲清楚以下事项： （1）受伤人员现在所处的具体地址； （2）受伤人员的主要症状； （3）受伤人员的性别、年龄、数量等
4	班长	安排人员确认泄漏情况（泄漏点、泄漏量、泄漏源能否切断等）	
5	班长	根据确认情况，判断是否具备独立处置能力： （1）若能独立处置，则立即进行处置。 （2）若不能独立处置，则立即向应急办公室和工段负责人汇报。并进一步开展人员搜救，同时进行气体检测和设置警戒。 （3）若泄漏直接威胁到装置设备及人身安全，情况非常紧急时，则按照操作规程进行停产，同时安排人与上下游取得联系	
6	工段负责人	接报后指导或指挥班组进行应急处置	
7	应急办公室	汇报应急领导小组组长或副组长及应急办公室主任；如装置涉及停产应及时与上下游联系	
8	应急领导小组组长或副组长	判断响应级别： （1）若未达到分厂级，指挥或指导工段继续进行应急处置，直至处置结束。 （2）若达到分厂级及以上，则启动分厂现场处置方案，并向总厂生产运行科调度室汇报	
9	应急领导小组组长或副组长	指挥相关专业组开展应急处置	
10	各应急专业小组	在应急领导小组指挥下开展应急处置	
11	应急领导小组组长或副组长	组织评估事态是否得到控制： （1）若已有效控制，则在应急处置完成后清理现场，恢复生产，应急结束。 （2）若未有效控制，则请求上级和地方救援力量参与进行进一步应急处置，直至事态得到控制，应急结束	

1.5.3 火灾事故现场应急处置措施

1.5.3.1 生产装置火灾

生产装置火灾现场应急处置措施见表1.15。

表1.15 生产装置火灾现场应急处置措施

步骤	负责人	处置、操作步骤	注意事项
1	发现人	发现着火，初步判断着火性质、区域等相关信息，并汇报班长	撤离到安全区域后汇报

续表

步骤	负责人	处置、操作步骤	注意事项
2	班长	安排人员利用广播电话通知装置区人员沿上风或侧风方向撤离到安全区域。若有人员受伤,则安排人员拨打120,并对受伤人员进行现场救治	广播电话应持续进行广播,直到确认所有人员已撤离至安全区域为止。通知内容:XX单元XX区域发生火灾,请装置区人员立即撤离
3	班长	安排人员确认着火情况(着火点、着火介质、火势大小等)	
4	现场操作人员	对受伤人员进行救治; 确认着火情况(着火点、着火介质、火势大小等),汇报班长	佩戴空气呼吸器、携带多气体检测仪
5	班长	根据确认情况,判断是否具备独立处置能力: (1)若能独立处置,则立即进行处置。 (2)若不能独立处置,则立即向应急办公室和工段负责人汇报。并安排人员用消防水冷却着火点邻近部位装置,以防止火势扩大,拨打119;同时组织人员搜救。 (3)若火灾直接威胁到装置设备及人身安全,情况非常紧急时,按照操作规程进行停产,同时安排人报告调度室与上下游取得联系	现场人员佩戴空气呼吸器、携带多气体检测仪。 在装置区域内火灾未完全扑灭前,装置系统内应保持正压;液硫储罐或液硫池内发生火灾宜用蒸汽灭火;从外围的火势逐渐向中心火点扑救,不能盲目扑灭泄漏点的火灾。 拨打119要讲清楚以下事项: (1)着火具体单位、地点; (2)简要描述着火的大概部位,着火物品,现在的火势情况以及是否有人被围困; (3)报警人的姓名,电话
6	工段负责人	接报后指导或指挥班组进行应急处置	
7	应急办公室	汇报应急领导小组组长或副组长及应急办公室主任;如装置涉及停产应及时与上下游联系	
8	应急领导小组组长或副组长	判断响应级别: (1)若未达到分厂级,指导或指挥工段继续进行应急处置,直至处置结束。 (2)若达到分厂级及以上,则启动分厂现场处置方案,并向总厂生产运行科调度室汇报	
9	应急领导小组组长或副组长	指挥相关专业组开展应急处置	
10	各应急专业小组	在应急领导小组指挥下开展应急处置	
11	应急领导小组组长或副组长	组织评估事态是否得到控制: (1)若有效控制,则在应急处置完成后清理现场,恢复生产,应急结束。 (2)若未有效控制,请求上级和地方救援力量参与进行进一步应急处置,直至事态得到控制,应急结束	

1.5.3.2 其他火灾

其他火灾现场应急处置措施见表1.16。

表1.16 火灾现场应急处置措施

步骤	负责人	处置、操作步骤	注意事项
1	发现人	发现着火,初步判断着火性质、区域等相关信息,立即汇报调度室	撤离到安全区域后汇报
2	发现人	立即呼救,火势较小时,同赶到现场的其他人员一起进行初期扑救,可能的情况下首先选择切断着火源;火势较大靠自身力量不能控制时,应立即拨打119,并进行现场警戒;如有人员受伤,进行现场救护、拨打120	扑救火灾应注意风向,保证自身安全;同时要根据着火介质选择灭火方式。 拨打119要讲清楚以下事项: (1)着火具体单位、地点; (2)简要描述着火的大概部位,着火物品,现在的火势情况以及是否有人被围困; (3)报警人的姓名,电话。 拨打120要讲清楚以下事项: (1)受伤人员现在所处的具体地址; (2)受伤人员的主要症状; (3)受伤人员的性别、年龄、数量等
3	应急办公室	汇报应急领导小组组长或副组长及应急办公室主任	
4	应急领导小组组长或副组长	判断响应级别: (1)若未达到分厂级,指挥相关人员继续进行应急处置,直至处置结束。 (2)若达到分厂级及以上,则启动分厂现场处置方案,并向总厂生产运行科调度室汇报	
5	应急领导小组组长或副组长	指挥相关专业组开展应急处置	
6	各应急专业小组	在应急领导小组指挥下开展应急处置	
7	应急领导小组组长或副组长	组织评估事态是否得到控制: (1)若已有效控制,则在应急处置完成后清理现场,恢复生产,应急结束。 (2)若未有效控制,则请求上级和地方救援力量参与进行进一步应急处置,直至事态得到控制,应急结束	

1.5.4 突发环境事件现场应急处置措施

突发环境事件现场应急处置措施见表1.17。

表1.17 突发环境事件现场应急处置措施

步骤	负责人	处置、操作步骤	注意事项
1	发现人	发现化学药剂、污水外溢出厂区及异常放空,汇报班长	
2	班长	安排两人以及以上操作人员佩戴空气呼吸器、携带多气体检测仪到现场确认化学药剂、污水外溢情况或火炬燃烧情况	
3	现场操作人员	确认化学药剂、污水外溢情况(外溢量、介质)或火炬燃烧情况,汇报班长	空气呼吸器压力不足时及时撤离到安全区域

续表

步骤	负责人	处置、操作步骤	注意事项
4	班长	根据确认情况，判断是否具备独立处置能力： （1）若能独立处置，则进行处置。 （2）若不能独立处置，则立即向应急办公室和工段负责人汇报。并安排人员对化学药剂、污水外溢点进行封堵，以防止外溢扩大；若火炬燃烧不正常或未燃烧，立即组织人员恢复火炬正常燃烧，并进行气体检测和设置警戒	
5	工段负责人	接报后指导或指挥班组进行应急处置	
6	应急办公室	汇报应急领导小组组长或副组长及应急办公室主任	
7	应急领导小组组长或副组长	判断响应级别： （1）若未达到分厂级，指导或指挥工段继续进行应急处置，直至处置结束。 （2）若达到分厂级及以上，则启动分厂现场处置方案，并向总厂生产运行科调度室汇报	
8	应急领导小组组长或副组长	指挥相关专业组开展应急处置	
9	各应急专业小组	在应急领导小组指挥下开展应急处置	
10	应急领导小组组长或副组长	组织评估事态是否得到控制： （1）若已有效控制，则在应急处置完成后清理现场，恢复生产，应急结束。 （2）若未有效控制，则请求上级和地方救援力量参与进行进一步应急处置，直至事态得到控制，应急结束	

1.5.5 地震灾害现场处置措施

地震灾害现场处置措施见表 1.18。

表 1.18 地震灾害现场处置措施

步骤	负责人	处置、操作步骤	注意事项
1	全员	地震发生，全员紧急避险	根据实际情况选择避险逃生方式
2	班长或副班长	判断装置受灾情况： 如险情较小，生产装置运行正常，无人员伤亡，即组织恢复正常生产秩序，应急结束。 如险情较大，装置出现泄漏、火灾爆炸、人员伤亡等严重状况时，分以下两种情况开展应急处置： （1）如可控，立即组织人员开展应急停产操作；如有人员受伤，开展现场应急救护，并拨打120请求救护；如发生火灾，组织人员使用消防水灭火或喷淋降温，同时拨打119请求救援。 （2）如不可控，组织所有人员立即撤离到安全区域，同时对伤员进行救护，并向应急办公室和工段负责人汇报	应急停产操作应在保证自身安全的情况下进行

续表

步骤	负责人	处置、操作步骤	注意事项
3	应急办公室、工段负责人	了解现场情况，指导或指挥班组进行应急处置	
4	应急领导小组组长或副组长	判断险情大小和响应级别： （1）若险情较小，未达到分厂级，即指导或指挥相关单位（包括净化、供电、生活后勤等单位）继续进行应急处置，直至处置结束。 （2）若险情较大，达到分厂级及以上，则启动分厂现场处置方案，并向总厂生产运行科调度室汇报	
5	应急领导小组组长或副组长	指挥相关专业组开展应急处置	
6	各应急专业小组	在应急领导小组指挥下开展应急处置： （1）信息组尽快与县政府应急办取得联系，初步报告本单位地震受灾情况。同时向总厂汇报地震受灾情况。 （2）其他专业组在应急领导小组的指挥下，组织开展抢险自救，尽力避免损失扩大和次生事故发生	县政府应急办电话：XXX-XXXXXXX
7	应急领导小组组长或副组长	组织评估事态是否得到控制： （1）若已有效控制，则在应急处置完成后清理现场，开展善后，恢复生产，应急结束。 （2）若未有效控制，则请求上级和地方救援力量参与进行进一步应急处置，直至事态得到控制，应急结束	

1.5.6 产品气质量事故现场应急处置措施

产品气质量事故现场应急处置措施见表1.19。

表 1.19 产品气质量事故现场应急处置措施

步骤	负责人	处置、操作步骤	注意事项
1	发现人	发现产品气H_2S或水含量超标，立即汇报班长	
2	班长	生产班长确认数据超标，脱硫脱水单元联锁，确认SDV-1201或SDV-1301关闭切断产品气输出，降低进装置原料气流量，不合格产品气通过湿净化气（H_2S含量超标）或者产品气（H_2O含量超标）放空通道放空。期间，如果进站压力偏高，则可采取对原料气进行部分放空处理，以维持进站压力的相对稳定。如果短时间内产品气质量事故不能处理，应立即启动《上下游联动现场处置预案》，并按操作规程进行处理	
3	班长	班长立即向应急办公室、工段负责人汇报	
4	应急办公室	汇报应急领导小组组长或副组长及应急办公室主任	
5	工段负责人、应急办公室负责人	接报后指导或指挥班组进行应急处置	

续表

步骤	负责人	处置、操作步骤	注意事项
6	应急领导小组组长或副组长	判断响应级别：启动分厂现场处置方案，同时向总厂生产运行科和质量安全环保科汇报，跟踪指导现场应急处置	
7	应急领导小组组长或副组长	组织评估事态是否得到控制： （1）若已有效控制，则在应急处置完成后做好生产恢复准备。 （2）若未有效控制，则请求上级参与进行进一步应急处置，直至事态得到控制，应急结束	产品气质量事故：向管网输气初期，应缓慢控制装置的进气量，同时应随时监视在线分析仪测量数据值的变化，切忌进气速度过快，导致产品气不合格

1.5.7 厂区人员及周边居民疏散现场应急处置措施

厂区人员及周边居民疏散现场应急处置措施见表1.20。

表1.20 厂区人员及周边居民疏散现场应急处置措施

步骤	负责人	处置、操作步骤	注意事项
1	发现人	发现可燃气体、有毒气体泄漏、火灾、爆炸事故时，初步判断泄漏介质、压力、泄漏量或火灾爆炸事故点等相关信息，立即汇报班长	沿上风或侧风方向撤离到安全区域
2	班长	安排人员利用广播电话通知装置区人员沿上风或侧风方向撤离到安全区域	广播电话应持续进行广播，直到确认所有人员已撤离至安全区域为止。通知内容：XX单元XX区域发生XX，请装置区人员立即撤离
3	班长	安排两人及以上操作人员佩戴空气呼吸器、携带多气体检测仪到现场确认事故泄漏情况（包括泄漏量、介质、扩散情况等）	
4	班长	根据确认情况，判断是否具备独立处置能力： （1）若能独立处置，则进行处置。 （2）若不能独立处置，则立即向应急办公室和工段负责人汇报。同时进行气体检测和设置警戒。 （3）若泄漏扩散迅速，直接威胁到厂区人员安全，情况非常紧急时，则汇报应急办要求发出厂区人员疏散指令	
5	工段负责人	接报后指导或指挥班组进行应急处置	
6	应急办公室	汇报应急领导小组组长或副组长及应急办公室主任	
7	应急领导小组组长或副组长	判断响应级别： （1）若未达到分厂级，指挥或指导工段继续进行应急处置，直至处置结束。 （2）若达到分厂级及以上，则启动分厂现场处置方案。通知中控室启动应急疏散高频报警喇叭，发出厂区人员疏散指令；如需周边居民疏散，通知综合组与所在社区联系，组织厂区周边居民疏散，并指明疏散方向、范围。同时向总厂生产运行科调度室汇报	

续表

步骤	负责人	处置、操作步骤	注意事项
8	厂区各工段、办公室负责人	组织本单位（部门）人员和属地区域外来人员疏散	疏散过程中，所有人员用湿毛巾做好个人防护
9	综合组	安排人员到应急集合点和主要路口引导人员疏散	
10	厂区各工段、办公室负责人	在集合点清点本单位（部门）已疏散撤离人数和失踪人数（包括在本单位的外来人员），报综合组	集合点在厂区大门口
11	综合组	汇总撤离情况，如有人员失踪，了解失踪人员情况并向应急领导小组组长或副组长报告	
12	应急领导小组组长或副组长	组织搜救失踪人员	在保证搜救人员安全的前提下进行失踪人员搜救
13	综合组	如有人员受伤，进行现场救护，拨打120请求救护	拨打120要讲清楚以下事项： （1）受伤人员现在所处的具体地址； （2）受伤人员的主要症状； （3）受伤人员的性别、年龄、数量等
14	信息组	按信息报送要求报送信息。启动周边居民疏散的，应向所在地县政府应急办报告事态状况	县政府应急办电话：×××-×××××××
15	综合组	启动周边居民疏散的，向社区收集周边居民疏散情况，报应急领导小组组长或副组长	
16	应急领导小组组长或副组长	组织评估事态是否得到控制： （1）若已有效控制，则在应急处置完成后清理现场，开展善后工作，恢复生产，应急结束。 （2）若未有效控制，则请求上级和地方救援力量参与进行进一步应急处置，直至事态得到有效控制，应急结束	

2 典型不含 H$_2$S 天然气处理厂停开工方案

2.1 概述

2.1.1 厂区简介

苏里格第三天然气处理厂隶属于长庆油田分公司第三采气厂,总体年设计处理天然气能力为 $50×10^8m^3$。工厂主体为单套日处理量为 $500×10^4m^3$ 的脱油脱水装置二套,单台机组日增压气量为 $252×10^4m^3$ 的压缩机组七台;配套建有集气区、配气区、火炬放空系统;建有空氮站、供热站、35kV 变电所、供水站、甲醇回收、污水处理等辅助装置。主要工艺流程:集气干线来原料气首先进入清管区,再进入预分离器,对原料气初步分离;分离后的天然气进入增压站增压后进入脱油脱水装置,经过滤分离器过滤分离,除去天然气中的固体颗粒和游离液体;然后进入预冷换热器管程,利用处理后的冷干气对原料气进行预冷,夏季温度降低至 4℃(冬季温度降低至 -8℃);再进入丙烷蒸发器,与液体丙烷进行换热降温,夏季温度降低至 -5℃(冬季温度降低至 -15℃);进入低温分离器进行脱油脱水,然后进入预冷换热器壳程,与原料天然气进行换热后进入配气区,再经过计量后外输至下游用户(图 2.1)。工厂采用霍尼韦尔公司 DCS 技术为基础的管控一体化系统,对生产过程实行集中控制、集中监视、调度管理,提高工厂运行的安全性、可靠性和管理水平。

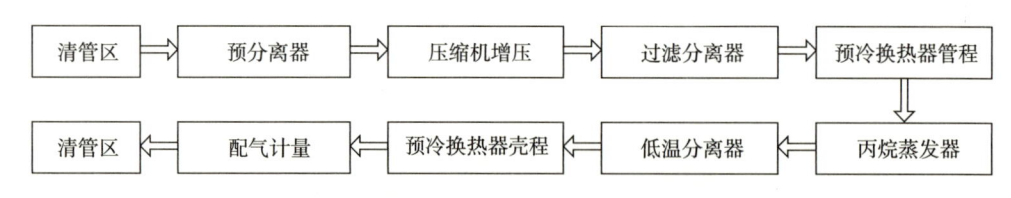

图 2.1 苏里格第三天然气处理厂工艺流程框图

2.1.2 厂区工艺流程

2.1.2.1 集配气单元

集配气总站分为集气区、配气区和清管区。集气区负责集气干线来气初步分离和计量;配气区负责外输商品气的计量;清管区负责清管收、发球,并具有干线出现故障的紧急切断功能。

2.1.2.1.1 集气部分

各干线来气直接进入第三处理厂集气区。在集气区经预分离器分离出携带的液体、粉尘及机械杂质后经计量输往脱油脱水装置,并实现清管作业时的段塞流捕集并排出清管杂质(图2.2)。

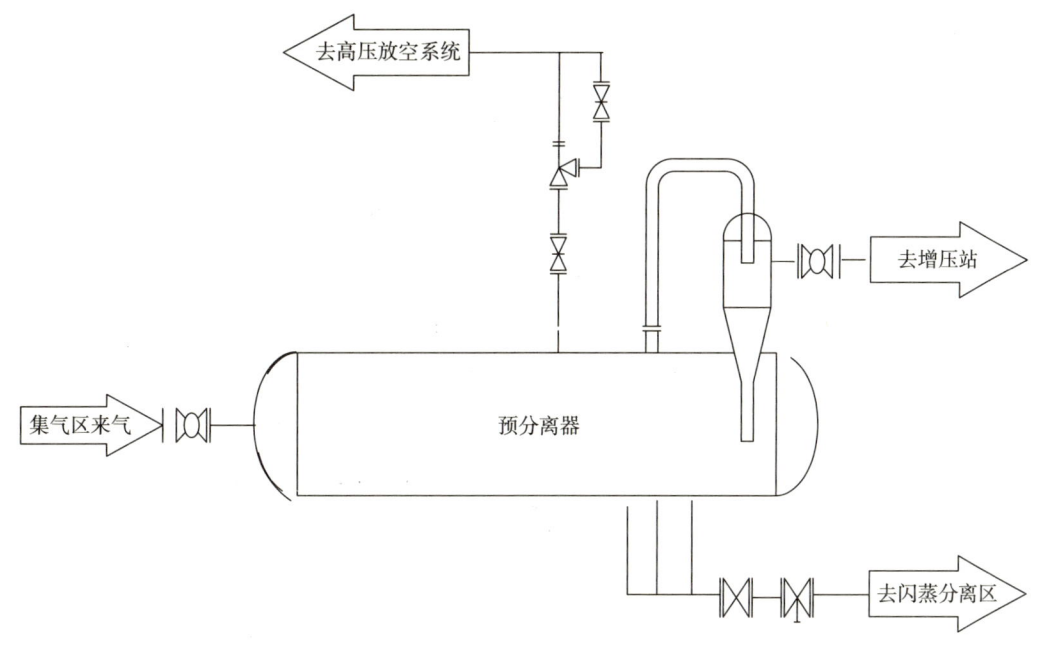

图2.2 集气区工艺流程图

2.1.2.1.2 配气部分

配气区接收气量为 $50 \times 10^8 m^3/a$,外输计量共设5路计量,流量计量采用孔板计量,单路计量规模为 $10 \times 10^8 m^3/a$。由于脱油脱水后的净化气压力为6.1MPa,配气系统设计压力按6.8MPa考虑(图2.3)。

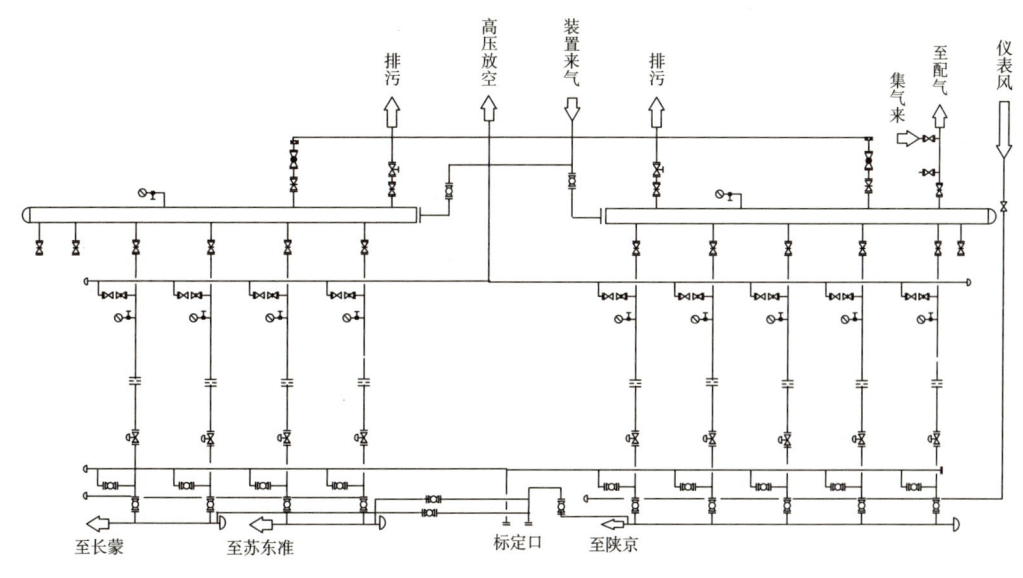

图2.3 配气区工艺流程图

2.1.2.1.3 清管区

清管装置设置苏里格气田东二干线清管器收球筒1具（PN4.0 DN850），苏3-3清管器收球筒1具（PN4.0 DN800），至外输管线（陕京线）清管器发送筒1具（PN6.8 DN850）（图2.4）。

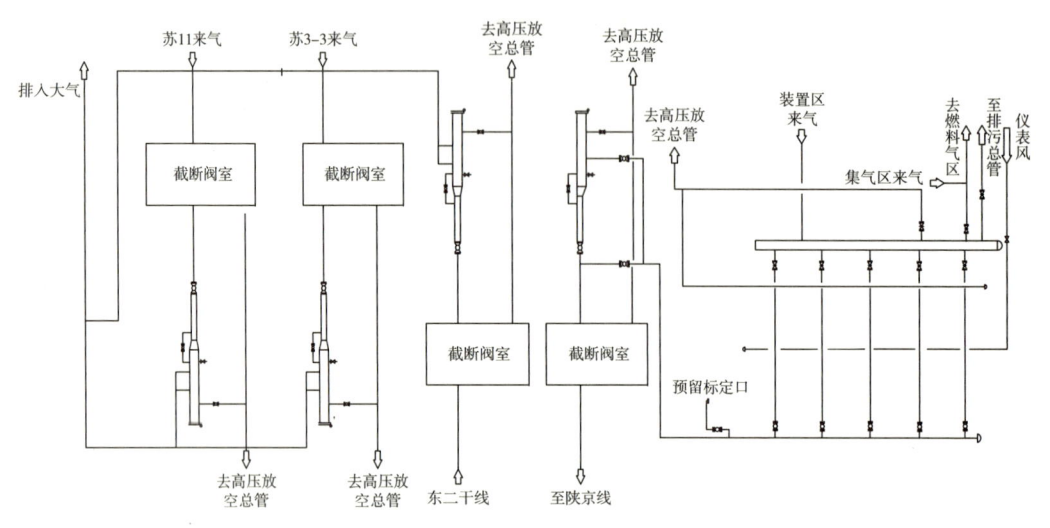

图2.4 清管区工艺流程图

2.1.2.2 增压站单元

苏里格第三天然气处理厂天然气压缩机组采用卡特发动机、ARIEL压缩机，由美国汉诺华公司组橇。增压站压缩机组选用燃气发动机驱动的往复式压缩机，共设置7台压缩机组，单台机组日增压气量为 $252 \times 10^4 \text{m}^3/\text{d}$，6用1备，最终满足 $1500 \times 10^4 \text{m}^3/\text{d}$ 的增压要求（图2.5）。

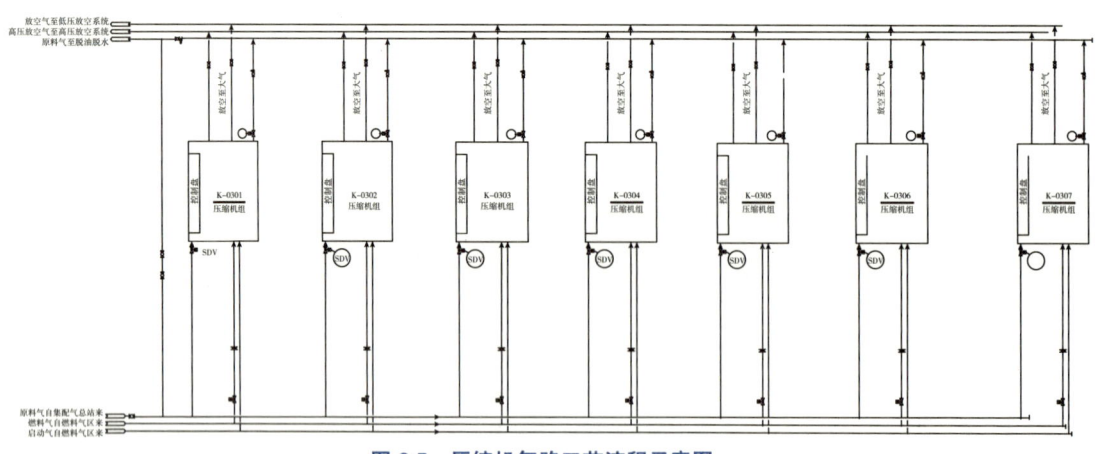

图2.5 压缩机气路工艺流程示意图

2.1.2.3 脱油脱水装置

苏里格第三天然气处理厂共设置三套 $500 \times 10^4 \text{m}^3/\text{d}$ 脱油脱水装置，单套设有丙烷制冷系统、过滤分离器、预冷换热器、低温分离器，负责天然气脱油、脱水和除去固体颗粒的任务。

自增压站来气进入脱油脱水装置，经过滤分离器过滤分离，除去天然气中的固体颗粒和游离液体；然后进入预冷换热器管程，利用处理后的冷干气对原料气进行预冷，夏季温度降低至4℃（冬季温度降低至-8℃）；再进入丙烷蒸发器，与液体丙烷进行换热降温，夏季温度降低至-5℃（冬季温度降低至-15℃）；再进入低温分离器进行脱油脱水，然后进入预冷换热器壳程，与原料天然气进行换热后进入配气区。低温分离器及过滤分离器分离出的液体进入闪蒸分离及丙烷储罐区的凝液换热器（图2.6）。

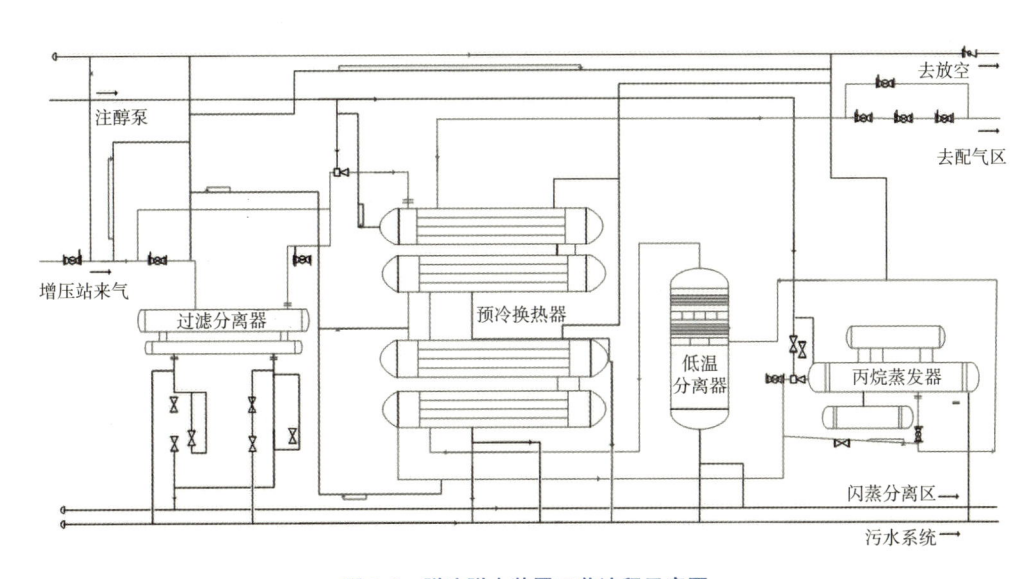

图2.6 脱油脱水装置工艺流程示意图

2.1.2.4 闪蒸分离单元

闪蒸分离及丙烷储罐区由两个系统组成，分别为两套凝液闪蒸系统（一用一备），一套丙烷系统（图2.7）。

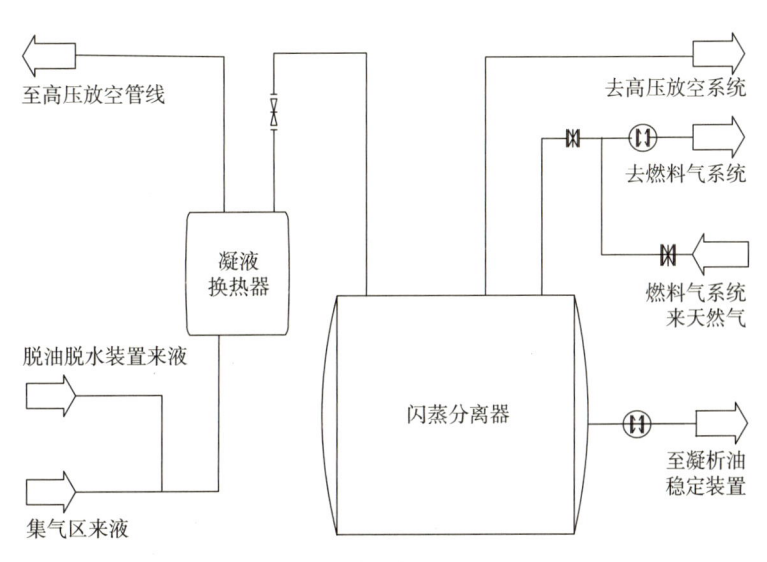

图2.7 闪蒸分离工艺流程图

凝液闪蒸系统是把从脱油脱水装置和集气区来液经过凝液换热器后从 –15.5℃升高至 40℃，然后进入闪蒸分离器进行气、水、油的三相分离。闪蒸气进入燃气系统，含甲醇污水排至低压放空分液罐或含醇污水接收罐，闪蒸分离出的凝析油进入凝析油稳定装置。检修设备的污水进入污水总管。

凝液换热器的热源为导热油，导热油进换热器温度为200℃（设计值），导热油出换热器温度为150℃（设计值）。

2.1.2.5 凝析油稳定单元

本装置处理来自第三天然气处理厂分离出的凝析油以及拉运来的凝析油。根据天然气凝析油的组成和流量，确定凝析油稳定装置规模为 3.3×10^4t/a，主要产品为干气和稳定凝析油。利用导热油对原料液进行加热，在450kPa压力下蒸馏，从而满足二号稳定轻烃饱和蒸气压的质量指标（图2.8）。

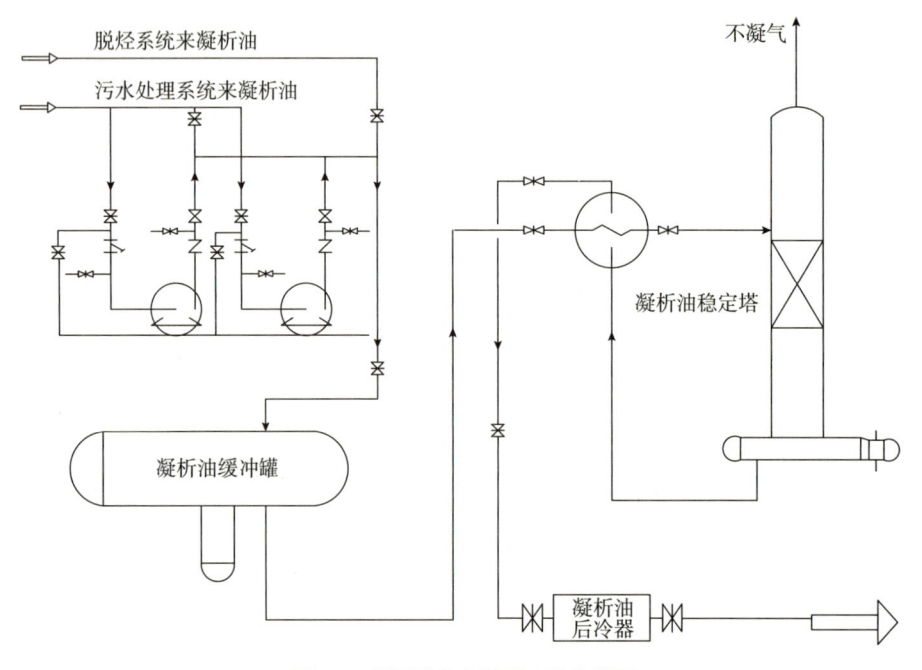

图 2.8 凝析油稳定装置工艺流程图

2.1.2.6 燃料气单元

第三天然气处理厂燃料气分为高压燃气系统和低压燃气系统，主要给天然气压缩机组、火炬、导热油炉、食堂供燃料气。高压系统操作压力为0.8MPa，高压气来源于净化后的天然气；低压系统操作压力为0.45MPa，气源主要来自高压燃气系统（图2.9）。

2.1.2.7 供热单元

苏里格第三天然气处理厂供热站主要负责甲醇回收装置、压力除油器、凝析油稳定装置、闪蒸分离器的生产热源及第三处理厂、倒班点采暖。供热站设有两台导热油炉、水处理间、采暖循环泵房和值班控制室等。采暖泵房向全厂及倒班点提供采暖用水，并且为倒班点换热器提供热能，满足倒班点卫生用水（图2.10）。

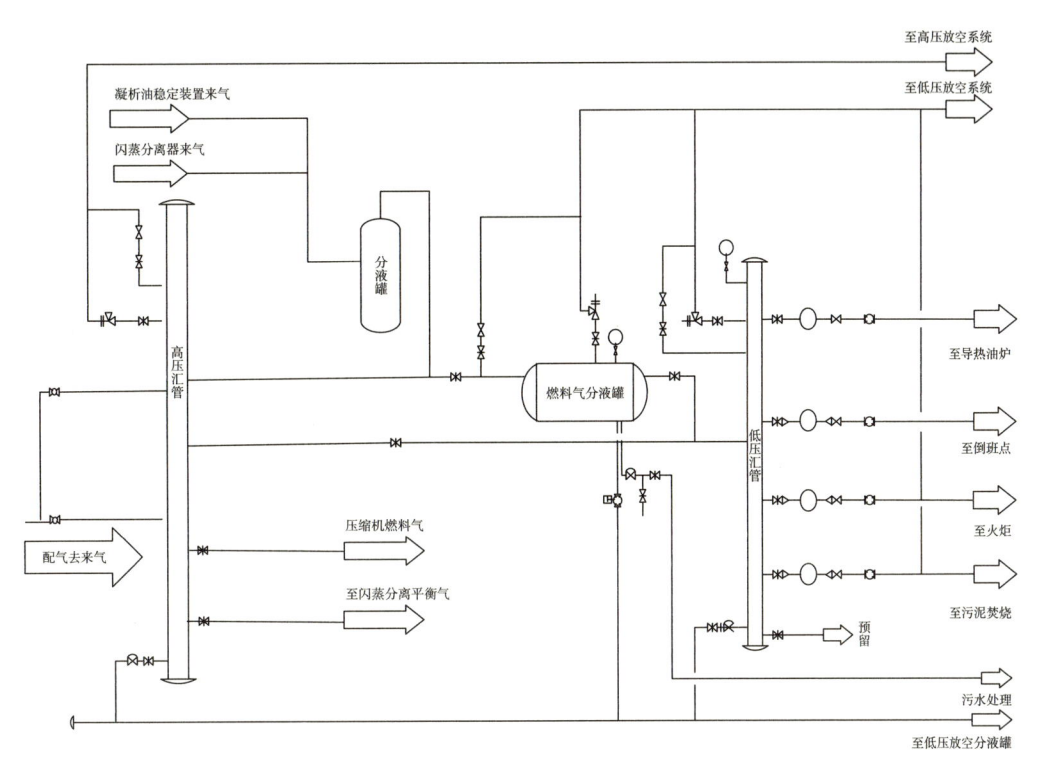

2 典型不含H₂S天然气处理厂停开工方案

图 2.9　燃料气区工艺流程图

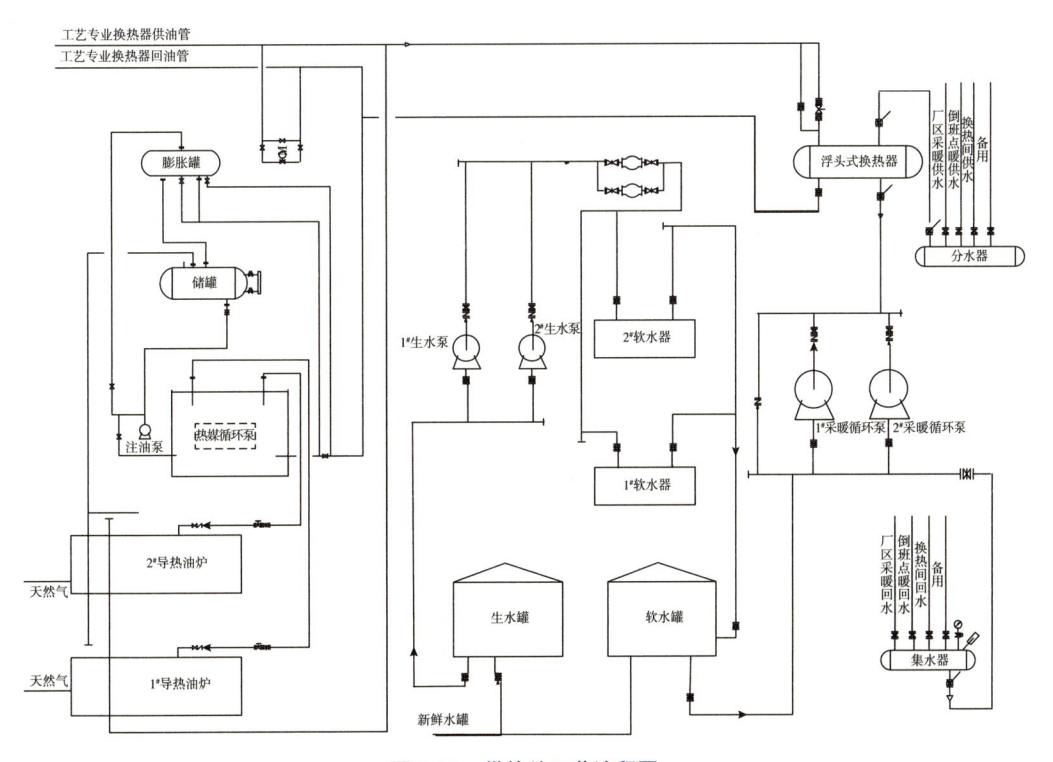

图 2.10　供热站工艺流程图

2.1.2.8 供水单元

苏里格第三天然气处理厂建供水站1座，水源井3口，采取水源直供方式。供水泵房与消防泵房合建，建有100m³供水罐2具、700m³消防水罐1具，变流稳压供水设备1套，储罐压力式泡沫比例混合装置1套，泡沫供水泵2台（1用1备）、消防冷却供水泵2台（1用1备）。主要承担生产区、综合办公区、前线倒班点的生产、生活用水的储备和供水任务，以及第三天然气处理厂的消防用水的储备、供给和储罐区泡沫混合液供给任务（图2.11）。

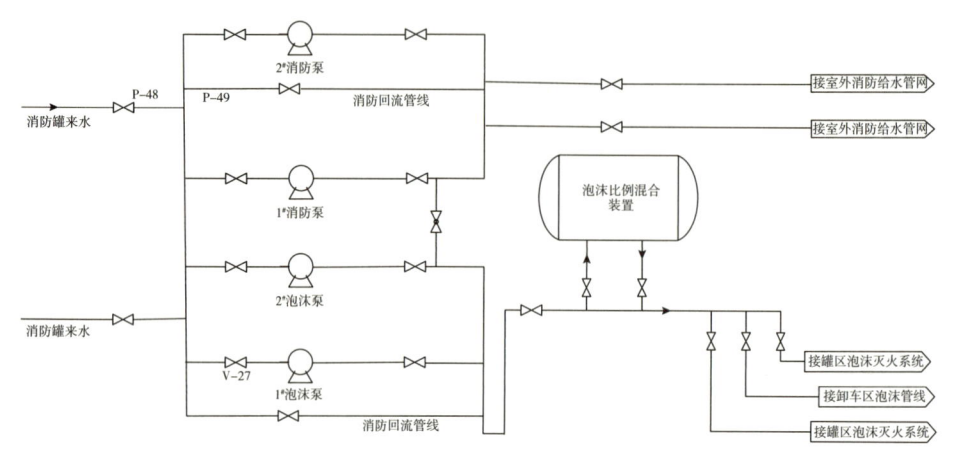

图2.11 供水站工艺流程图

2.1.2.9 甲醇回收单元

苏里格第三天然气处理厂甲醇回收系统包括一套100m³/d甲醇回收装置。经过甲醇污水预处理的甲醇污水进入装置，甲醇回收装置采取常压精馏工艺集中处理含醇污水，将含醇污水中的甲醇分离出来，使甲醇得以再生，并回收利用。产品甲醇储存至产品甲醇储罐，分离出的废水全部经回注系统回注地层（图2.12）。

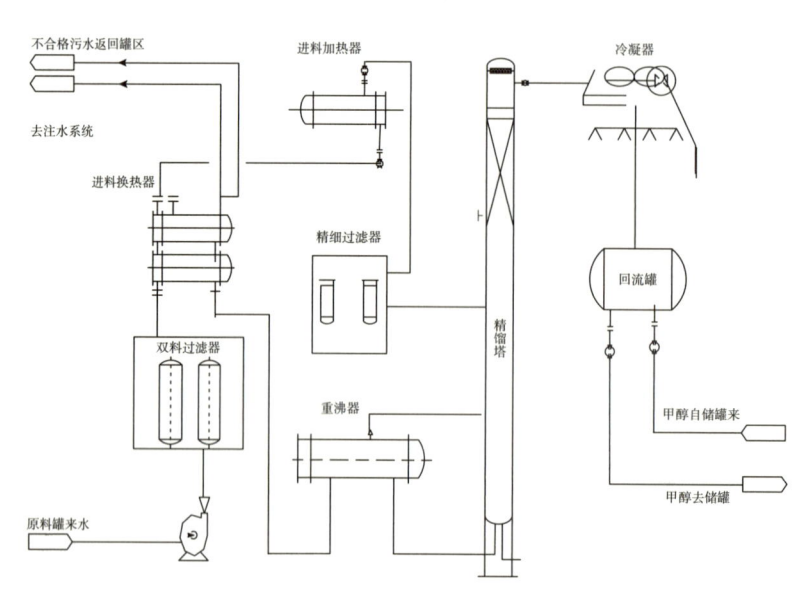

图2.12 甲醇回收工艺流程图

2.1.2.10 空氮站单元

空氮站是保障全厂工艺装置安全生产的辅助生产设施，它为全厂的调节阀、联锁阀等仪表提供动力，提供全厂各装置的吹扫用工厂风，并为处理装置的开、停车提供氮气。空氮站设备主要包括 3 台空气压缩机、3 台压缩空气干燥器、一套制氮橇块。空气压缩机的出口排气压力最高达到 0.8MPa，系统管网仪表风的压力控制在 0.5MPa。空气压缩机的排气量为 17.0m³/min，配用电动机功率为 90kW。空气干燥器出口仪表风的露点不大于 –40℃。制氮橇块产出的氮气流量为 300m³/h，纯度为 99.5% 以上，氮气压力为 0.6 MPa，产品氮气露点小于 –40℃（图 2.13）。

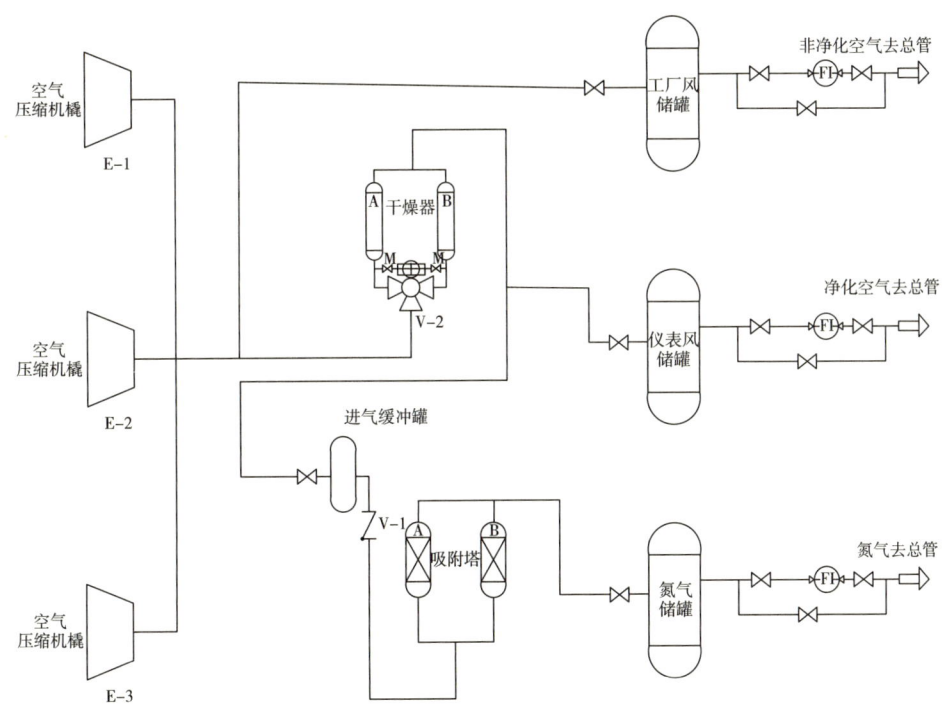

图 2.13 空氮站工艺流程图

2.2 停工方案

2.2.1 停工准备

（1）储存/制备停工吹扫使用的氮气/液氮。
（2）污水处理装置各储备池应提前处理至低液位。
（3）准备停工过程中可能用到的生产、消防、应急、医疗急救等相关物资和设施。

2.2.2 停工程序

天然气处理厂停工程序流程如图 2.14 所示。

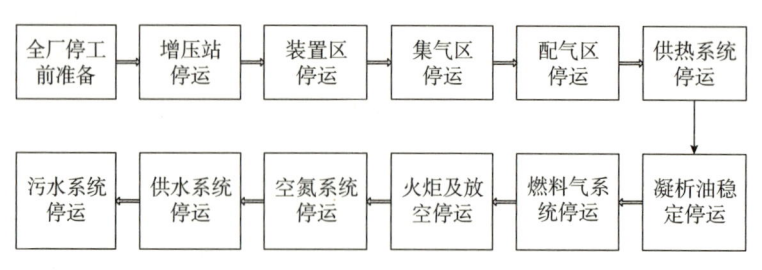

图 2.14 天然气处理厂停工程序流程框图

2.2.3 分单元停工方案

2.2.3.1 停运天然气压缩机

当干线压力降至 2.0MPa 时，停运一台压缩机组，首先手动将发动机转速调至 850r/min，手动开启回流阀（一般分 70%、40%、0 三步打开该阀）。回流阀全开后，按住加载 2s 钟以上，旁通阀打开，机组卸载。机组卸载 6s 后，按下停机按钮，机组停机，依次停运其他压缩机组。

2.2.3.2 停运脱油脱水装置

当集气量小于等于 $800 \times 10^4 m^3$ 时，按照标准作业程序停运 3# 丙烷压缩机组，手动对丙烷压缩机进行卸载，将负荷降至为零时，按停机键停运丙烷压缩机，待装置温度上升至 0℃以上时，停止 3# 注醇泵，关闭 3# 装置进出口阀门 XV-3301/XV-3381，停运 3# 装置；当集气量小于等于 $500 \times 10^4 m^3$ 时，按照标准作业程序停运 2# 丙烷压缩机组，停运 2# 装置，关闭 2# 装置进出口阀门 XV-3201/XV-3281；当仅运行一台压缩机组且集气干线压力降至 2.0MPa 时，停 1# 丙烷压缩机，停运 1# 脱油脱水装置，关闭 1# 装置进出口阀门 XV-3101/XV-3181。

2.2.3.3 停运集气区

装置停运后，关闭苏 3-1 干线截断阀（XV-1111）；苏 3-2 干线截断阀（XV-1141）、3-3 干线截断阀（XV-1131）、苏 3-4 干线进站截断阀 XV-1121；关闭增压站进口截断阀 XV-2001，停运预分离器。

2.2.3.4 停运供热系统

按照标准作业程序停运导热油炉，关闭燃料气区至导热油炉的供气管线阀门。

2.2.3.5 停运凝析油稳定系统

装置区停运后，停运闪蒸分离器，停运凝析油稳定装置。

2.2.3.6 装置放空

2.2.3.6.1 高压系统放空

根据现场工艺设计，将高压系统分三部分放空。

利用 4 套预分离器出口手动放空对增压站上游至截断阀区天然气系统进行放空（系统压力降至 0.2MPa 时，利用各汇管低点排液管线将各汇管中积液排空）。

以高压配气汇管超压放空为排放口，对增压站下游至外输干线截断阀上游进行放空。

关闭高压配气汇管进口电动球阀，打开 3 套装置进出口气动球阀，通过打开 1# 装置进口低压放空阀门对3套装置进行放空。

注意事项：系统放空压力降至0.2MPa时，关闭放空阀，将各设备容器内的余液排净后，再打开放空阀泄压至零。

2.2.3.6.2 低压系统放空

以低压燃料气分液罐、凝析油缓冲罐两处手动放空为排放口，对低压系统进行放空。

以2套闪蒸分离器手动放空为排放口，对闪蒸分离区进行放空。

2.2.3.7 氮气置换

氮气置换合格，即$CH_4<2\%$（体积分数），为减少有毒有害气体的现场排放，置换气应排入放空系统；置换合格后应按照检修停工倒盲板作业记录单进行盲板操作。

具体置换流程如下：

清管区→集气区→增压站→装置区→配气区→ϕ864发球筒。

2.2.3.7.1 集配气区氮气置换

从苏3-1干线收球筒注水甩头接入氮气，对集气区进行氮气置换，置换通过预分离器出口超压放空管线DN150排往火炬系统。压力表取样截止阀处为氮气检测点。氮气置换过程中所有设备、管线以及仪表和压力表管嘴等位置必须置换到位。

从ϕ864外输发球筒注水甩头接入氮气，对配气区进行氮气置换，置换通过高压配气汇管超压放空管线DN150排往火炬系统，压力表取样截止阀处为氮气检测点。氮气置换过程中所有设备、管线以及仪表和压力表管嘴等位置必须置换到位。

2.2.3.7.2 增压站氮气置换

集气区置换完成后，氮气自集气区引入增压站，对增压站进行氮气置换，通过配气区来氮气对压缩机启动气管线进行置换。

1#装置区过滤分离器来氮气→天然气压缩机出口管线

置换通过3#装置区进口超压放空管线排往火炬系统，在各管线压力表取样截止阀以及管线甩头处进行氮气浓度检测。

2.2.3.7.3 脱油脱水装置区氮气系统氮气置换

氮气自1#装置区过滤分离器引入三套脱油脱水装置，对装置区进行氮气置换，三套同时置换。置换流程如下：

过滤分离器→预冷换热器管程→丙烷蒸发器→低温分离器→预冷换热器壳程→配气区高压配气汇管。

置换通过高压配气汇管DN150超压放空管线为排放口排往火炬系统，在各压力表取样截止阀处和设备排污甩头处进行氮气浓度检测。

2.2.3.7.4 燃料气区氮气置换

配气区氮气置换完成后，氮气自配气区引入燃料气区，对燃料气区进行氮气置换。置换通过低压燃气汇管手动放空管线排往火炬系统，在各压力表取样截止阀和排污甩头处进行氮气浓度检测。

2.2.3.7.5 排污系统和闪蒸分离器区氮气置换

天然气系统置换完成后，将系统氮气充压至0.2MPa，对天然气排污系统和闪蒸分离器区进行氮气置换，在各设备、管线压力表取样截止阀处进行氮气浓度检测。置换流程如下：

（1）预分离器排液→60m³罐；

（2）过滤分离器排液/低温分离器排液→凝液换热器；

（3）凝液换热器→闪蒸分离器→低压放空分液罐；

（4）燃料气区排液→60m³罐；

（5）增压站排污→60m³罐。

2.2.3.7.6　放空系统氮气置换

（1）高压放空系统置换。

氮气自 1# 脱油脱水装置过滤分离器引入，同时关闭 1# 装置进口截断阀 XV3101，关闭过滤分离器出口手动球阀，打开 1# 装置进口管线手动放空，对高压放空系统进行氮气置换。

自高压放空分液罐排污甩头处和高压放空管线各甩头处进行氮气浓度检测。

（2）低压放空系统置换。

氮气自供热系统燃料气手动放空管线引入→凝析油稳定装置→闪蒸分离区→增压站→脱油脱水装置区→燃气系统→低压放空总管→低压放空分液罐→火炬低压放空管线，自低压放空分液罐排污甩头处进行检测。

2.2.3.8　空气置换

对需要打开检修的设备和管线进行空气置换氮气，合格指标：$O_2 > 19.5\%$（体积分数）。

2.3　开工方案

2.3.1　开工准备

（1）对检修期间所卡开的法兰点进行恢复并确认。

（2）对检修项目经过质量验收合格。

（3）开工所需润滑油、过滤元件等物料已分析检查合格，并已正确安装或投加。

（4）生产所需要的电力、水、通信及其他外部保障供给正常可靠。

2.3.2　开工程序

天然气处理厂开工程序流程如图 2.15 所示。

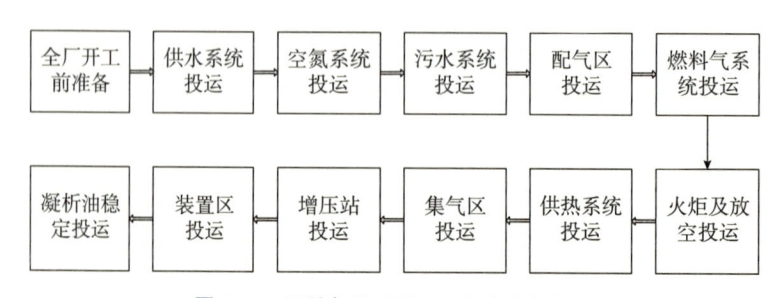

图 2.15　天然气处理厂开工程序流程框图

2.3.3 分单元开工方案

2.3.3.1 公用系统投运
（1）投运供水系统。
（2）投运空氮系统。
（3）投运污水处理系统。

2.3.3.2 氮气置换

氮气置换合格，即 O_2<2%（体积分数），为减少有毒有害气体的现场排放，置换气应排入放空系统；置换合格后必须恢复所有连头过程中卡开法兰。

具体置换流程如下：

清管区→集气区→增压站→装置区→配气区→ϕ864 发球筒。

2.3.3.2.1 集配气区氮气置换

从苏 3-1 干线收球筒注水甩头接入氮气，对集气区、配气区进行氮气置换，置换通过高压配气汇管 DN150 超压放空管线和 ϕ864 外输管线收球筒手动放空管线排往火炬系统。压力表取样截止阀处为氮气检测点，置换时检测点氧含量小于 2% 为合格。氮气置换过程中所有设备、管线以及仪表和压力表管嘴等位置必须置换到位。

2.3.3.2.2 增压站氮气置换

集气区置换完成后，氮气自集气区引入增压站，对增压站进行氮气置换，通过配气区来氮气对压缩机启动气管线进行置换。

集气区来氮气→天然气压缩机进口管线→增压站越站旁通管线→天然气压缩机出口管线→增压站至脱油脱水管线置换。

置换通过 1# 装置区进口超压放空管线排往火炬系统，在各管线压力表取样截止阀以及管线甩头处进行氮气浓度检测。

2.3.3.2.3 脱油脱水装置区氮气系统氮气置换

氮气自天然气压缩机出口管线处引入三套脱油脱水装置，对装置区进行氮气置换，三套同时置换。置换流程如下：

过滤分离器→预冷换热器管程→丙烷蒸发器→低温分离器→预冷换热器壳程→配气区高压配气汇管。

置换通过高压配气汇管 DN150 超压放空管线为排放口排往火炬系统，在各压力表取样截止阀处和设备排污甩头处进行氮气浓度检测。

2.3.3.2.4 燃料气区氮气置换

配气区氮气置换完成后，氮气自配气区引入燃料气区，对燃料气区进行氮气置换。置换通过低压燃气汇管手动放空管线排往火炬系统，在各压力表取样截止阀和排污甩头处进行氮气浓度检测。

2.3.3.2.5 排污系统和闪蒸分离器区氮气置换

天然气系统置换完成后，将系统氮气充压至 0.2MPa，对天然气排污系统和闪蒸分离器区进行氮气置换，在各设备、管线压力表取样截止阀处进行氮气浓度检测。置换流程如下：

（1）预分离器排液→凝液换热器；

（2）过滤分离器排液/低温分离器排液/预冷换热器排液→凝液换热器；

（3）预分离器排污→低压放空分液罐；

（4）凝液换热器→闪蒸分离器→低压放空分液罐；

（5）苏3-1干线收球筒→20m³污水罐→低压放空分液罐；

（6）燃料气区排污→低压放空分液罐；

（7）增压站排污→低压放空分液罐。

2.3.3.2.6 放空系统氮气置换

天然气系统和排污系统置换完成后，将火炬系统8字盲板倒至停运状态，以脱油脱水装置区手动放空为氮气接入口对高压放空系统进行氮气置换，以供热系统手动放空为氮气接入口对低压放空系统进行氮气置换。置换由远及近依次检测各甩头处氧含量。放空支线置换合格后，将火炬系统8字盲板倒至投运状态，以三倍管容对高低压放空系统主管线进行氮气置换，在高低压放空分液罐排污甩头处和火炬区放空管线甩头处进行氮气浓度检测。

（1）高压放空系统置换。

氮气自脱油脱水装置放空管线引入→闪蒸分离器区→增压站→集配气总站→燃料气区→高压放空总管→高压放空分液罐→火炬高压放空管线，自高压放空分液罐排污甩头处和高压放空管线各甩头处进行氮气浓度检测。

（2）低压放空系统置换。

氮气自供热系统放空管线引入→凝析油稳定装置→闪蒸分离区→增压站→脱油脱水装置区→燃气系统→低压放空总管→低压放空分液罐→火炬低压放空管线，自低压放空分液罐排污甩头处进行检测。

2.3.3.3 投运配气区

2.3.3.3.1 配气区天然气置换

利用ϕ864外输干线天然气对配气区进行天然气置换，配气汇管放空为置换放空点，压力表取样截止阀、设备排污甩头处进行天然气浓度检测。

注意事项：甩头处进行天然气浓度检测CH_4含量大于80%为要求合格。

2.3.3.3.2 严密性试压

天然气置换完成后对配气区进行严密性试压，严密性试压以天然气为介质，试压压力不应超过设备和管线的最高工作压力。严密性试压全面检查系统的人孔、法兰、阀门密封填料，用肥皂水验漏，以无泄漏为合格。试压流程为：ϕ864外输干线→配气区。

注意事项：

（1）控制天然气的升压速度小于0.1MPa/min。

（2）配气区系统应按照试压等级表试压（表2.1）。

表2.1 配气区系统试压等级表

试压范围	试压区域	试压等级	试压阶段
高压部分	配气区	4.8MPa	1.2MPa、2.4MPa、3.6MPa、4.8MPa

2.3.3.3.3 配气区投运

导通产品气→高压配气区。

2.3.3.4 投运燃料气系统和火炬系统

2.3.3.4.1 投运燃料气系统

（1）燃料气系统天然气置换。

天然气自外输干线引入高压燃气汇管，对高低压燃气系统进行置换，置换通过低压燃气汇管手动放空管线排往火炬系统，在各管线压力表取样截止阀及甩头处进行天然气浓度检测。

注意事项：甩头处进行天然气浓度检测 CH_4 含量大于 80% 为要求合格。

（2）燃料气系统严密性试压。

天然气置换完成后对处理厂工艺管网及扩建工程进行严密性试压，严密性试压以天然气为介质，试压压力不应超过设备和管线的最高工作压力。严密性试压全面检查系统的法兰、阀门密封填料，用肥皂水验漏，以无泄漏为合格。

注意事项：

①控制天然气的升压速度小于 0.1MPa/min。

②燃料气低压、燃气系统应按照试压等级表试压（表2.2）。

表2.2 燃料气低压、燃气系统试压等级表

试压范围	试压区域	试压等级	试压阶段
低压系统	燃料气区	0.6MPa	0.2MPa、0.6MPa
燃气系统	自用气区	0.4MPa	0.2MPa、0.4MPa

（3）投运燃料气系统流程。

①进行燃气系统流程检查，关闭自凝析油稳定装置、闪蒸分离器来的燃料气阀门，关闭各放空管线阀门，投运高压燃气汇管、低压放空分液罐和低压燃气汇管安全阀，打开各仪表一次阀，关闭低压燃气分液罐的排污阀。

②关闭高压燃气汇管前2组调压阀组，导通配气汇管至燃料气系统流程。

③投运一组至高压燃气汇管调压阀组，调压阀后压力调节至 0.6MPa。

④投运高压燃料气系统，做好投运增压站燃料气和闪蒸分离器平衡气准备工作。

⑤投运一组至低压燃料气分液罐自立式调压阀组，调压阀后压力调节至 0.4MPa。

⑥打开低压燃料气分液罐至低压燃气汇管 DN100 闸阀，投运低压燃料气汇管。

2.3.3.4.2 投运火炬系统

（1）打开低压燃气汇管至放空火炬的控制阀门，将燃料气引至长明灯、地面爆燃器、高空自动点火控制阀门前。

（2）打开长明灯、地面爆燃器、高空自动点火的控制阀门，对每条管线进行置换。

（3）由中控室 DCS 系统发出点火信号，给火炬点火。

（4）火炬点着后，打开三个长明灯的旁通控制阀门，使长明灯保持长明工作状态。

（5）当可编程序逻辑控制器（PLC）系统不能将火炬点燃时，则现场手动进行高空点火。

（6）当上述两种方法不能点燃火炬时，可采用地面爆燃点火的方式进行火炬点火。

2.3.3.4.3 投运供热系统

（1）按照标准作业程序启运导热油炉。

（2）导通采暖系统流程，导通补水定压装置、采暖循环泵、分集水器、换热器之间流程，导通 20m³ 软水罐至定压补水装置流程灌泵排气，启动补水泵，缓慢打开泵出口阀门，注意观察泵压及泵的运行情况，打开浮头式换热器采暖水进口阀和循环泵的进、出口阀门，导通分集水器进出口，通过补水泵向系统建液，从采暖系统各高点排气；待集水器积满液后，从除污器顶部排气；当集水器压力不小于 0.1 MPa 时，关闭循环泵的出口阀门，启动循环泵，缓慢打开循环泵的出口阀；调整电接点压力表的设定值，控制补水泵的启、停压力为 0.35～0.50MPa，将补水泵控制方式改为自动。

（3）缓慢打开导热油炉至浮头式换热器的温度调节阀进行油水换热。用导热油进口温度调节阀调节导热油量控制出水温度，当某一路回水温度过低时，通过分水器出水阀门控制，加大低温水路的出水量。

（4）启动自动软水器。

2.3.3.5 天然气置换

2.3.3.5.1 集气区天然气置换

利用苏 3-3 干线来气对集气区进行天然气置换，通过苏 3-3 干线收球筒 DN650 球阀控制天然气流速，置换通过预分离器手动放空管线排往火炬系统。分别以收发球筒放空、预分离器放空为各自区块置换放空点，各压力表取样截止阀、设备排污甩头处进行天然气浓度检测。

2.3.3.5.2 增压站天然气置换

集气区天然气置换完成后，天然气自集气区引入增压站，对增压站进行天然气置换，通过配气区来气对压缩机启动气管线进行天然气置换。置换通过 1# 脱油脱水装置区超压放空管线排往火炬系统，在各管线压力表取样截止阀及甩头处进行天然气浓度检测。具体置换流程如下：集气区来天然气→天然气压缩机进口管线→增压站越站旁通管线→天然气压缩机出口管线→增压站至脱油脱水管线置换。

2.3.3.5.3 脱油脱水装置天然气置换

配气区引入脱油脱水装置区进行天然气置换。置换通过高压配气汇管 DN150 超压放空管线排往火炬系统，在各压力表取样截止阀处和设备排污甩头处进行天然气浓度检测，具体置换流程如下：过滤分离器→预冷换热器管程→丙烷蒸发器→低温分离器→预冷换热器壳程→装置区高压放空。

2.3.3.5.4 注意事项

（1）置换过程中，应严格控制天然气流速。

（2）各检测点 CH_4 含量大于 80% 为合格要求。

（3）置换前，由化验人员对装置区设备及管线内介质进行分析化验，确定置换前 O_2 含量小于 2%。

2.3.3.6 严密性试压

天然气置换完成后对处理厂工艺管网进行严密性试压，严密性试压以天然气为介质，试压压力不应超过设备和管线的最高工作压力。严密性试压全面检查系统的人孔、法兰、阀门密封填料,用肥皂水验漏,以无泄漏为合格。

(1)高压试压流程为:ϕ864外输干线→配气区→脱油脱水装置区→增压站出口。

(2)中压试压流程为:清管区→集气区→增压站进口。

(3)高压燃气试压流程为:高压燃气汇管→增压站燃料气→闪蒸分离器平衡气→闪蒸分离器。

(4)低压燃气试压流程为:低压燃气分液罐→闪蒸气管线→不凝气管线→低压燃气汇管→各用气点。

(5)注意事项:

控制天然气的升压速度小于0.1MPa/min。

燃料气高压、中压系统试压等级见表2.3。

表2.3 燃料气高压、中压系统试压等级表

试压范围	试压区域	试压等级	试压阶段
高压系统	装置区配气区	4.8MPa	1.2MPa、2.4MPa、3.6MPa、4.8MPa
中压系统	集气区	2.4MPa	1.2MPa、2.4MPa

2.3.3.7 系统投运

2.3.3.7.1 集气区投运

导通原料气→集气计量区→增压站流程,投运集气区,将该区域压力控制在2.5MPa以内。

2.3.3.7.2 配气区到增压站出口投运

导通高压配气区→脱油脱水装置区→增压站出口流程。

2.3.3.7.3 增压站投运

(1)导通集气区至增压站流程。

(2)确认增压站进口压力具备天然气压缩机组投运条件。

(3)确认天然气压缩机组启动气、燃料气具备投运条件。

(4)导通增压站至下游流程。

(5)根据天然气压缩机组作业指导卡投运天然气压缩机组。

2.3.3.7.4 脱油脱水装置区投运

(1)导通脱油脱水装置区下游流程,依次投运过滤分离器—预冷换热器管程—丙烷蒸发器—低温分离器—预冷换热器壳程。

(2)根据注醇泵的操作指导卡,投运注醇泵。

(3)通过增压站出口阀控制装置区流量,每次以5%开度上调。

(4)当单套脱油脱水装置天然气流量达到$300\times10^4m^3$时,根据丙烷压缩机操作指导卡投运丙烷制冷系统,将低温分离器温度控制在-10℃。

(5)脱油脱水装置投运后,单套处理气量达到$500\times10^4m^3/d$。

2.3.3.8 投运凝析油稳定系统

（1）打开闪蒸分离区来液进凝析油缓冲罐（压力控制在0.4～0.6MPa）所有控制阀门进行建液。

（2）轻烃原料罐液位达到30%。

（3）缓慢打开温度调节阀（TI-7111）开始暖管。

（4）暖管结束后，投运调节阀（TI-7111）对轻烃缓冲罐内液体进行加热。

（5）同时投运轻烃缓冲罐出液调节阀（FI-7111，流量控制在0～10m³/h，调节设定值为6.5m³/h）及不凝气出口调节阀（PI-7111，0.4～0.45MPa）。

2.3.3.9 投运甲醇回收系统

（1）导通含醇污水储罐至给料泵流程。

（2）灌泵排气。

（3）启动给料泵，当压力达到0.6MPa时，缓慢打开出口阀门。

（4）依次投运：双滤料过滤器、进料调节阀、原料换热器、原料加热器、精细过滤器。

（5）控制进料量为1.5～4m³/h。

（6）当塔底液位达到50%以上时，导通塔底出水泵到重沸器流程。

（7）导通塔底水回含醇污水罐流程，关闭塔底水正常出水流程。

（8）启动塔底出水泵，当压力达到0.4MPa时，缓慢打开出口阀门；控制重沸器液位在60%。

（9）导通原料加热器、重沸器导热油回路流程。

（10）投运进料温度调节阀、重沸器导热油加热调节阀装置热运。

（11）导通甲醇产品罐至回流罐流程，回流罐建液至50%。

（12）导通回流罐至回流泵流程，投运TV-6113控制回路。

（13）导通塔顶→空冷器→回流罐流程。

2.4 风险辨识

作业前安全分析见表2.4。

表2.4 作业前安全分析

时间：

单位	第三天然气处理厂	JAC组长	处理厂厂领导	分析人员	处理厂厂领导、技术人员、岗位员工						
工作任务简述：天然气处理厂停工检修作业												
☑新工作任务　□已做过工作任务　□交叉作业　☑承包商作业　□相关操作规程　☑许可证　☑特种作业人员资质证明												
序号	工作步骤描述	可能存在的危害	原因分析	可能导致后果	风险评价				控制措施	残余风险受可控
					L	E	C	D	风险级别		
1	停产准备	砸伤	（1）劳保不齐全。 （2）工具使用不当	人员伤亡	1	1	7	7	稍有危险	（1）劳保齐全。 （2）正确使用工具	是

2 典型不含H₂S天然气处理厂停开工方案

续表

单 位	第三天然气处理厂	JAC组长	处理厂厂领导	分析人员	处理厂厂领导、技术人员、岗位员工

工作任务简述：天然气处理厂停工检修作业

☑新工作任务　☐已做过工作任务　☐交叉作业　☑承包商作业　☐相关操作规程　☑许可证　☑特种作业人员资质证明

序号	工作步骤描述	可能存在的危害	原因分析	可能导致后果	风险评价 L	E	C	D	风险级别	控制措施	残余风险受可控
2	装置停运	（1）阀门损坏。（2）人员伤害	（1）操作不当。（2）工具使用错误	（1）阀门损坏。（2）人员伤亡	6	1	3	18	稍有危险	（1）正确使用工具。（2）正确进行阀门开关操作	是
3	装置放空	（1）天然气泄漏。（2）系统超压	（1）不熟悉开、停厂方案。（2）现场流程掌握不熟。（3）错开阀门。（4）阀门状态未确认	（1）设备损坏、人员伤亡。（2）火灾、爆炸	6	1	7	42	一般危险	（1）开、停厂前认真学习方案。（2）现场精心操作。（3）进行阀门状态确认	是
4	氮气置换	（1）窒息。（2）爆炸伤害	（1）氮气管线破损。（2）氮气置换接口不牢固。（3）人员距离氮气排放口较近	（1）火灾、爆炸。（2）人员伤亡	1	1	7	7	稍有危险	（1）检查氮气管线完好，接口紧固。（2）氮气排放口设置风险提示，现场监护到位	是
5	处理厂公用系统、燃料气系统投运	（1）天然气泄漏。（2）系统超压。（3）ESD测试阀门动作未监护	（1）不熟悉开、停厂方案。（2）现场流程掌握不熟。（3）错开阀门。（4）阀门状态未确认	（1）人员伤亡。（2）设备损坏。（3）火灾、爆炸	1	2	7	14	稍有危险	自控系统停运或恢复前，对照方案对现场关键阀门进行操作、检查工作	是
6	天然气置换	（1）窒息。（2）爆炸伤害	（1）管线破损。（2）置换接口不牢固。（3）人员距离排放口较近	（1）火灾、爆炸。（2）人员伤亡	1	1	7	7	稍有危险	检查管线完好，接口紧固，氮气排放口设置风险提示，现场监护到位	是
7	系统投运	（1）设备断电未卸负载。（2）UPS自动停机。（3）液体伤人。（4）机械伤害。（5）8字盲板密封不严。（6）阀门内漏，盲板无法倒换	（1）现场人员与电工缺乏配合。（2）UPS检测不到位。（3）UPS电池馈电。（4）管线不畅，泄压不彻底，有段状余压。（5）操作不当、劳保不全，造成人员受伤。（6）天然气刺漏。（7）检修作业无法及时进行，影响设备运行	（1）造成开关冲击损坏。（2）中控无法监控现场参数。（3）人员伤亡。（4）螺栓未紧固。（5）球阀长时间冲刷密封不严、阀芯损坏	1	3	7	21	一般危险	（1）熟悉开停工方案，确保人员。（2）UPS测试时，需有专人巡检。（3）规范操作，劳保上岗。（4）倒完8字盲板后进行验漏和气体检测。（5）定期做好阀门检查，发现内漏及时加注密封脂	是

2.5 应急预案

作业人员作业前必须仔细阅读《天然气火灾、爆炸应急预案》《工伤应急预案》《天然气泄漏应急预案》等相关应急预案后方可进行作业。

2.5.1 天然气火灾、爆炸应急方案

天然气火灾、爆炸应急流程如图 2.16 所示。

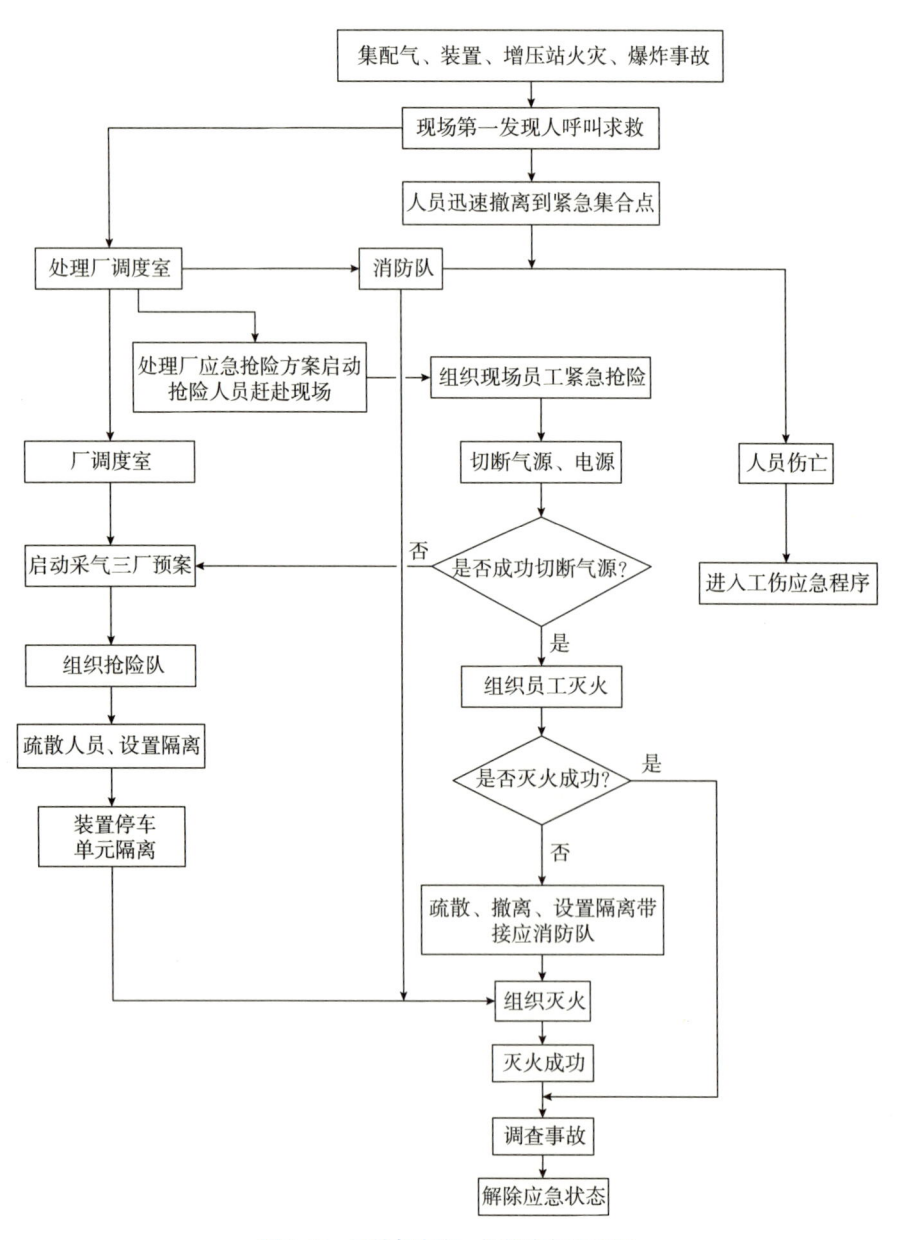

图 2.16 天然气火灾、爆炸应急流程图

（1）苏里格第三天然气处理厂应急抢险领导小组接到险情汇报后，由领导小组组长下令启动苏里格第三天然气处理厂天然气火灾、爆炸应急预案。

（2）应急抢险总指挥负责事故现场应急所需的个体防护用具、应急设备、物资、车辆等的支援和调配。

（3）事故现场相关监测人员用气体检测仪由远及近，逐步进行气体浓度检测，确定临时警戒区，进行警戒巡护，禁止无关人员进入事故现场。

（4）切断气源，消防队员采取措施控制火势，避免火势进一步扩大，或向周边蔓延。

（5）现场应急抢险总指挥向采气三厂汇报事故情况，请求紧急援助。

（6）通过采气三厂调度室与外部医疗机构联系，请求医疗援助，如有受伤人员立即进行紧急救治和转移。

（7）当出现紧急情况需要使用水源时，除消防车储备水源，提前将移动式消防泵投用正常，以备紧急情况使用。

（8）厂应急抢险领导小组通过采气三厂，紧急调派专业队伍协助事故处理。一旦事故结束，按恢复程序执行。

2.5.2 工伤应急预案

工伤应急流程如图 2.17 所示。

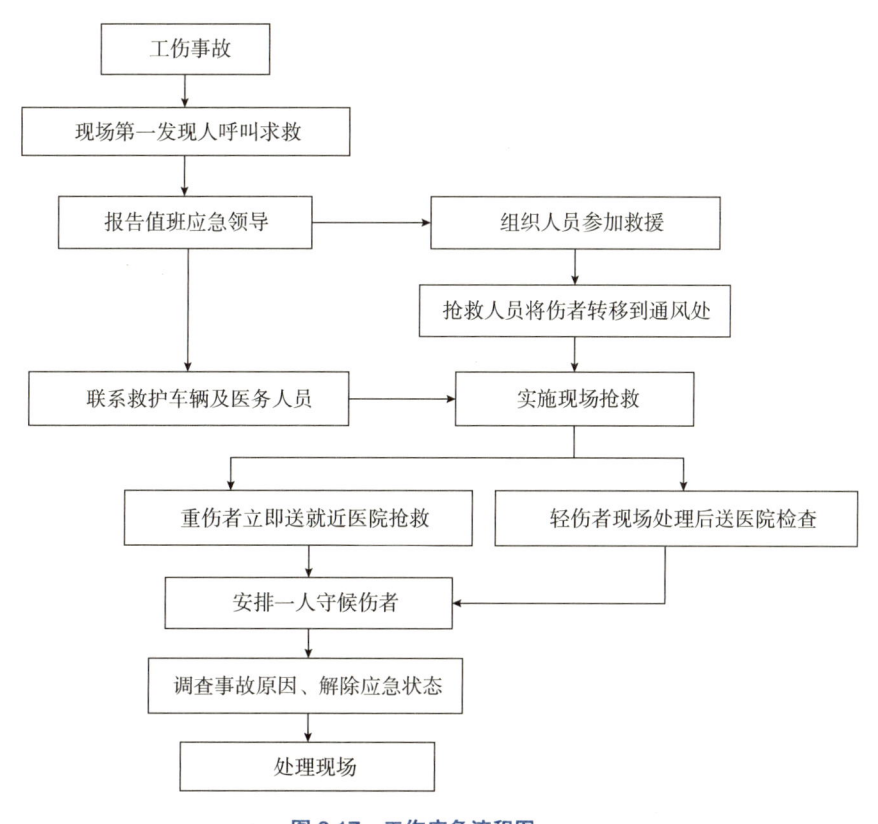

图 2.17 工伤应急流程图

（1）发生人员伤害事件后，第一发现者立即大声呼叫发出求救信号，并着手进行抢救。

（2）现场人员接到呼叫后，立即赶赴现场，根据伤情迅速实施抢救方案，并作出报警决定。

（3）报警者立即向处理厂调度室打电话求援，简要说明受伤情况。

（4）检修领导小组在接到报警电话后，立即联系救护车和医务人员赶赴现场实施抢救。

（5）救护车赶到后由医护人员抢救，当班员工做好配合工作。轻伤者现场处理后送医院检查。

（6）重伤者立即送医院进行抢救。根据伤者情况，检修领导小组配合医院做好转院准备。

（7）第三处理厂医务室电话：0477-7226312。

（8）乌审旗人民医院电话：0477-7217618。

（9）检修领导小组应一直有人守候在伤者左右，以便在采取进一步抢救措施时作出决定。

（10）在实施抢救的同时，检修领导小组要有成员保护现场，负责事故调查取证工作，并做好正常检修安排工作。

（11）在抢险结束后，解除应急状态，恢复正常生产。

2.5.3　天然气泄漏

天然气泄漏应急流程如图 2.18 所示。

（1）当发生大量天然气泄漏事故时，处理原则是：佩戴安全防护器具、确保人身安全，消除明火，对漏点隔离放空，避免事故扩大化以及影响大局，及时上报。

（2）迅速消除全厂明火；切断泄漏区域周围的动设备及照明电，控制火源，防止发生爆炸、火灾事故。

（3）中控操作人员马上通知值班干部、调度室及消防队，进入应急抢险状态。

（4）现场和中控人员配合，迅速查明泄漏点，对泄漏点隔离放空，并应急整改。现场人员抢险时，一定要配备必要的防护器具，避免中毒或窒息。

（5）如果为集气干线或是外输管线系统泄漏，处理厂无法控制时，应紧急停工处理，并通知上报值班干部、调度室。

（6）如果是清管区部分天然气大量泄漏，现场无法隔离控制时，马上把该系统最近处的放空阀打开，将天然气导入放空系统，减小现场泄漏量；迅速切断下游（即集气区）泄漏源，防止集气区其他干线天然气损失。通知调度室联系对泄漏干线停工。

（7）如果是预分离器区天然气大量泄漏，马上切断泄漏点上下游阀门，把泄漏区的天然气导入放空系统进行放空，然后采取措施对漏点进行整改。

（8）如果配气区某计量管路天然气大量泄漏，立即倒入其他计量管路将泄漏点隔离，进行整改处理。

（9）如果是自用气管线发生天然气大量泄漏，影响全厂热力系统运行，则必须停运锅炉房及燃料气区，截断漏点，及时进行抢修，短时无法恢复时，则申请全厂停工整改。

2 典型不含H₂S天然气处理厂停开工方案

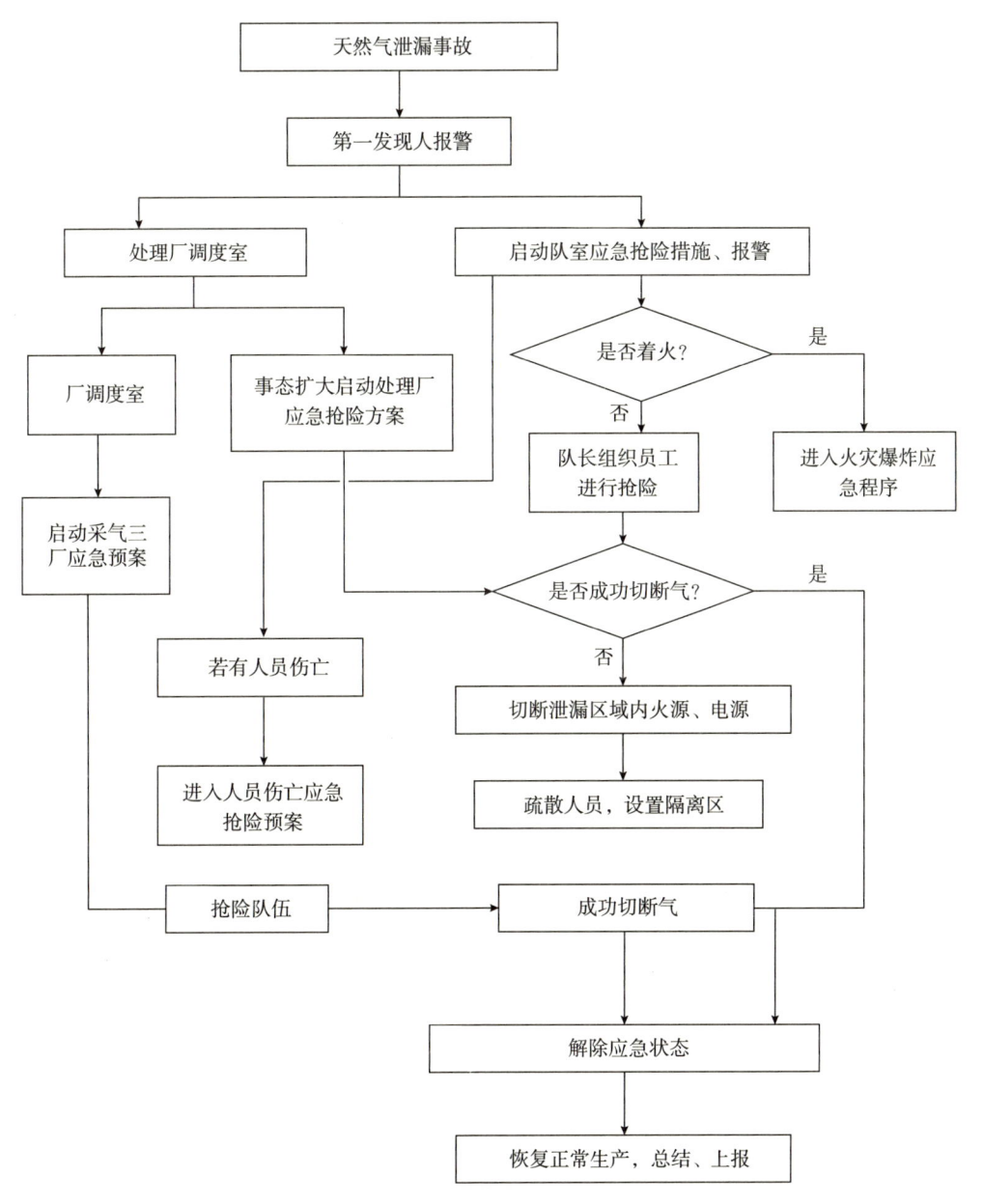

图 2.18 天然气泄漏应急流程

3 典型含凝析油天然气处理厂停开工方案

3.1 厂区概况

3.1.1 厂区简介

塔里木油田某油气处理厂天然气处理采用分子筛脱水、J—T阀制冷脱烃工艺，外输天然气水露点可达 -50℃、烃露点可达 18℃；凝析油稳定工艺采用三级闪蒸加提馏、水洗脱盐，外输凝析油平均含水低于 0.5%；辅助生产工艺包括导热油加热、污水处理、站内仪表风氮气供给、消防等单元。总工艺流程如图 3.1 所示。

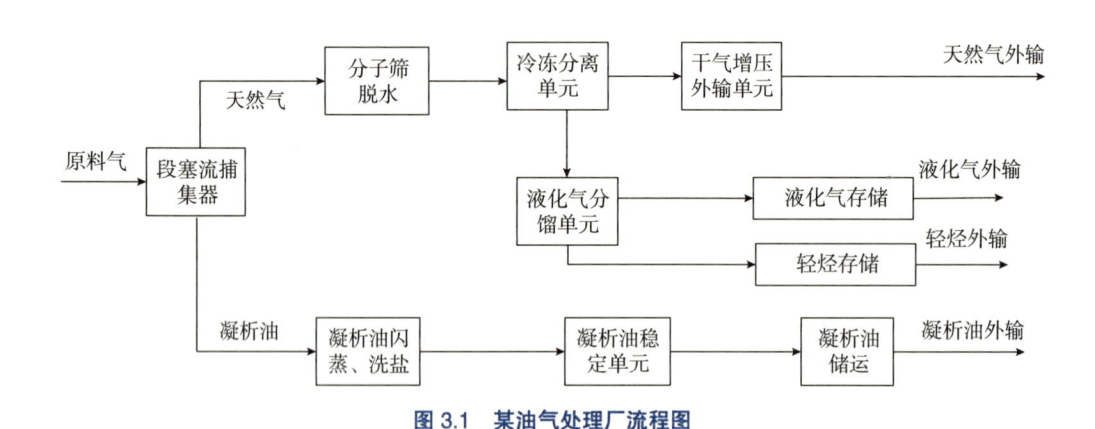

图 3.1 某油气处理厂流程图

3.1.2 厂区工艺流程

3.1.2.1 段塞流捕集器单元

段塞流捕集器工艺流程如图 3.2 所示。

来自东线和西线的凝析气（11.5MPa、38℃），首先进入段塞流捕集器 D-20101 和 D-20102 进行初步分离，分离出的天然气、凝析油分别进入天然气处理装置和凝析油处理装置。段塞流捕集器，作为长距离混输管道的终端设备，其主要功能有以下两点，一是有效捕集和分离管道输送气相中的液体，保证后续工艺设备平稳操作；二是在清管操作时，用于接收管道产生的最大段塞流。段塞流捕集器采用指状结构，储液段由 4 根 DN1200、长 90m 的管段组合而成，上部气相由 4 根 DN1200、长 14.7m 的管段组合而成，每列容积 238m³，以应付不同工况下的操作。

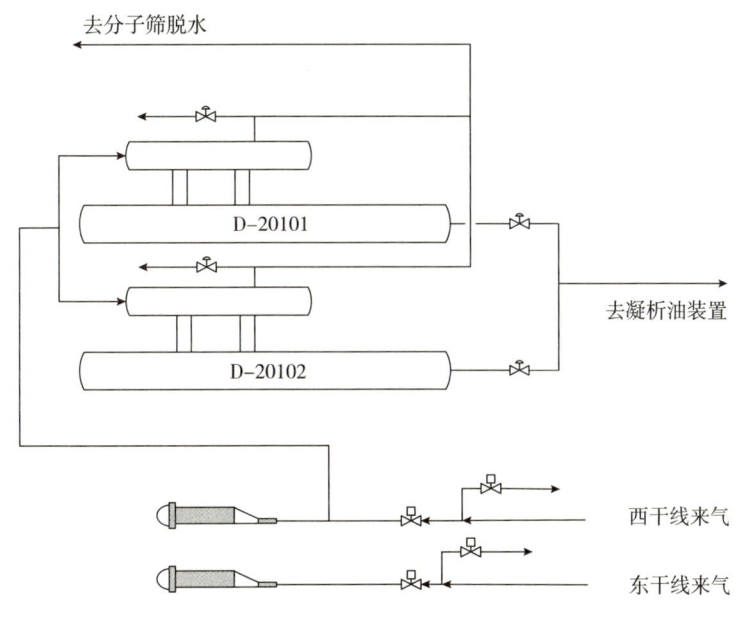

图 3.2 段塞流捕集器流程示意图

原料气进入段塞流捕集器进行气液分离,分出的气相进入天然气处理装置,液相经节流后进入凝析油处理装置。东西两线分别设有超高压联锁,当管道压力达到 11.7MPa 时,放空阀 ESDV-20102 及放空阀 ESDV-20104 打开,20s 后关断阀 SDV-20101 关闭及 SDV-20103 关闭,当压力降至 10.5 MPa 时,系统报警确认是否关闭 ESDV20102 和 ESDV-20104,打开 ESDV-20101 和 ESDV-20103。天然气进装置设压力控制阀 P-20103,P-20104,压力控制在 10.9MPa。当压力达到 11.3MPa,放空阀 PV-20103、PV-20104 全开。

3.1.2.2 分子筛脱水单元

分子筛脱水单元流程如图 3.3 所示。

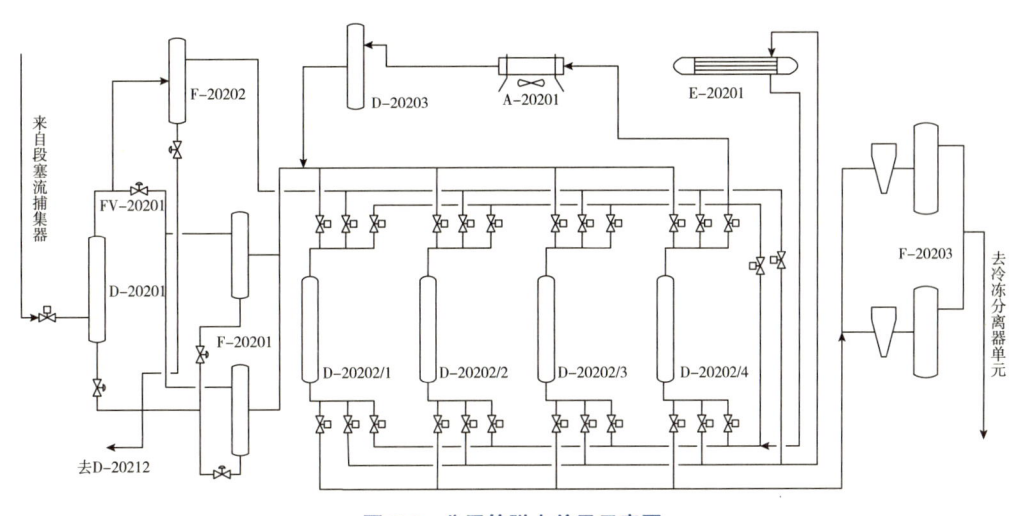

图 3.3 分子筛脱水单元示意图

自段塞流捕集器来的天然气（10.9MPa，40℃）经流量比例调节并计量后，分别进入天然气处理装置（202单元）A套和B套的原料气分离器D-20201A、B，分离出游离液滴、灰尘，再进入原料气高效过滤器F-20201A、B/1、2，除去油、水细雾，然后天然气去分子筛脱水塔。天然气处理装置内分离设备排出的含油污水直接进入装置内的放空分液罐D-20212，罐内的采出水和污油分别通过泵加压送到采出水处理站及凝析油稳定装置的三级闪蒸罐。

分子筛脱水塔的再生气（冷却气）取自原料气，冷却气首先进入刚刚从加热阶段切换过来的分子筛脱水塔，对分子筛进行冷却，冷却气将分子筛的热量移走，再进入再生气换热器E-20201A、B，再生气的热量由导热油系统提供，导热油进加热器温度为285~305℃，出加热器温度为265~280℃。将再生气加热至260℃左右，去分子筛脱除干燥剂吸附的水分，然后经再生气空冷器A-20201A、B冷却至55℃，去再生气分水罐D-20203A、B分离出冷凝下来的水，冷却后的再生气返回至分子筛原料气入口管线。

分子筛脱水塔D-20202A、B/1,2,3,4内装填4A型分子筛，使原料气含水降到1×10^{-7}（体积分数）以下。脱水采用四塔流程，两塔并行吸附，一塔再生和一塔冷却，吸附周期为8h。再生时间为4h，冷却时间为4h，其余时间为床层升压、降压、等待时间。脱水后的气体首先进入粉尘过滤器F-20203A、B/1、2，脱除夹带的粉尘，然后去冷冻分离单元。

分子筛脱水塔脱水、再生操作过程的切换通过DCS对开关阀进行时间控制来完成，两塔处于并行吸附状态，一塔处于加热过程，一塔处于冷却过程，四个塔交替循环使用满足连续干燥的目的。

与两塔流程相比采用四塔流程的主要优点是：

（1）分子脱水塔的直径，由原来的2.6m降至1.6m有利于降低高压高温交变工况下设备选材制造。

（2）降低了再生气量和再生气加热器热负荷。

3.1.2.3 冷冻分离单元

冷冻分离单元工艺流程如图3.4所示。

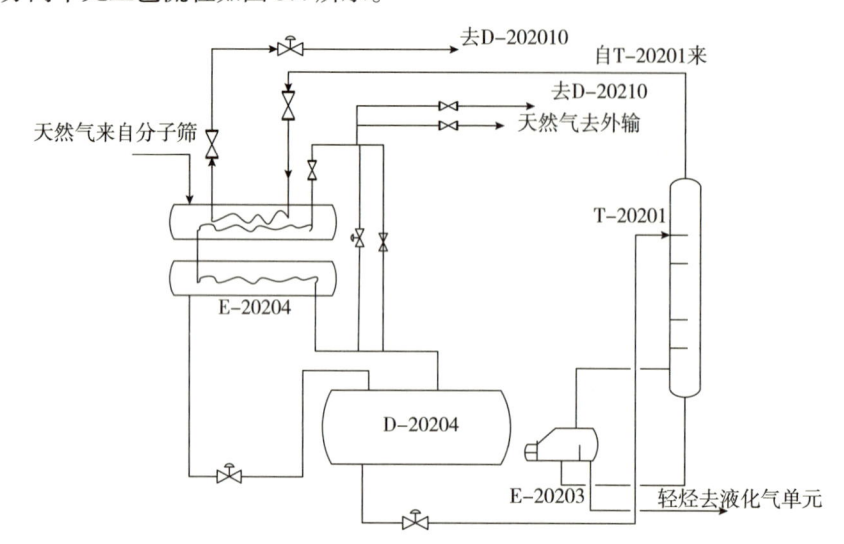

图3.4 冷冻分离单元示意图

脱水后的原料气，经粉尘过滤器F-20203A、B/1、2过滤除去气体中夹带的分子筛粉尘，压力为10.2MPa，温度为40℃，进入贫富气换热器E-20202A、B/1、2与低温分离器分离出来的干气和脱乙烷塔顶气换热被冷至–18℃。一级贫富换热器为三股流股流绕管式换热器，二级贫富换热器为两股流股流绕管式换热器。原料气预冷温度可通过调节换热器的旁路干气调节阀TV-20207A、B来控制。经过预冷后的原料气，再经过节流阀膨胀至6.0~7.5MPa，进入低温分离器D-20204A、B进行气液分离，分离后的干气经贫富气换热器复热至30℃，一部分作为燃料气，其余进入外输气压缩机增压外输；分离出来的液体进入脱乙烷T-20201A、B，作为脱乙烷塔进料。

来自低温分离器的天然气凝液–52℃、3.1MPa进入脱乙烷塔，脱乙烷塔为提馏塔，没有精馏段。脱乙烷塔内装30层浮阀塔盘，塔顶压力控制为2.5MPa，塔顶温度为–20℃，塔底温度为91.2℃。

脱乙烷塔顶压力通过调节脱乙烷塔顶气相压力调节阀PV-20214A、B进行控制，塔顶气经复热后作为全厂燃料气。

塔底重沸器的热量由导热油系统提供，导热油进重沸器温度为240℃，出重沸器温度为200℃。塔底重沸器E-20203A、B出口温度通过控制重沸器导热油流量进行调节，以保持塔底温度稳定。脱乙烷塔底重沸器采用釜式重沸器，设高、低液位指示、调节、报警，重沸器温度控制在123℃；塔底液位与进入脱丁烷塔轻烃流量构成串级调节，使进入脱丁烷塔的轻烃流量稳定。

3.1.2.4 液化气分馏单元

液化气分馏单元工艺流程如图3.5所示。

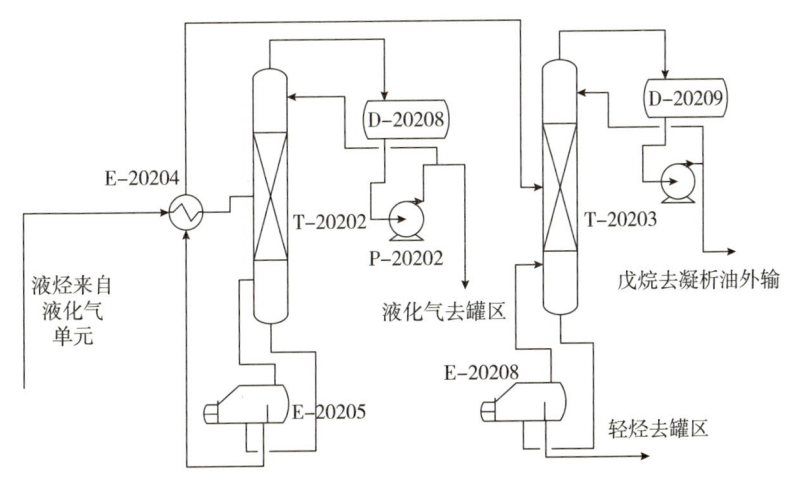

图3.5 液化气分馏单元示意图

来自脱乙烷塔的液烃123℃、1.5MPa与脱丁烷塔底稳定轻烃脱丁烷塔进料换热器E-20204A、B/1、2换热至110℃进入脱丁烷塔T-20202A、B。

脱丁烷塔T-20202A、B为填料塔，塔顶压力控制为1.3MPa（a），塔顶温度为65℃，塔底温度为161℃。

脱丁烷塔顶出来的气相在 1.07MPa、60℃下进入脱丁烷塔顶空冷器 T-20202A、B 冷却至 40℃然后进入脱丁烷塔顶后水冷器 E-20206A、B 冷却至 32℃进塔顶回流罐 D-20208A、B，再经回流泵 P-20202A、B 加压，一部分返回脱丁烷塔顶部作为回流，另一部分作为液化气产品经计量后进入液化气罐区；当脱丁烷塔底轻烃满足 2# 稳定轻烃的要求时，可直接输送至稳定轻烃罐区（不运行脱戊烷塔单元），也可以输至凝析油外输缓冲罐，掺入凝析油中外输。

脱丁烷塔压力调节主要通过压力调节阀 PV-20218A、B 控制，塔顶与回流罐的压差调节阀 PdV-20209A、B 为辅助调节。脱丁烷塔顶回流罐设高、低液位报警，设低液位报警开关与回流泵联锁超低液位停回流泵 P-20202A、B/1、2。

塔底重沸器 E-20205A、B 出口温度，通过调节出重沸器的导热油流量进行调节，以保持塔底温度稳定；塔底重沸器的热量由导热油系统提供，导热油进重沸器温度为 240℃，出重沸器温度为 200℃。

脱丁烷塔底重沸器采用釜式重沸器，设高、低液位指示、调节、报警，重沸器温度控制在 165℃左右。

3.1.2.5 凝析油处理单元

自段塞流捕集器来的凝析油（6.5MPa，40℃）经流量比例调节并计量后，分别进入凝析油稳定装置（A、B），经凝析油一级加热器 E-20301A、B 加热至 55℃后，经流量调节阀 FV-20301A、B 将凝析油由 6.5MPa 节流至 5.7MPa，然后进入一级闪蒸罐 D-20301A、B，在 5.65MPa、55℃下闪蒸，闪蒸气去闪蒸气压缩机 C-20302/1、2、3 二级入口分离罐 D-20308；一级闪蒸罐分离出来的采出水与二级闪蒸罐的分离出来的洗盐水汇合后去采出水处理装置。闪蒸后的凝析油节流至 2.5MPa 后注入由三级闪蒸罐 D-20303A、B 分离出的洗盐水并注入破乳剂，经静态混合器混合后进入二级闪蒸罐 D-20302A、B，在 2.45MPa、50℃下闪蒸，闪蒸气进入闪蒸气压缩机 C-20302/1、2、3 进口分离罐 D-20307；洗盐水汇集后去采出水处理装置；经二级闪蒸后的凝析油节流至 0.9MPa 后并注入由二级洗盐泵 P-20302 来的净化水，经静态混合器混合后进入与稳后凝析油换热的三级加热器 E-20302A、B，控制凝析油出口温度为 50℃，然后进三级闪蒸罐 D-20303A、B，在 0.85MPa、50℃下闪蒸。闪蒸气进入稳定气压缩机 C-20301/1、2、3 二级进口分离罐 D-20306。分离出来的洗盐水经一级洗盐泵 P-20301A/B 1、2 加压至二级闪蒸罐；闪蒸后的凝析油去凝析油稳定塔 T-20301A、B。

各级闪蒸罐均设有高低液位报警，三级闪蒸罐设液位高低报警开关并与一级洗盐泵 P-20301A、B/1、2 联锁，液位低停泵。

凝析油处理装置工艺流程如图 3.6 所示。

来自三级闪蒸罐的凝析油 50℃，0.55MPa 进入凝析油稳定塔，凝析油稳定塔为提馏塔，没有精馏段。凝析油稳定塔内装 30 层浮阀塔盘，塔顶压力控制为 0.25MPa，塔顶温度为 50℃，塔底温度为 76℃。

凝析油稳定塔塔顶压力通过调节凝析油稳定塔顶气相压力调节阀 PV-20304A、B 进行控制，塔顶气去稳定气压缩机进气分离罐 D-20305。

塔底重沸器的热量由导热油系统提供，导热油进重沸器温度为 240℃，出重沸器温度

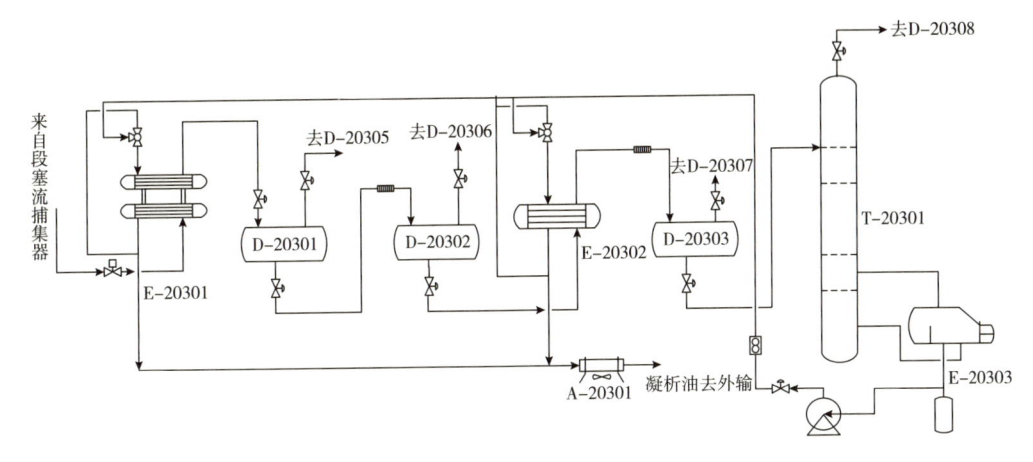

图 3.6 凝析油处理装置示意图

为 200℃。塔底重沸器 E-20303A、B 出口温度通过控制重沸器导热油流量进行调节，以保持塔底温度稳定。

凝析油稳定塔底重沸器采用釜式重沸器，重沸器温度控制在 105℃。设高、低液位指示、调节、报警，并设低液位报警开关联锁停凝析油稳定塔底泵 P-20303A、B/1、2。

塔底稳后油分别经凝析油一级加热器、二级加热器与进料凝析油换热，最后经凝析油空冷器 A-20301A、B 冷却至 50℃，进入凝析油外输首站外输缓冲罐 D-20601。稳定塔顶气经稳定气压缩机 C-20301/1、2 压缩至 1.0MPa，然后与三级闪蒸的闪蒸气一起经闪蒸气压缩机 C-20302 三级压缩至 11.4MPa 进入天然气管线。

稳定塔釜设高、低液位报警开关。塔底液位与外输缓冲罐的凝析油流量构成串级调节并计量后去外输缓冲罐。

3.1.2.6　产品储运单元

3.1.2.6.1　液化气储运

液化气储存示意图如图 3.7 所示。

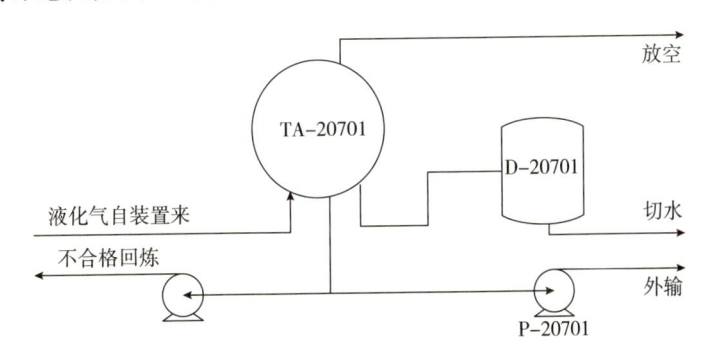

图 3.7　液化气储存示意图

从天然气处理装置来的液化气，进入 3 座 400 m³ 球形液化气储罐 TA-20701/1～3，罐顶均设有安全阀与放空总管相连，还设有通过压力调节阀与放空管相连气相放空管；3 个储罐间均气相平衡连通管。由泵 P-20701/1、2 加压输至牙哈火车装车站。不合格油通过

P-20702/1、2 打回天然气处理装置回炼。

液化气罐底切水罐 D-20701/1 至 D-20702/3 设电伴热，其切出的含油污水排至闪稳压缩机厂房凝液位罐 D-20310 中，凝液位罐 D-20310 中的液通过燃料气补压排至放空分液罐 D-20212 中。

液化气球罐的进出口管线设紧急关断阀，可通过 ESDV 系统紧急关断。每个液化气储罐均设高、低液位报警联锁开关，液位高可联锁关液化气进口阀，液位低可联锁停外输泵 P-20701。

3.1.2.6.2 凝析油外输首站

凝析油装置示意图如图 3.8 所示。

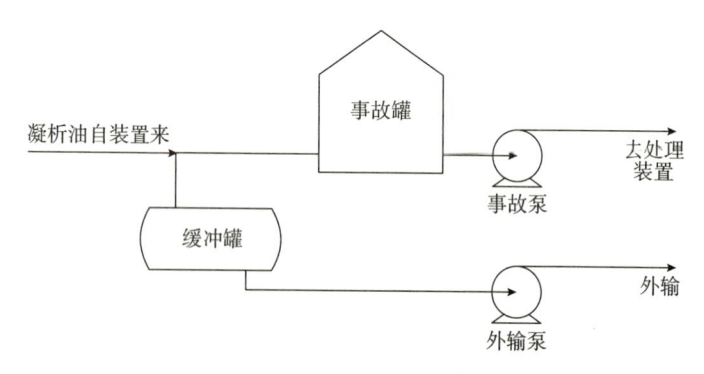

图 3.8 凝析油装置示意图

凝析油稳定装置的凝析油，经过凝析油空冷器后，温度为 45～55℃，压力为 0.25MPa，进入凝析油缓冲罐缓冲，通过外输泵加压后计量外输至牙哈火车装车站。

根据产量预测，凝析油产量逐年降低，变化较大。当凝析油输量降到 30×10^4 t/a 或装置检修时输量减半时，此时凝析油外输管道不能满足热力条件。装置检修前可提前将满足管道最小输量外的凝析油储存到事故罐中，到装置检修时可以用事故罐中的储存凝析油正输来满足管道热力条件。而本区块凝析油产量递减到 30×10^4 t/a 以下时，如果没有后续凝析油量的补充，则需要启动正反输或沿线增加加热站。为适应各种输量及平稳外输，凝析油外输泵设变频调节装置。

首站设 2 座 5000m³ 凝析油事故罐，满足储备天数 5～7 天的要求，并考虑凝析油稳定塔检修期间接收初步稳定的凝析油，检修期按 10 天以内考虑。

3.1.2.7 放空和火炬系统单元

油气放空系统最大放空量按天然气处理装置设计规模 700×10^4 m³/d 的 120% 设计。油气处理厂内设有高、低压两套放空火炬，高压放空系统又分为冷气和暖气两套放空系统，高压系统安全阀背压设计为 0.35MPa；凝析油稳定塔安全阀放空、稳定气压缩机入口放空、低压燃料气罐、凝析油外输缓冲罐以及用燃料气压送凝液的排污罐放空，由于压力较低，进入低压火炬。低压系统安全阀背压设计为 0.10MPa。

放空系统设暖高压气分液罐 D-20501、冷高压气分液罐 D-20503 和低压分液罐 D-20502。冷、暖高压气放空汇管分别经各自的放空分液罐分离出夹带和冷凝下来的凝液后，汇在一起进入高压火炬。低压气放空汇管经低压分液罐分离出夹带的凝液后进入低压火炬。高低压放空总管分别设有阻火器 FA-20501 和 FA-20502；高压火炬头 X-20501 设有分子密封器 X-20503 和低压火炬头 X-20502 设有分子密封器 X-20504，为阻止空气倒流发生回火或爆炸。凝液通过泵 P-20501 加压打至三级闪蒸罐及凝析油事故大罐。火炬点火系统设两级点火：(1) 现场手动遥控高空点火；(2) 地面爆燃点火器内传焰点火。当需要利用高空点火器点燃长明灯时，在控制室手动打开长明灯燃料气管和长明灯点火枪燃料气管上的气动球阀，并同时触发高空点火器点燃长明灯，在确认长明灯已点燃时，切断长明灯点火枪燃料气管上的气动球阀，之后即可通过长明灯引燃自火炬头排出的放空气体。火炬现场设一台地面内传焰点火器，点火时打开仪表空气阀和燃料气阀，仪表空气和燃料气在地面点火器的混合器内形成可燃混合气，按动点火按钮后混合器内的点火嘴发出火花引燃混合气，并通过内传焰引火管将火焰引到长明灯，另外还设有紫外火焰监测系统。

3.1.2.8 燃料气单元

燃料气单元设在天然气处理装置内，由脱乙烷塔顶来的干气 2.5MPa 进入高压燃料气缓冲罐 D-20210，计量后分出 2 股燃料气，一股气体去燃气发电站和气田集输系统作燃料气；另一股调压至 0.6MPa（a）后进入低压燃料气缓冲罐 D-20211，经缓冲后去全厂燃料气系统和开发部前线基地。在开工或故障期间天然气处理装置无干气时，可通过全厂燃料气系统在天然气外输干线中取燃料气进入燃料气缓冲罐，供给厂内各用户。

3.2 停工方案

3.2.1 停工准备

装置停工前准备工作包括但不限于：
（1）确认氮气和仪表风系统的正常运行。
（2）确认放空火炬系统正常运行。
（3）确认消防系统的正常运行。
（4）确认生产给水系统处于正常生产状态。
（5）确认自控系统处于正常状态。
（6）确认污水系统处于正常投运状态。
（7）确认供热系统处于正常投运状态。
（8）对入厂的检修器具严格检查，按工器具类型编制专项检查表，由站长、副站长及各专业负责人联合验收。
（9）停工前 20d 将 2 个轻烃储罐液位存储至 50%，停工前 10~15d 将进轻烃储罐流程倒至凝析油外输，轻烃与凝析油进行混输。
（10）J—T 阀升温，天然气装置提前 14h 对低温分离单元升至常温（J—T 阀后）（注意升温速率 0℃以下不大于 5℃/2h，0℃以上不大于 5℃/1h）。
（11）降液位，将段塞流捕集器 D-20101、D-20102 液位和凝析油 A/B 列一闪、二闪、三闪处理装置油腔液位逐步降至20%~30%；将A、B列闪蒸罐水腔液位设定为90%，抬高混合腔中的油水界面，对混合腔多进行收油。注意观察上下游压力变化，防止窜压。

（12）停工前6~8h（视分子筛再生情况），分子筛由程序控制改为手动控制，停工前2.5h停止再生，将再生完毕的塔切入冷吹程序，原冷吹塔转为等待，冷吹气量调至$1.6 \times 10^4 m^3$，同时逐步降低再生气加热器温度，直至关闭TV-20204B及前后手阀，截断导热油流程；停工前1h，将这两个塔同时冷吹，冷吹气量调至$1.8 \times 10^4 m^3$，待出塔温度低于50℃以下方可切断进料。

（13）停工前将导热油膨胀罐液位补至最高。

3.2.2 停工程序

全厂停工程序如图3.9所示。

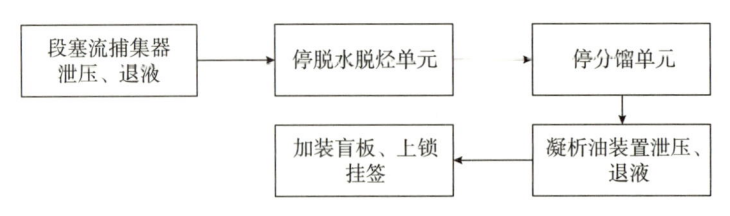

图3.9 全厂停工程序框图

3.2.3 分单元停工方案

3.2.3.1 段塞流捕集器泄压、退液

（1）待采气队关井完成，当系统压力降至与背压平衡时（7MPa左右），关闭天然气去外输切断阀ESDV-20204及前后手阀。

（2）通过PV-20103、PV-20104、PV-20223对段塞流与天然气A/B列装置进行整体泄压，当泄压至5.5MPa时停止泄压。

（3）通过闪压机二级入口缓冲罐D-20308放空阀PV-20311/1将凝析油一闪压力降至4MPa左右，然后将段塞流液压至凝析油一闪，待液压空以后，关闭段塞流液相出口LV-20101和LV-20102与前后手阀及旁通阀。

（4）关闭凝析油A/B列进站阀组ESDV-20301A/B。

（5）继续通过PV-20103与PV-20104对段塞流与天然气A/B列装置泄压，泄压至1MPa时。关闭东西线进站球阀BV-1901、BV-1902，关闭东西干线进站ESDV-20101和ESDV-20103。

（6）继续通过PV-20103与PV-20104对段塞流与天然气A/B列装置泄压，泄压至1MPa时停止泄压。将段塞流残液通过退油线扫至D-20309。

（7）继续通过PV-20103与PV-20104对段塞流与天然气A/B列装置泄压，直至压力泄完为止。

（8）关闭天然气进站阀组ESDV-20201A/B前后手阀及旁通阀。

（9）待BV-1907、BV-1908拆除并加装盲板加装完成后，根据站外施工情况适时投用放空气回收。

3.2.3.2　天然气装置泄压、退液

3.2.3.2.1　停脱水脱烃单元

（1）在天然气装置进行泄压以前，关闭A、B列再生气加热器再生气管程进出口手阀GV-2186和GV-2187，对A、B列再生气加热器管程进行保压检漏，检漏结束后通过A、B列再生气分水罐安全阀旁通进行泄压。

（2）天然气装置泄压通过段塞流PV-20103与PV-20104一起泄压。

（3）气装置压液。在压力高于6MPa时，分别打开列D-20201、F-20201/1、2、F-20202各排污阀扫液至凝析油一闪，压力低于6MPa，导通凝液去放空分液罐流程，多次反复压液直至压尽。注意：当流程导至放空分液罐时，关闭去凝析油流程，防止凝析油装置的液体反串回各分离罐。

（4）压力泄完后，关闭天然气进站阀组ESDV-20201A/B前后手阀及旁通阀。

3.2.3.2.2　停分馏单元

（1）天然气处理装置关井前4h，将低温分离器液位降低至30%。装置降量时将低温分离器液位降低至10%，待液位压尽后，关闭LV-20205。

（2）对脱乙烷塔T-20201、脱丁烷塔T-20202塔底重沸器降温，直至关闭温控阀TV-20213、TV-20222及前后手阀；适时关闭PV20214；利用压差进行逐级压液，压液过程中必须关注下游压力，防止压空造成串压。压液完成后，低温分离器、脱乙烷塔与脱丁烷塔压力均通过安全阀旁通进行泄压。

（3）适时停脱丁烷塔顶回流泵、停运空冷器、水冷器。

3.2.3.3　凝析油装置泄压、退液

（1）停工前4h将凝析油A、B列处理装置油腔液位逐步降至20%～30%；将A、B列闪蒸罐水腔液位设定为90%，抬高混合腔中的油水界面，对混合腔进行多收油。注意观察上下游压力变化，防止窜压。

（2）停工前通过控制TV-20317A/B的开度逐步将凝析油稳定塔底重沸器E-20303A/B的温度降至40℃。

（3）待段塞流液压至凝析油一闪压空以后，切断凝析油进装置关闭ESDV-20301A/B其前后手阀。

（4）关闭PV-20301A/B，PV-20302A/B，PV-20303A/B，PV-20304A/B及其前后手阀，根据气量情况及时调整闪稳压机操作。

（5）关闭LV-20301A/B，LV-20302A/B，LV-20303A/B，LV-20304A/B，LV-20306A/B。

（6）打开安全阀PSV-20301A/B及PSV-20302A/B的旁通阀门，将一级闪蒸罐D-20301A/B的压力降至3.0MPa左右。

（7）打开安全阀PSV-20303A/B的旁通阀门，将二级闪蒸罐D-20302A/B的压力降至2.0MPa左右。

（8）打开安全阀PSV-20304A/B的旁通阀门，将三级闪蒸罐D-20303A/B的压力降至0.4MPa左右。

（9）打开安全阀 PSV-20305A/B 的旁通阀门，将凝析油稳定塔 T-20301A/B 塔压力降至 0.15MPa 左右。

（10）打开一级闪蒸罐 D-20301A/B 的液位调节阀 LV-20302A/B 或旁通阀将油腔液位扫至二级闪蒸罐 D-20302A/B，扫尽后关闭，同时打开安全阀 PSV-20301A/B 及 PSV-20302A/B 的旁通阀门将一级闪蒸罐 D-20301A/B 的压力降至 1.5MPa 左右。

（11）打开二级闪蒸罐 D-20302A/B 的液位调节阀 LV-20304A/B 或旁通阀将油腔液位扫至三级闪蒸罐 D-20303A/B，扫尽后关闭，同时打开安全阀 PSV-20303A/B 的旁通阀将二级闪蒸罐 D-20302A/B 的压力降至 1MPa 左右。

（12）打开三级闪蒸罐 D-20303A/B 的液位调节阀 LV-20306A/B 或旁通阀将油腔液位扫至稳定塔 T-20301A/B，扫尽后关闭，启一级洗盐泵将水腔液位打尽至二级闪蒸罐 D-20302A/B 后关闭。

（13）分别打开一级闪蒸罐 D-20301A/B 的水腔液位调节阀 LV-20301A/B、二级闪蒸罐 D-20302A/B 的水腔液位调节阀 LV-20303A/B、一闪、二闪、三闪水连通混合腔到 D-20309 手阀，将水腔液位扫尽至放空分液罐后关闭，混合腔液位扫尽至 D-20309 后关闭。

（14）稳定塔底重沸器 E-20303A/B 液压至 5% 左右时，关闭 LV-20308A/B，打开稳定塔退油线将稳定塔底重沸器 E-20303A/B 油腔内液扫尽至 D-20309，打开分液包去放空分液罐手阀，将重沸器混合腔内液扫尽。

（15）液位扫尽后通过安全阀旁通将各容器压力泄至 0。

3.2.3.4 各单元加装盲板、上锁挂签

3.2.3.4.1 段塞流区域检修盲板

段塞流区域检修盲板工艺流程如图 3.10 所示，检修盲板清单见表 3.1。

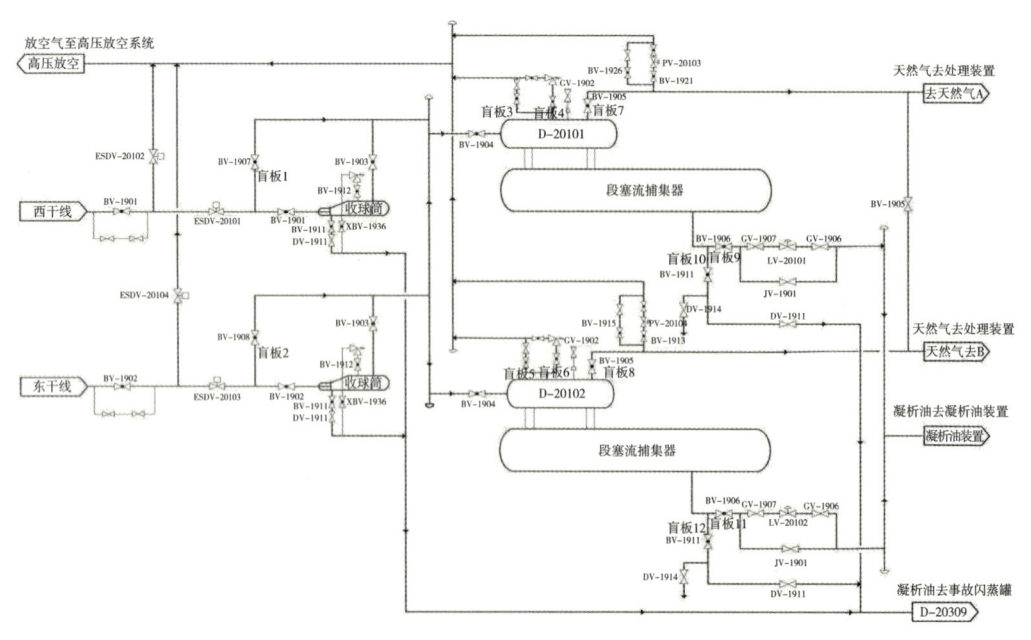

图 3.10 段塞流区域检修盲板示意图

表 3.1 段塞流区域检修盲板清单

名称	型号	上锁人	上锁时间	确认人	解锁人	解锁时间	确认人	备注
01号盲法兰	DN350							
02号盲法兰	DN300							
03号盲板	DN80							
04号盲板	DN80							
05号盲板	DN80							
06号盲板	DN80							
07号8字盲板	DN250							
08号8字盲板	DN250							
09号盲板	DN100							
10号盲板	DN80							
11号盲板	DN100							
12号盲板	DN80							

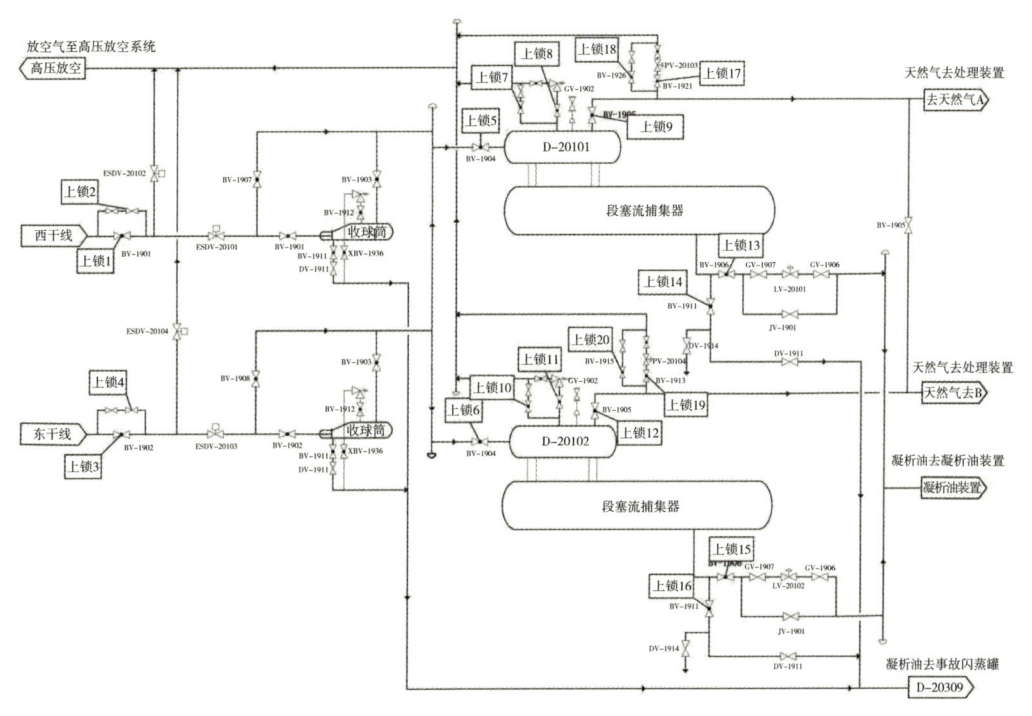

3.2.3.4.2 段塞流检修上锁挂签

段塞流检修上锁挂签图如图 3.11 所示。

图 3.11 段塞流检修上锁挂签图

3.2.3.4.3　天然气区域检修盲板

再生气空冷器检修盲板示意图如图3.12所示，脱丁烷塔底重沸器检修盲板示意图如图3.13所示，脱乙烷塔底重沸器检修盲板图如图3.14所示。

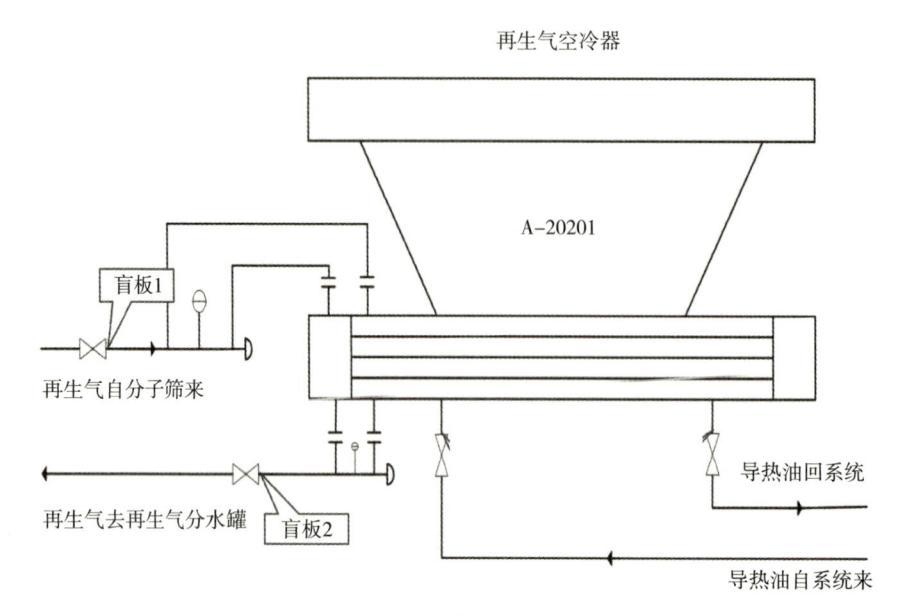

图 3.12　再生气空冷器检修盲板示意图

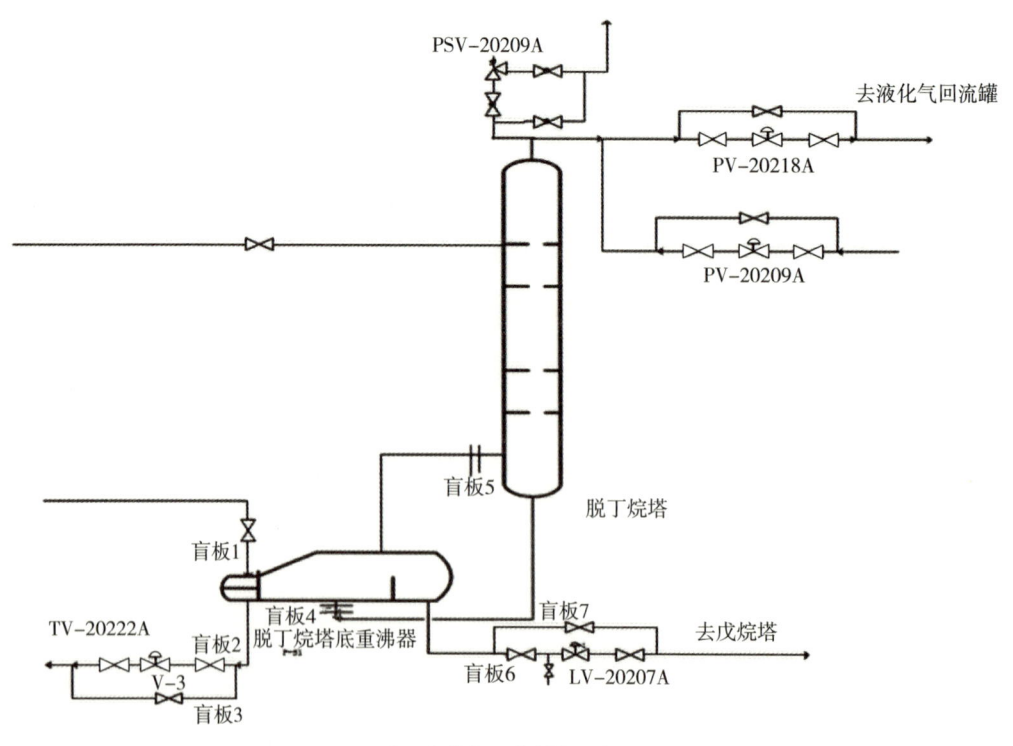

图 3.13　脱丁烷塔底重沸器检修盲板示意图

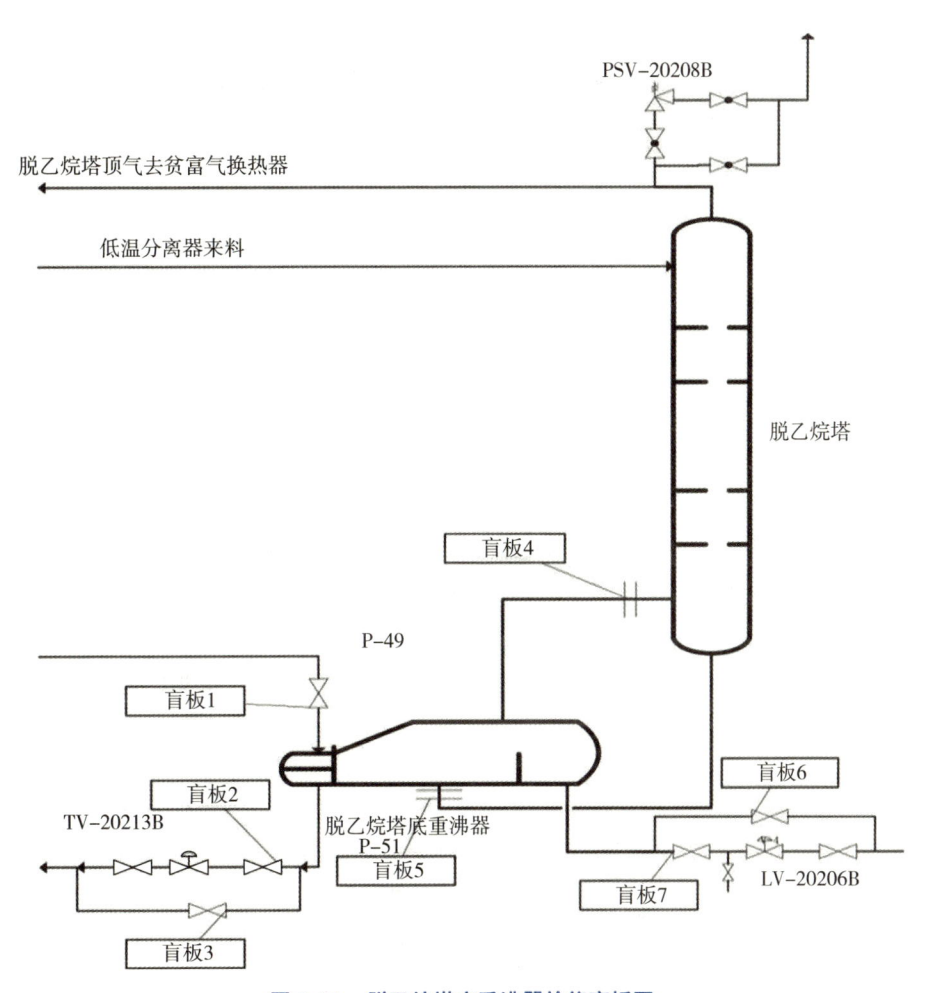

图 3.14　脱乙烷塔底重沸器检修盲板图

再生气空冷器管束箱更换盲板清单见表 3.2，天然气 A 列脱丁烷塔底重沸器盲板清单见表 3.2，天然气 B 列脱乙烷塔底重沸器盲板清单见表 3.3。

表 3.2　再生气空冷器管束箱更换盲板清单

名称	型号	上锁人	上锁时间	确认人	解锁人	解锁时间	确认人	备注
01盲板	DN150							
02盲板	DN100							
03盲法兰	DN50							
04盲法兰	DN80							

表 3.3　天然气 A 列脱丁烷塔底重沸器盲板清单

名称	型号	上锁人	上锁时间	确认人	解锁人	解锁时间	确认人	备注
01号盲板	DN80							
02号盲板	DN80							

131

续表

名称	型号	上锁人	上锁时间	确认人	解锁人	解锁时间	确认人	备注
03号盲板	DN50							
04号盲板	DN100							
05号盲板	DN150							
06号盲板	DN50							
07号盲板	DN40							

表3.4 天然气B列脱乙烷塔底重沸器盲板清单

名称	型号	上锁人	上锁时间	确认人	解锁人	解锁时间	确认人	备注
01号盲板	DN150							
02号盲板	DN150							
03号盲板	DN100							
04号盲板	DN200							
05号盲板	DN150							
06号盲板	DN80							
07号盲板	DN150							

3.2.3.4.4 天然气区域上锁挂签

再生气空冷器管束箱更换上锁挂签图如图3.15所示，天然气脱丁烷塔上锁挂签图如图3.16所示，天然气脱乙烷塔上锁挂签图如图3.17所示。

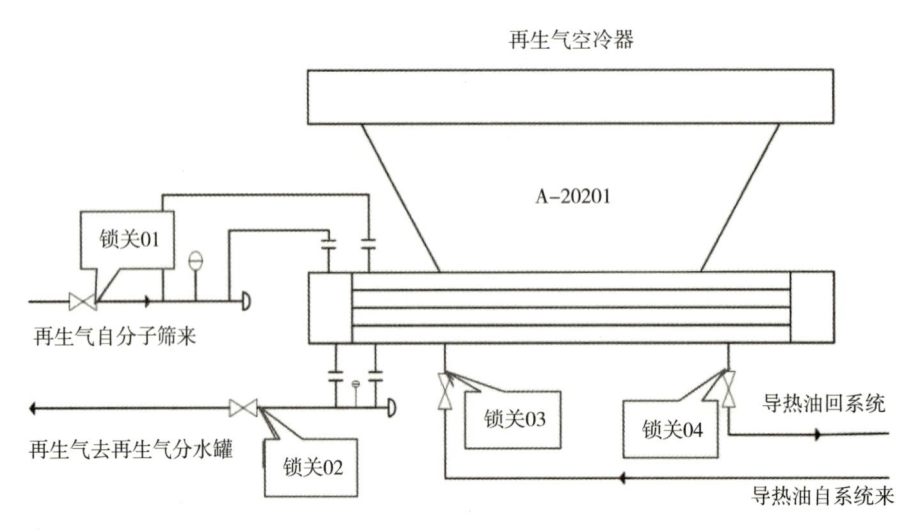

图3.15 再生气空冷器管束箱更换上锁挂签图

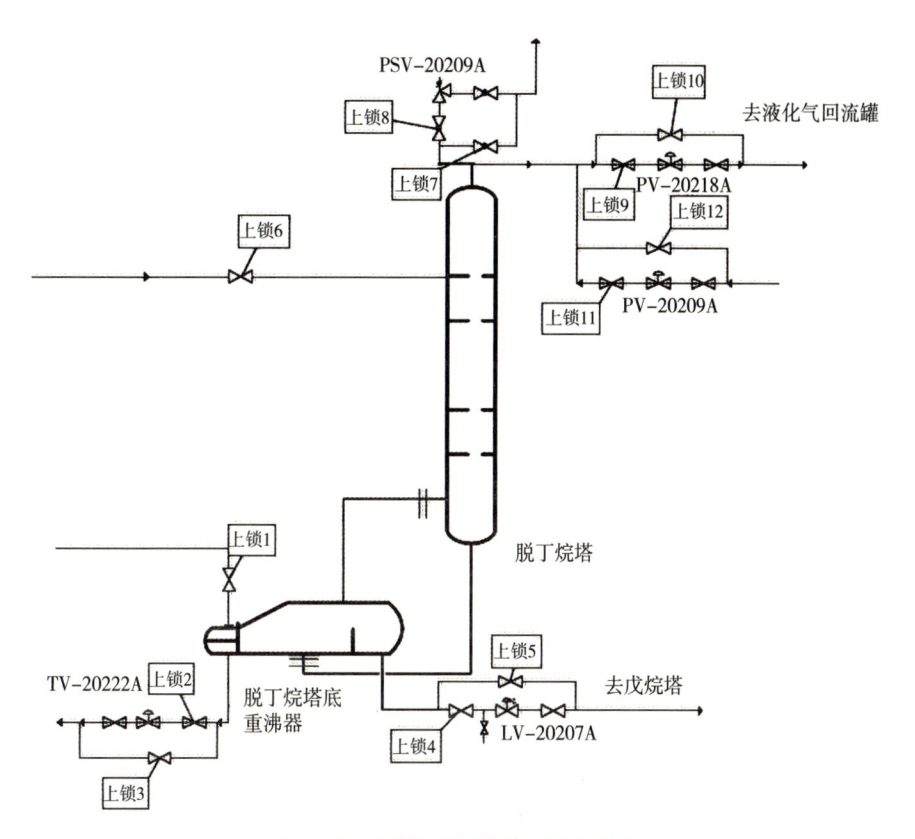

3 典型含凝析油天然气处理厂停开工方案

图 3.16 天然气脱丁烷塔上锁挂签图

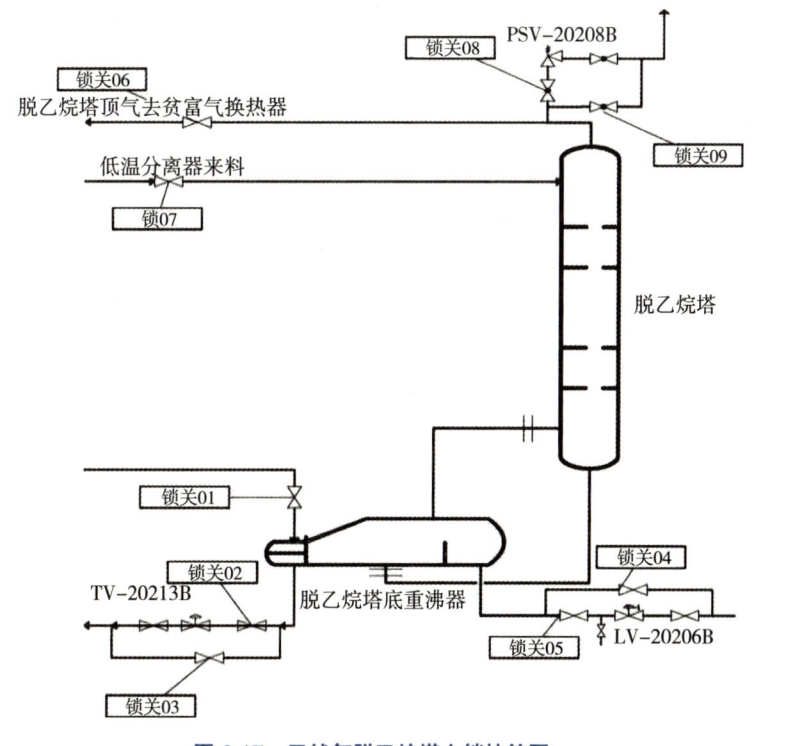

图 3.17 天然气脱乙烷塔上锁挂签图

3.2.3.4.5 凝析油区域盲板清单

凝析油装置盲板安装图如图 3.18 所示，凝析油 B 列检修盲板状态确认表见表 3.5，凝析油 A 列一闪检修盲板状态确认表见表 3.6。

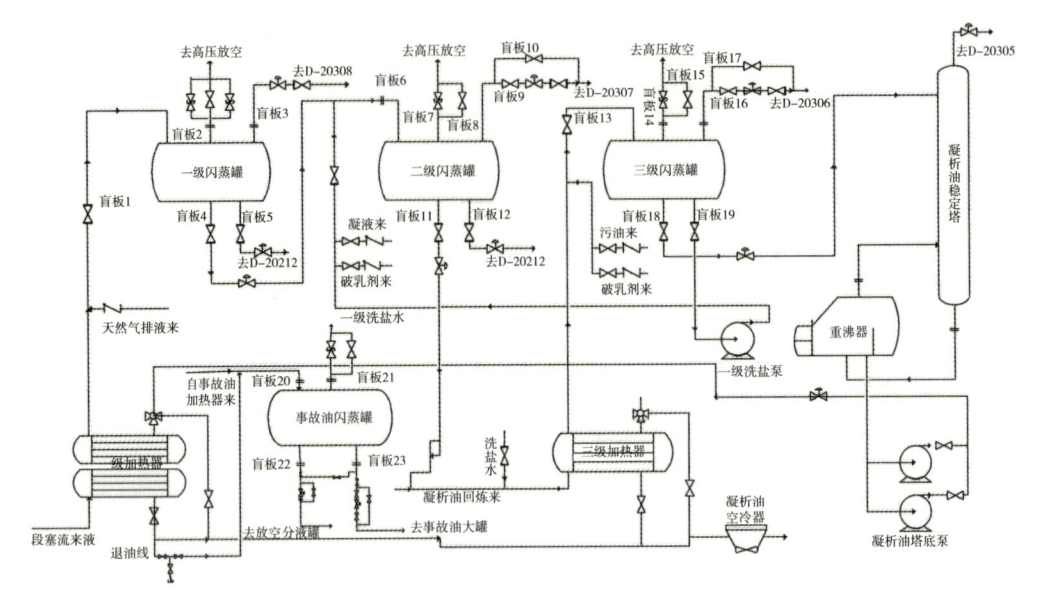

图 3.18 凝析油装置盲板安装图

表 3.5 凝析油 B 列检修盲板状态确认表

名称	型号	上锁人	上锁时间	确认人	解锁人	解锁时间	确认人	备注
01盲板	DN150							
02盲板	DN50							
03盲板	DN80							
04盲板	DN80							
05盲板	DN150							
06盲板	DN150							
07盲板	DN40							
08盲板	DN50							
09盲板	DN80							
10盲板	DN50							
11盲板	DN50							
12盲板	DN80							
13盲板	DN150							
14盲板	DN40							
15盲板	DN40							
16盲板	DN80							
17盲板	DN50							

续表

名称	型号	上锁人	上锁时间	确认人	解锁人	解锁时间	确认人	备注
18盲板	DN150							
19盲板	DN80							
20盲板	DN200							
21盲板	DN200							
22盲板	DN300							
23盲板	DN40							
24盲板	DN150							

表 3.6　凝析油 A 列一闪检修盲板状态确认表

名称	型号	上锁人	上锁时间	确认人	解锁人	解锁时间	确认人	备注
01盲板	DN150							
02盲板	DN50							
03盲板	DN150							
04盲板	DN80							
05盲板	DN80							

3.2.3.4.6　凝析油装置上锁挂签图

A 列凝析油检修上锁挂签图如图 3.19 所示，B 列凝析油检修上锁挂签图如图 3.20 所示。

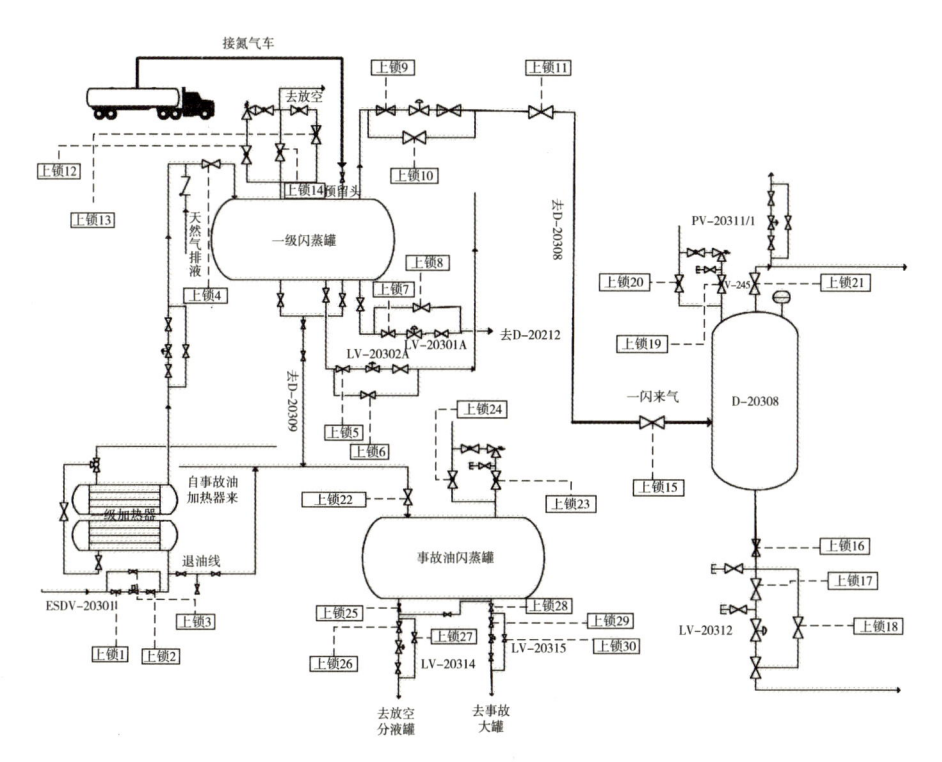

图 3.19　A 列凝析油检修上锁挂签图

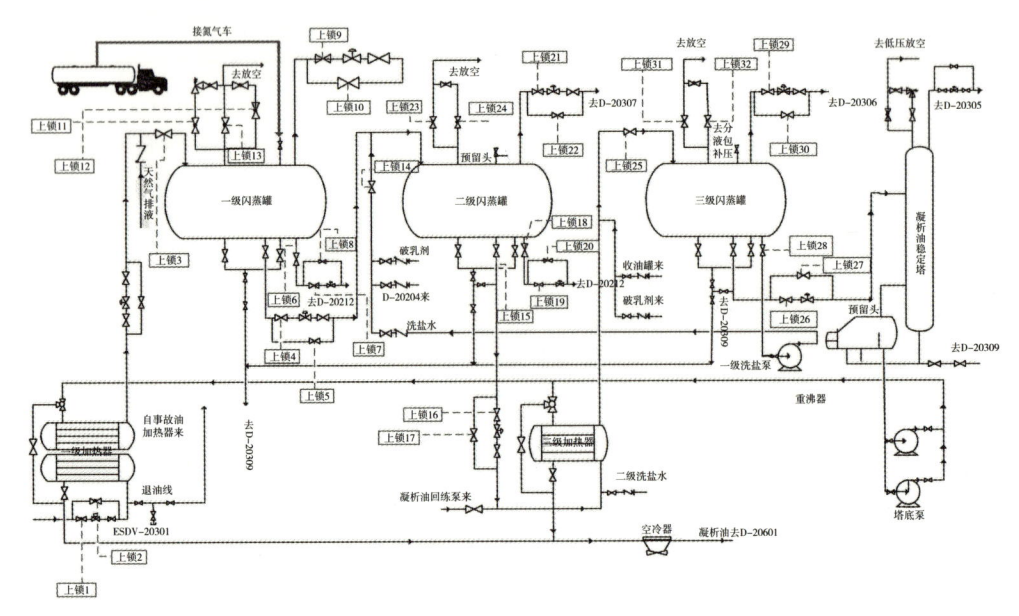

图 3.20 B 列凝析油检修上锁挂签图

3.3 开工方案

3.3.1 开工准备

3.3.1.1 工艺隔离的解除
（1）段塞流区域。
对照段塞流区域上锁挂签台账解除锁签；对照段塞流区域盲板台账拆除盲板。
（2）天然气装置区域。
对照天然气装置区域上锁挂签台账解除锁签；对照天然气装置区域盲板台账拆除盲板。
（3）凝析油区域。
对照凝析油上锁挂签台账解除锁签；对照凝析油盲板台账拆除盲板。
（4）导热油区域。
对照导热油区域上锁挂签台账解除锁签；对照导热油盲板台账拆除盲板。

3.3.1.2 相关确认
（1）根据各区域开工前阀门状态确认表确认阀位状态正确。
（2）投运前审核完成，审核中发现的务必改项全部整改完成。
（3）各低点排污阀关闭，堵头安装完好。
（4）导热油系统循环运行正常。
（5）空氮站运行正常，仪表风压缩机正常运行超过72h，仪表风系统压力正常，能给各用户正常供气。
（6）站内消防系统投运正常，消防器材确认正常好使，摆放位置合理。

（7）检查放空流程，确定放空系统畅通，并引用燃料气点燃火炬长明灯。

（8）投运有关的工艺电伴热。

（9）自动化仪表、DCS 及 ESD 系统联调工作完成，各控制回路工作正常，并确定 ESD 系统在紧急状态下能正常动作，能够达到保证装置安全运行的要求。

（10）装置开工方案已经上级主管部门批准。

3.3.1.3 装置氮气置换

段塞区域、凝析油区域整体置换，采用引水注满加氮气压液的方式进行氮气置换，天然气区域只单独置换再生气空冷器管束箱及低温分离器（低温分离器更换前手阀时，窜入空气，有必要进行置换），利用处理站自产氮气置换即可，液化气球罐采用注满加氮气压液的方式进行置换，本次检修未拆开部分不做置换。

（1）天然气 A、B 列再生气空冷器换方案。

首先在再生气空冷器入口压力表考克处（图 3.21）连接临时氮气管线，通入氮气，打开再生气空冷器出口压力表考克放空置换，在再生气空冷器出口压力表考克处检测氧气含量，氧气含量不大于2%（体积分数）视为置换合格，拆除氮气管线。

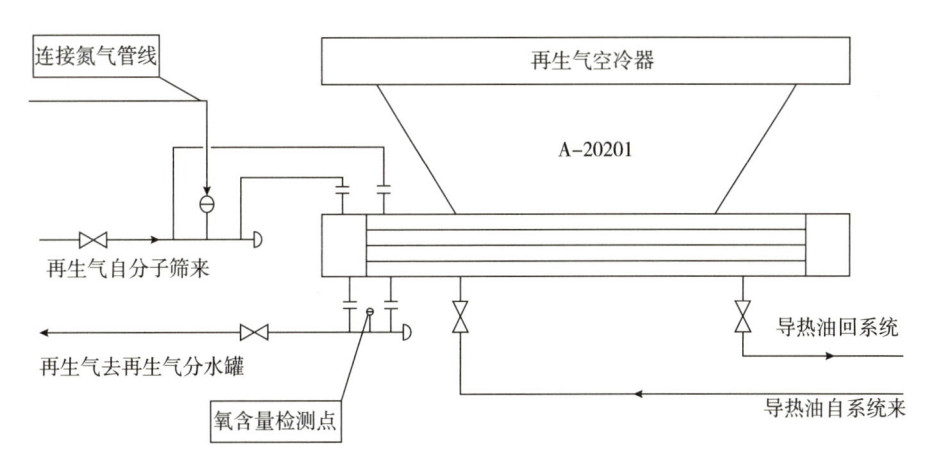

图 3.21 A 列再生气空冷器管束箱氮气置换图

（2）段塞流捕集器置换方案。

氮气气源：处理站自制氮气。

引水注满整个段塞流，然后利用处理站自产氮气补压，将段塞流的水压至凝析油处理装置，段塞流内水的液位降至30%时，停止压液。

（3）凝析油置换方案。

氮气气源：液氮车。

利用段塞流来水，充满各级闪蒸罐后，利用氮气压力将水压至放空分液罐，各闪蒸罐保留20%的液位。

3.3.2 开工程序

开工程序如图 3.22 所示。

图 3.22 开工程序

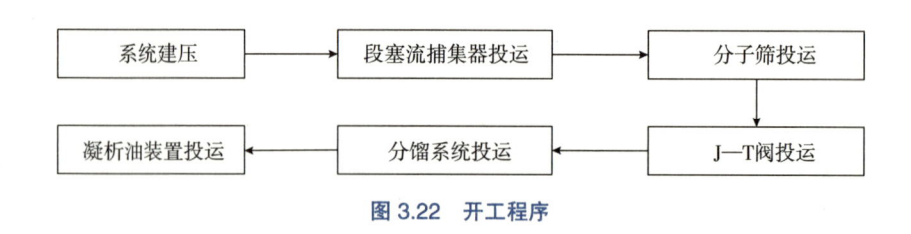

3.3.3 分单元开工方案

3.3.3.1 系统建压

（1）打开段塞流捕集器气相出口阀 BV-1905，打开 ESDV-20201A/B 及前后手阀，导通段塞流至外输 ESDV-20204 流程，导通低温分离器液相至脱丁烷塔流程，导通段塞流至凝析油装置的流程。通过开工建压管线进系统，进行试压检漏。

（2）置换时已完成 0.2MPa 的试压检漏。

（3）升压按照 0.5MPa、1MPa、2MPa、4MPa、6MPa、8MPa、10MPa 七个压力等级进行，每个等级进行稳压检漏工作，要求升压速率不大于 0.05MPa/min。系统建压分两个阶段进行，第一阶段利用外输阀组返输气作为气源，对系统进行反向建压至与外输气压力相等（预计为 6.5MPa），当压力达到外输管网压力时，打开 ESDV-20204 及前后手阀，主控室手动关闭 J—T 阀；第二阶段打开东西干线进站球阀（BV-1901、BV-1902）建压阀对系统建压，建压至 8MPa、10MPa 时，继续稳压检漏，当东西线压力与段塞流压力平衡时，打开东西干线进站球阀，系统压力最后升至 10.25MPa。

（4）每一个压力等级稳压 30min，检漏，分别对各法兰连接处、人孔、仪表开孔等处进行检漏，发现异常立即通知开工小组，停止建压，处理泄漏。处理方法：①如泄漏不严重，可在线加以紧固；②降压至下一压力等级加以紧固；③如泄漏严重，需泄压后更换密封垫片后加以紧固，然后重新建压检漏。

（5）建压操作。

①建压压力达到 0.25MPa，关闭凝析油三闪油腔调节阀 LV-20306 及前手阀。

②凝析油三闪压力升至 0.8MPa，关闭二闪油腔调节阀 LV-20304 及前手阀，注意观察下游流程，防止窜压。

③压力升至 1.3MPa，关闭脱乙烷塔底重沸器液相出口调节阀及前手阀，防止窜压，并对后续流程进行检漏。

④凝析油二闪压力升至 2.45MPa，关闭一闪油腔调节阀 LV-20302 及前手阀注意观察下游流程，防止窜压。

⑤压力升至 2.7MPa，关闭低温分离器液相出口调节阀及前手阀，防止窜压，对后续流程进行检漏。

⑥凝析油一闪压力升至 5.45MPa，关闭段塞流调节阀 LV-20101/LV-20102 及前手阀，注意观察下游流程，防止窜压。

3.3.3.2 段塞流捕集器投运

（1）当段塞流压力与东西干线平衡时，缓慢打开进站球阀 BV-1901（西线）、BV-

1902（东线），开始进料后，首先进入段塞流捕集器 D-20101/D-20102，当段塞流液位达到40％时，手动给定液位控制阀 LV-20101/LV-20102 开度，观察液位变化情况，同时注意下游闪蒸罐压力和液位变化，防止憋压和冒罐。

（2）当液位基本平稳且达到45％后，将液位控制阀 LV-20101/LV-20102 打到自动，将段塞流捕集器液位设定值设定为45％投自动，打开液位调节阀前后手阀。

（3）按开工参数设置表，将相关参数设置好并投自动，及时根据来料变化调整天然气装置和凝析油处理装置的各项生产参数，确保安全平稳运行。

3.3.3.3 分子筛投运

（1）升压至 6.0 MPa 后，缓慢对 A/B 列再生气加热器升温至100℃（升温速率100℃以下，为 20～30℃/h，100℃以上控制升温速率为 30～50℃/h）。

（2）为防止系统压力波动造成 A/B 列分子筛床层破损，必须缓慢控制 FV-20201A/B 的开度，将 LV-20201A/B、LV-20202A/B1、2、3、4、LV-20214A/B1 打手动并全关，定期（每2h）对原料气分离器、原料气高效过滤器、冷吹气高效过滤器排液。

（3）根据来料情况适时启动分子筛程序。

3.3.3.4 J—T 阀投运

（1）贫富气换热器 E-20202A/B/1、2 先走旁通，慢慢切进 E-20202A/B/1、2，通过冷旁通 TV-20207A/B 控制降温速度（将 TV-20207A/B 打到手动，通过调整 TV-20207A/B 阀的开度，使 J—T 阀缓慢降温，0℃以上控制在 10℃/h、0℃以下控制在 -5℃/2h）。保证甲醇泵处于备用状态，出现冻堵时，及时起甲醇泵解冻。

（2）导通 J—T 节流阀流程（一套运行，一套备用），将 J—T 阀压力设定为 9.80MPa，打自动，并注意观察上下游压力。

3.3.3.5 分馏系统投运

（1）当低温分离器 D-20204A/B 液位达到50％时，导通 A/B 列脱乙烷塔进料流程给脱乙烷塔及塔底重沸器建立液位，把脱乙烷塔塔顶气相压力调节阀 PV-20214A/B 压力设定为 2.60MPa，打到自动调节位置，同时导通导热油加热流程给塔底升温至给定的操作温度——118℃。

（2）将脱丁烷塔顶气相压力调节阀 PV-20218A/B 压力设定为：1.07MPa，液化气回流罐气相放空阀 PV-20219A/B 压力设定为 1.20MPa，塔顶气相的回流罐的压差调节阀压差设定为 0.07MPa；当脱乙烷塔塔底重沸器液位达到50％时，导通脱丁烷塔进料流程给脱丁烷塔底重沸器建立液位，并导通导热油加热流程给塔底升温至设计给定的操作温度——164℃，同时按照操作规程启运塔顶液化气空冷器 A/B-20202A/B/1、2，在此过程，调整 PV-20218A/B、PV-20217A/B 的参数及设定值，把塔压控制在 1.05～1.08MPa 之间。

（3）当液化气回流罐液位达到40％，按操作规程启运脱丁烷塔顶回流泵，给脱丁烷塔打回流，将脱丁烷塔塔顶温度控制在60℃，并取液化气化验，合格后，导通液化气出装置管线至液化气储罐流程，将液化气外输至储罐储存。

（4）当脱丁烷塔塔底重沸器液位超过50％时，导通轻烃去轻烃储罐流程及稳定轻烃空冷却器流程，将稳定轻烃降温至 50～60℃后输至稳定轻烃储罐，目前不投运脱戊烷塔。

3.3.3.6 凝析油装置投运

（1）建压完成后，压力维持在一闪 5.4MPa、二闪 2.5MPa、三闪 0.8MPa、稳定塔 0.25MPa，压力调节阀改自动控制。

（2）开 HV-20302 及前后手阀，导通凝析油进装置开工流程至凝析油 A/B 列，缓慢打开 FV-20301A/B 对装置建液，通过事故油换热器，一级、三级换热器稳前油走旁通。当凝析油一级闪蒸罐油腔液位达到 50%，打开其液位调节阀，进入二级闪蒸罐。

（3）凝析油二级闪蒸罐油腔液位达到 50%，打开其液位调节阀，进入三级闪蒸罐。

（4）凝析油三级闪蒸罐油腔液位达到 50%，打开其液位调节阀，进入凝析油稳定塔。

（5）当重沸器内有液位显示时，手动给导热油加热温度调节阀一定开度，观察气相返塔线温度，升至 110℃ 左右且较稳定后，将导热油温度控制阀 TV-20317A/B 设定为 90℃ 打到自动；当稳定塔的重沸器液位达到 50% 时，启用液位调节阀 LV-20308 控制好稳定塔重沸器液位；凝析油出装置空冷器 A/B-20301A/B 稳定设定为 55℃，变频控制。

（6）稳后油温度、流量稳定后，投用一级加热器、三级加热器；停用事故油换热器。

（7）打开凝析油进装置紧急关断阀 ESDV-20301，缓慢全开 ESDV-20301 后手阀、前手阀，正常后关闭开工进料阀 HV-20302 及前后手阀。

（8）根据凝析油系统投运情况，启动破乳剂加药泵、凝析油一级洗盐泵、凝析油二级洗盐泵、凝析油空冷器等动设备。

（9）投运稳定后各液位调节阀、温度控制阀改自动控制。

（10）根据系统投运情况，启动相应动设备。

（11）全面调整参数，恢复正常运行。

3.4 危害因素识别与风险控制

3.4.1 某含凝析油天然气处理厂停工检修作业风险评估表、控制措施

某含凝析油天然气处理厂停工检修作业风险评估表、控制措施见表 3.7。

表 3.7 某含凝析油天然气处理厂停工检修作业风险评估表、控制措施

序号	作业活动过程	危害	风险消除措施	风险削减或控制措施	落实负责人
1	吊装作业	吊物坠落伤人、损物	（1）设立警戒区域； （2）落实起吊关键作业确认制	（1）吊物应捆绑牢固； （2）吊具可靠； （3）现场要有人监护	属地主管
2	介质置换作业	泄漏爆炸、火灾	（1）落实机具设备维护保养制； （2）配备相应劳动防护用品	（1）使用可燃气体检测仪进行监护； （2）操作过程中监护人到位进行现场监护	属地主管
3	试压作业	泄漏介质伤人	（1）落实机具设备维护保养制； （2）配备相应劳动防护用品	（1）使用检验有效的压力表； （2）佩戴防冲击眼镜； （3）操作过程中监护人到位进行现场监护	属地主管

续表

序号	作业活动过程	危害	风险消除措施	风险削减或控制措施	落实负责人
4	临时用电	电源线裸露、漏电	（1）严格工器具入场检查；（2）加强临时用电许可管理和确认制落实；（3）加强隐患排查	（1）持证上岗，严格操作规程；（2）按JGJ 46《施工现场临时用电安全技术规范》临时用电标准接地、接零和安装漏电保护；（3）定期检查对隐患排查处理	属地主管
5	管线打开作业	泄漏介质伤人	加强管线打开作业许可管理和确认制落实	（1）佩戴防毒护具；（2）佩戴防冲击眼镜	属地主管
6	罐平台作业	人员、工具、工件高空坠落	加强标准作业管理，规范作业现场	（1）落实安全带；（2）落实监护人职责；（3）加大反三违力度	属地主管
7	氮气置换	氮气会让人窒息	及时检测，确保不泄漏	使用可燃气体检测仪时，尽量远离氮气排放口	属地主管
8	扳手撬杠手锤作业	机械伤害	（1）打击扳手绑绳放置防止异常脱落；（2）非防爆打击扳手内部抹黄油	（1）严格执行安全操作规程；（2）加强员工安全知识教育；（3）加强机械设备维护保养；（4）加强自我保护意识	属地主管
9	清洗作业	机械伤害	（1）加强设备检查和保养；（2）严格规范作业；（3）配备相应劳动防护用品	（1）作业人员能规范熟练作业；（2）劳动防护用品安全可靠并有效佩戴	属地主管
10	受限空间	窒息，火灾、爆炸	加强管线打开作业许可管理和确认制落实	（1）使用2台可燃气体检测仪进行检测；（2）作业过程中监护人到位进行现场监护；（3）罐内作业使用防爆工具	属地主管
11	蒸汽置换、清洗作业	高温烫伤	（1）严格规范作用；（2）劳保穿戴齐全。（3）佩戴全封闭眼罩	（1）蒸汽胶管捆扎规范、牢固；（2）准备急救包	属地主管
12	动火作业	火灾、爆炸	（1）加强动火作业许可管理和确认制落实；（2）严格执行气体检测工作	（1）使用可燃气体检测仪进行监护；（2）操作过程中监护人到位进行现场监护	属地主管
13	高处作业	坠落伤人	（1）搭脚手架；（2）系安全带	（1）持证上岗，严格操作规程；（2）操作过程中监护人到位进行现场监护	属地主管
14	退导热油	高温烫伤	（1）停工后，继续打循环，直到导热油温度降到60℃以下；（2）使用测温枪检测温度	（1）在现场退油和更换阀芯时，做风险提示，并经常用测温枪测温度，做好防护，劳保着装；（2）准备急救包，必要时送医	属地主管
15	厂内机动车运输作业	设备事故	（1）严格执行机动车准驾制度；（2）加强机动车管理	用车人（属地主管）落实监督职责	车辆管理负责人
16	防腐检测、阳极块更换	机械伤害/压力伤害/火灾爆炸/有毒有害气体中毒	（1）加强设备检查和保养；（2）严格规范作业；（3）配备相应劳动防护用品	（1）佩戴防毒护具；（2）劳动防护用品安全可靠并有效佩戴；（3）落实监护人职责	属地主管

续表

序号	作业活动过程	危害	风险消除措施	风险削减或控制措施	落实负责人
17	切割管线	机械伤害、着火爆炸、高处坠落	（1）严格规范作业； （2）配备相应劳动防护用品； （3）平台搭建牢固可靠	（1）劳动防护用品安全可靠并有效佩戴； （2）落实安全带； （3）可燃气体检测仪进行监护	属地主管

3.4.2 电力停工检修作业风险评估表、控制措施

电力停工检修作业风险评估表、控制措施见表3.8。

表3.8 电力停工检修作业风险评估表、控制措施

序号	作业活动	危害	风险削减或控制措施	落实负责人
1	配电盘紧固	物体打击	（1）严格执行安全操作规程； （2）加强员工安全知识教育； （3）劳保着装； （4）加强自我保护意识	项目负责人
2	配电盘紧固	触电、电弧灼伤	（1）严禁带电作业； （2）操作过程中监护人进行现场监护； （3）作业前做好技术措施； （4）正确使用防护器具	项目负责人
3	配电盘紧固	窒息、烫伤	（1）严格规范作业； （2）劳动防护用品安全可靠并有效佩戴； （3）与气溶胶保持安全距离	项目负责人
4	保护元件的拆装	触电	（1）严禁带电拆装电气元件； （2）劳动防护用品安全可靠并有效佩戴； （3）执行监护制度	项目负责人
5	配电柜吹扫	粉尘	（1）人员站上风侧； （2）劳动防护用品安全可靠并有效佩戴	项目负责人
6	低压侧电缆热缩	吊物坠伤人、损物	（1）吊物应捆绑牢固； （2）吊具可靠； （3）现场要有人监护； （4）设立警戒区域	项目负责人
7	低压侧电缆热缩	人员	（1）落实安全带； （2）落实监护人职责； （3）加强高处作业管理，规范作业现场	项目负责人
8	低压侧电缆热缩	高温灼伤	（1）使用喷灯前加强培训； （2）作业过程中监护人进行现场监护； （3）劳动防护用品安全可靠并有效佩戴	项目负责人

3.4.3 自动化系统停工检修作业风险评估表、控制措施

自动化系统停工检修作业风险评估表、控制措施见表3.9。

表 3.9 自动化系统停工检修作业风险评估表、控制措施

序号	作业活动过程	危害	风险削减或控制措施	落实负责人
1	拆接信号及电源线	触电	（1）持证上岗，严格操作规程； （2）严格执行关键操作确认制； （3）严格工器具入场检查	项目负责人
2	机械伤害，工具使用不得当	机械伤害	（1）严格执行安全操作规程； （2）加强员工安全知识教育； （3）加强机械设备维护保养； （4）加强自我保护意识	项目负责人
3	管线打开作业	泄漏介质伤人	（1）劳保着装； （2）佩戴防冲击眼镜； （3）加强管线打开作业许可管理和确认制落实	项目负责人
4	拆装阀门	火灾、爆炸	（1）使用可燃气体检测仪进行监护； （2）排液时使用接地夹，防止产生火花； （3）维修更换作业时使用防爆工具	项目负责人
5	平台作业	人员、工具、工件高空坠落	（1）落实安全带； （2）落实监护人职责； （3）加强高处作业管理，规范作业现场	项目负责人
6	受限空间	窒息，火灾、爆炸	（1）使用可燃气体检测仪测罐上中下三个点； （2）作业过程中监护人到位进行现场监护； （3）罐内作业使用防爆工具	项目负责人
7	拆卸检查更换配件	设备损坏	（1）更换电路板前使用防静电手环； （2）准备必要的备用配件，及时对损坏的设备进行更换； （3）严格执行关键操作确认制	项目负责人

3.4.4 检修安全防护规定及措施

（1）停工检修前对消防系统进行全面检查，包括现场灭火器和消防水系统和泡沫灭火系统，消防水试喷淋。检修期间值班人员确保消防水罐水位不低于 80%。停工检修期间，如有高风险动火作业，须联系消防站，派消防车到现场待命。

（2）停工检修前，要检查特种作业票、气体检测仪、正压式呼吸器、救护担架及急救箱，确保数量齐备，质量完好，方便取用。

（3）检修服务供应商应根据承担的检修工作任务，制定检修 HSE 作业计划书，经属地负责人审核、开发部分管领导审批、开发部备案后方准施工。属地应在检修作业前，明确各检修项目负责人，落实属地管理责任。检修项目负责人应对检修安全工作负全面责任，并指定专人负责整个检修作业过程的安全工作。

（4）承担装置检修工作任务的服务供应商，应根据检修方案组织编写施工方案，经属地负责人审核、开发部分管领导审批、开发部备案后方准施工。

（5）开发部二级培训、属地三级培训时，应对承担装置检修的服务供应商人员进行核查，确保服务供应商参检人员具备检修施工作业相适应的资质，人员熟知本岗位的安全技术规程，人员身体状况满足相应工作要求。

（6）属地做好人员、设备、机具、物料等入场检查验收，并实施目视化管理，凡不符合作业安全要求的工器具不得入场。

（7）各项施工作业，须严格遵守方案，不得随意变更。确需变更的，需请示现场检修组织或更高组织，征得同意后方可变更。

（8）检修前，要对项目长进行培训，确保项目长熟悉检修方案，掌握安全要求。检修过程中，项目长作为各个检修小项目现场第一负责人，必须组织、协调好现场检修人员，密切掌握检修各环节动态，发现异常情况果断处理，并立即上报现场各检修组。

（9）装置置换清洗前，必须进行能量隔离、上锁挂签，办理相关高危作业工作许可证。

（10）置换清洗时，应根据工艺系统内部的易燃易爆、有毒有害介质的理化特性，选择合适的置换清洗介质和方法。

（11）装置置换完成后，应在管线入口、出口取若干点进行置换介质浓度检测；置换后，可燃气体的含量必须满足油田公司《工业动火安全管理标准》的相关要求；各种设备、管线从最低处打开阀门或法兰不见油；盲板隔离、地漏及下水井封堵合格；置换过程中产生的废液和废弃物，必须回收处理，严禁就地排放或排入下水系统。

（12）装置置换完成后，由属地现场负责人、施工单位现场负责人共同验收，并签字认可。

（13）对不具备隔断、置换条件的设备、管道进行施工作业时，必须制定有效的风险控制措施和应急预案，经检修项目长批准后执行。

（14）凡停工检修的设备与其他工艺系统连接处，必须有效隔离，确保施工安全，凡需加装盲板，必须现场悬挂盲板标识牌，填写盲板表，严格执行《管线打开作业许可证》，阀门隔断的必须上锁挂签测试并做好记录。

（15）检修装置与外界相连的阀门，需上锁挂签测试，检修过程中任何人不得随意操作阀门，如因检修迫切需要或发生紧急情况，应征得现场检修组同意，由操作人员操作。

（16）设备和管线动火必须采取严格的动火作业管理安全防护措施，每项检修作业，动火监护人和监督人必须到场，灭火器材严格就位，气体检测必须合格。初次动火时，必须经现场检修组检查合格之后，方可动火。

（17）检修人员进入塔和容器内部之前，气体必须检测合格，在通风良好和有专人监护情况下，方可进入。根据实际情况，必要时做到全程检测，认真严格做好检测数据记录。

（18）受限空间监护人员必须坚守岗位，加强观察，随时与设备内检修作业人员联系，随时准备应付紧急情况。监护人员除向检修人员递送工具、材料外，不得从事其他工作，更不准擅离岗位。

（19）对在基准面2m以上（含2m）的施工作业，搭设脚手架作业（检查原作业平台安全可靠）。没有条件安装脚手架的地方，检修人员佩戴五点式双挂全身式安全带，严格做到高挂低用。

（20）容器、塔内检修作业结束后，必须对容器内部进行清理，并检查修保情况，经项目负责人和质量验收组确认，并填写容器封闭前确认表后，方可封闭。

（21）设备试压、管线试压等项目进行前，按照盲板图进行有效隔离。

（22）做好工序安排，避免交叉作业。

（23）现场检修组、安全监督组、质量验收组、各项目长要不定期检查作业人员身体状况和精神状态，避免疲劳作业。

（24）检修过程严格执行确认制度，防止有毒气体渗漏，引起人员中毒，避免蒸汽、高温液体烫伤等事故事件发生。

（25）检修过程中防止污染环境，在现场准备一定数量的毛毡、垃圾桶、污油槽，收集垃圾和污油。随时检查污水阀井可燃气体浓度，防止含油污水或污油进入非密闭排污系统。各检修组坚持做到工完料尽场地清。

（26）属地应在检修开始前，对检修服务供应商开展施工交底、安全交底，并共同开展风险评估工作。

（27）在装置检修期间应开好班前安全会、班后协调会、检修总结会等各项会议，严把现场管理和施工质量关，做到检修期间全程安全监护。

（28）装置检修期间，发生关键人员（负责人、特种作业人员、QHSE管理人员、设备管理人员、监理/监督人员等）变更，应严格按照人员变更相关程序执行，接替人员在能力评估合格，并与离职人员交接完毕后，方可上岗。

（29）检修作业前，属地应向施工单位明确施工作业区域的范围、危险点源及安全管理要求，提供安全作业所需的环境条件，对作业人员进行安全教育及再次安全交底。

（30）装置检修期间，应划定施工区域并进行隔离，施工作业人员禁止进入其他生产区域，无关人员严禁进入施工作业区域。

（31）油气装置检修应做到文明检修，即：

①三不落地：零配件不落地；工具、量具不落地；油污、油物不落地。

②三条线：工具摆放一条线；配件零件摆放一条线；材料设备摆放一条线。

③五不乱用：不乱用大锤、管钳、扁铲；不乱用设备的零配件；不乱拆乱卸乱顶替；不乱动其他设备；不乱打破保温层。

（32）装置检修期间，开发部机关生产、设备、物资等管理、技术科室应到现场，及时协调解决基层生产单位的困难和问题，做好技术支持和保障工作。

（33）装置开工前，应组织开展投运前安全审查。对于投运前安全审查出的全部必改项，整改完成并验收合格后，方可进入开工程序。遗留项问题，要安排专人组织限期整改。

（34）装置开工前，应组织所有参加开工的人员，对经过逐级审批的开工方案和相应的应急预案进行学习、交底。

（35）在第三方开展检验检测期间，属地应安排专人全程参与，做好配合、安全监督监护工作，确保检验检测结果真实、准确。

（36）装置检修期间，属地应根据天气情况，合理安排检修期间作息时间，尽量避免在气温较高的时段施工。

（37）装置检修现场应在合适区域配备足量的防暑降温饮料和药品。

（38）装置检修期间，应安排经验丰富的医生值班，并配备相应的药品和急救设备，发生中暑、受伤、窒息等突发事件时，能及时反应并给予对应的救治。

（39）在签订检修作业合同时，应同时签订 HSE 合同，明确安全职责，并严格执行合同各项条款。

（40）检修服务供应商所有人员，必须接受检修前安全教育培训和考核评估，评估不合格者不准进入现场作业。

（41）检修方案及施工方案中，应针对具体的工作内容，制定相应的安全措施，可能造成严重后果的作业，应制定专项应急预案，并于检修前组织演练。

（42）装置检修期间，各项目负责人应组织对所负责的检修项目进行工作安全分析，制定风险控制措施。

（43）在每项检修作业开始前，各项目负责人应对检修作业相关人员进行现场技术和安全交底工作，使其明白作业内容和项目、施工方案、风险及危害、避险措施等。

（44）检修队伍应配备专职或兼职安全员，处理站应明确专职安全员。检修作业期间，安全员应在作业现场进行巡查或旁站监督。

（45）在每项作业开始前，属地单位必须按照检修方案、HSE 作业计划书以及特种作业许可中的要求，检查并落实各项安全措施。

（46）检修作业人员在检修期间，应按规定正确穿戴劳动保护用品。

（47）检修过程中涉及工业动火、受限空间作业、管线打开、高处作业、吊装作业、挖掘作业、临时用电等高危作业时，必须严格执行相应作业安全管理标准，由施工作业人员和技术人员共同分析危险因素，研究制定、落实安全措施，办理相应施工作业手续。

（48）两个及以上作业单位在同一作业区域内进行施工作业，应当制定交叉作业方案后，一同交属地主管办理安全工作许可证，协议内容至少包括：作业区域、施工内容、采取的安全措施、相互的安全承诺、专职安全人员姓名，并施工双方负责人签字确认。

（49）交叉作业必须实施安全交底，并指定监护人，交叉作业为同一单位的可指定一人实施监护，交叉作业为两个单位的，每个单位指定一个监护人，同时明确双方权利义务及职责划分。

（50）检修期间如确实需要夜间作业，作业场所应设置满足要求的照明装置，并安排专人监护。

（51）开发部在检修期间，至少组织一次对本单位装置检修的现场专项检查。装置检修工作专项检查的主要内容包含但不限于：检修制度的建设及执行情况、检修安全管理情况、检修组织情况、检修队伍现场表现、检修物资及检修质量的验收等。

3.4.5 检修环境保护措施

3.4.5.1 装置泄压过程中环保措施

（1）装置泄压尽量采用密闭方式进行，将大部分压力泄放回收，剩余压力必须通过放空火炬排放，保证完全燃烧。

（2）装置排液尽量压至下游装置回收，残液液体通过接管排入油桶、油罐，并倒入污油收油槽回收。

（3）现场需要接临时管线排液的排液点，下方加铺毛毡、塑料布，防止污油落地。

3.4.5.2 装置检修期间环保措施

（1）换热器抽芯作业时，在封头下方铺毛毡及塑料布。清洗换热器管束时，要在清洗槽内清洗，污水不能随意排放，统一拉运至隔油池处理。

（2）容器清淤作业时，在人孔周边铺毛毡，设置清淤滑道，清入污泥槽，拉运至隔油池统一处理。

（3）其他涉及管线打开的作业时，要将管线内的残液利用压液或者现场油槽（油桶）收液的方式，排放干净后方可施工，排液点下方加铺毛毡、塑料布，防止污油落地。

3.4.5.3 检修产生的固体和液体废物处置

（1）在现场作业点产生的固体废物，由产生单位将危险废物、一般工业固体垃圾和生活垃圾进行区分和收集，由属地部门进行监督，由检修单位及时拉运至固废场进行分类处理。

（2）检修产生的含油污泥转移到隔油池，待开发部按照危险废物管理程序统一进行无害化处理。

（3）检修产生的污油和污水，由检修单位现场采用油槽（油桶）方式收集，并拉至隔油池处理。

3.4.5.4 其他

（1）现场拆装保温作业时，保温棉要存放在密闭塑料布中，防止保温棉碎片散落地面。

（2）排液桶、排污槽要及时清洗，回收油污。

（3）现场作业时，拆下的零配件、阀门下面必须铺有毛毡，摆放整齐，且不直接接触地面，防止磕碰，造成损伤。

（4）属地主管及检修项目长负责监督检查检修过程中清洁检修落实情况，检修施工人员有违反清洁检修专项方案的行为，应及时制止并叫停施工，经整改完成后方可复工。

3.5 应急处置

3.5.1 应急处置原则

（1）坚持先救人，后救火的原则。

（2）服从指挥，所有检修相关人员各负其责、团结协作，共同处理。

（3）切断与险情有关的一切工艺联系，倒好流程，把灾情控制在最小范围内，防止事态扩大。

（4）及时汇报险情情况。

（5）严格按应急预案的规定实施。

（6）当发生险情时，启用处理厂应急预案。

3.5.2 应急预案编制

处理厂根据检修实际情况编制相应的应急预案，应包括但不限于以下预案：火灾、烧伤或烫伤、爆炸、中毒、高空跌落、触电、中暑（夏季检修）、冻伤（冬季检修）等。

3.5.3 应急预案培训

（1）应急小组组长，总体负责应急预案的培训工作。

（2）培训对象应分成两个层次：一层是应急组织的成员，由应急小组组长与各专业小组组长共同负责完成；另一层是仅仅需要了解预案、随时接受应急指令的其他人员，由各自单位主管负责落实。

（3）培训可采取课堂学习、实践课程和演练等形式。预案的修订和发布，应及时告知所有相关人员，并组织相应培训。

3.5.4 应急指挥点的设置

（1）选择一个主要的应急指挥点，同时还应有一个或多个备用。应急指挥点应当远离可能的危害，并对人员和设备提供最大限度的安全防护。应当首选非燃烧体建筑物或是钢结构或是钢筋混凝土结构。该场所应当至少有两个出口并且足够的通风，以及能防护爆炸碎片。

（2）应急指挥点所需的器材和设施应当是现成可用的。

3.5.5 紧急报警信号

紧急报警信号必须符合下列条件：
（1）能够立即通知到生产区域内应急组织成员；
（2）能够通知到生产区域的所有人员；
（3）能够在断电时正常报警，并有自备电源；
（4）应有备用警报系统和多个报警启动按钮。

3.5.6 撤离

撤离预案的计划和培训应当包括：
（1）撤离行动的基本原则；
（2）撤离行动的授权；
（3）撤离通知的信息沟通；
（4）撤离线路和紧急集合点的位置；
（5）救援设备的位置；
（6）风向判定；
（7）撤离人数统计核实。

某处理站逃生路线如图 3.23 所示。

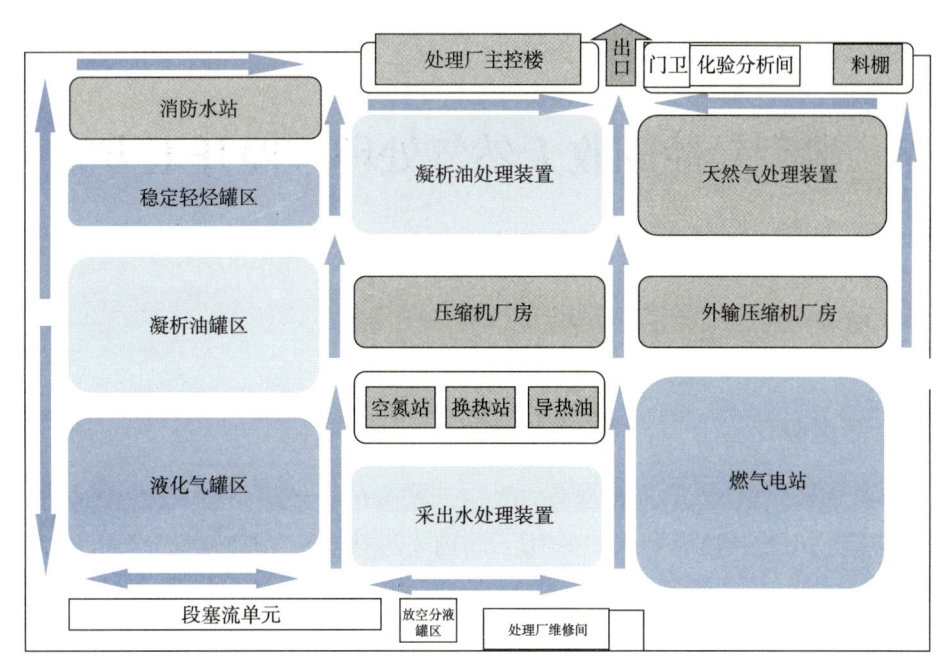

图 3.23　某处理站逃生路线图

4 典型轻烃回收天然气处理厂停开工方案

4.1 厂区概况

4.1.1 厂区简介

大庆油田北 I-2 深冷站是油田气处理装置及配套的辅助、公用工程设施为一体的油气初加工装置。2010 年 12 月投产，采用了国内先进技术，是大庆油田第一套全国产化设备。装置设计能力为日处理天然气 $90 \times 10^4 m^3$，操作弹性为 80%～120%，日产轻烃 145～184t，外输商品气为 $(80～82) \times 10^4 m^3$。

油田伴生气通过集配气阀组进入北 I-2 深冷装置，经压缩单元三级增压后，去脱水单元进行脱水，脱水后原料气经膨胀机带动的同轴增压机进行四级增压，然后进入冷冻分离单元。天然气在冷冻分离单元通过丙烷辅助制冷、膨胀机膨胀制冷和脱甲烷的高效分离，得到干气和轻烃。干气少部分作为站内燃料气，其余送至集配气单元外输，分别进入外输气和返输气系统；轻烃去轻烃储罐经外输泵加压后进入轻烃外输管网输往轻烃总库；装置产生的生产污水排入二次闪蒸罐进行烃、气、水三相分离后，烃通过重烃泵输送重烃储罐，沉降分离后的重烃同样经外输泵加压外输；气相回到压缩机入口；含油污水经污水泵增压后去北 I-2 联污水处理站污水回注。

北 I-2 深冷装置主要划分为 3 个单元，分别为压缩单元、脱水单元、冷冻分离单元（图 4.1）。

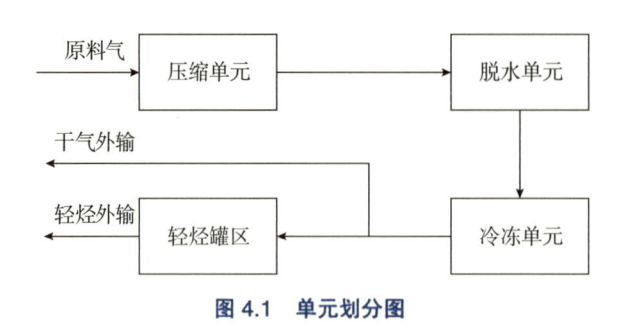

图 4.1 单元划分图

4.1.2 厂区工艺流程

4.1.2.1 压缩单元

压缩单元流程如图 4.2 所示。

4 典型轻烃回收天然气处理厂停开工方案

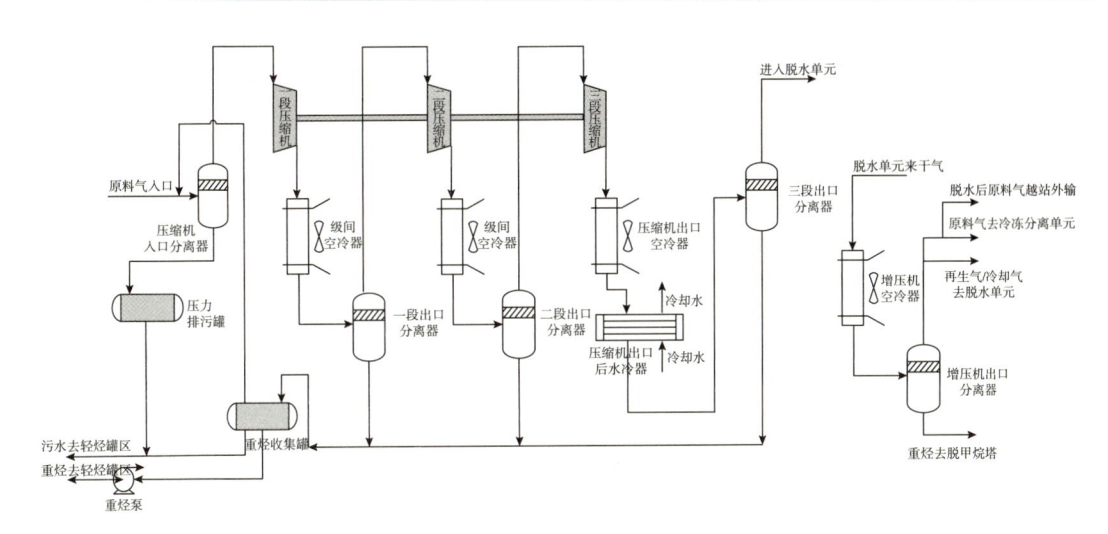

图 4.2 压缩单元流程图

自集配气单元来的天然气经入口压力调节阀（102-PV120A）调压后（0.05～0.1MPa，-5～20℃）首先进入天然气处理装置的压缩机入口分离器（D-10201），分离出游离液滴、固体杂质。分离后的天然气进入由电机驱动的离心式压缩机（C-10201），经3级压缩增压至3.7MPa；压缩机的各级间冷却均采用空冷器（A-10201、A-10202）冷却至40℃，冷器设变频调节。冷却后的气体分别进入级间分离器（D-10202、D-10203）进行分离。压缩机三级出口气体进入压缩机出口空冷器（A-10203）被冷却至45℃，再经压缩机出口后水冷器（E-10201）被冷却到40℃，最后进入压缩机出口分离器（D-10204），分离出凝液和游离水。D-10201分离出来的液体进入压力排污罐（D-10206）。D-10202至D-10204分离出来的液体进入重烃收集罐（D-10205）进行烃、气、水三相分离，罐气相压力控制为0.5MPa；闪蒸气返回压缩机入口。烃经重烃泵（P-10201/1、2）加压后去轻烃罐区的重烃储罐；含油污水利用自压压送到轻烃罐区的二次闪蒸罐。

经过脱水的天然气进入膨胀机同轴带动的增压机进行四级增压，压力由3.5MPa升至4.35MPa，经增压机空冷器（A-10204）冷却后至40℃，进入增压机出口分离器（D-10207）分离，分离后气体进入冷冻分离单元，液体进入脱甲烷塔。

4.1.2.2 脱水单元

脱水单元流程如图4.3所示。

经三级压缩后的原料气，压力为3.6MPa，温度为40℃，首先进入过滤分离器（F-10301），靠聚结分离脱除原料气中的润滑油和烃、水雾滴，再进入吸附器（D-10301/1、2）进行脱水。脱水采用两塔流程，一塔吸附，一塔再生和冷却，吸附周期为8h，两台吸附器内装填分子筛吸附剂，将原料气含水脱除至1×10^{-6}（体积分数）以下。脱水后的气体首先进入干气过滤器 F-10302/1、2，过滤掉5μm以上的粉尘，脱水后的气体去膨胀机同轴增压机进行四级增压。

吸附器脱水、再生、冷却操作过程的切换通过DCS对程控阀进行时间控制来完成，一塔处于干燥吸附状态，一塔处于再生和冷却过程，两个塔交替循环使用满足连续干燥

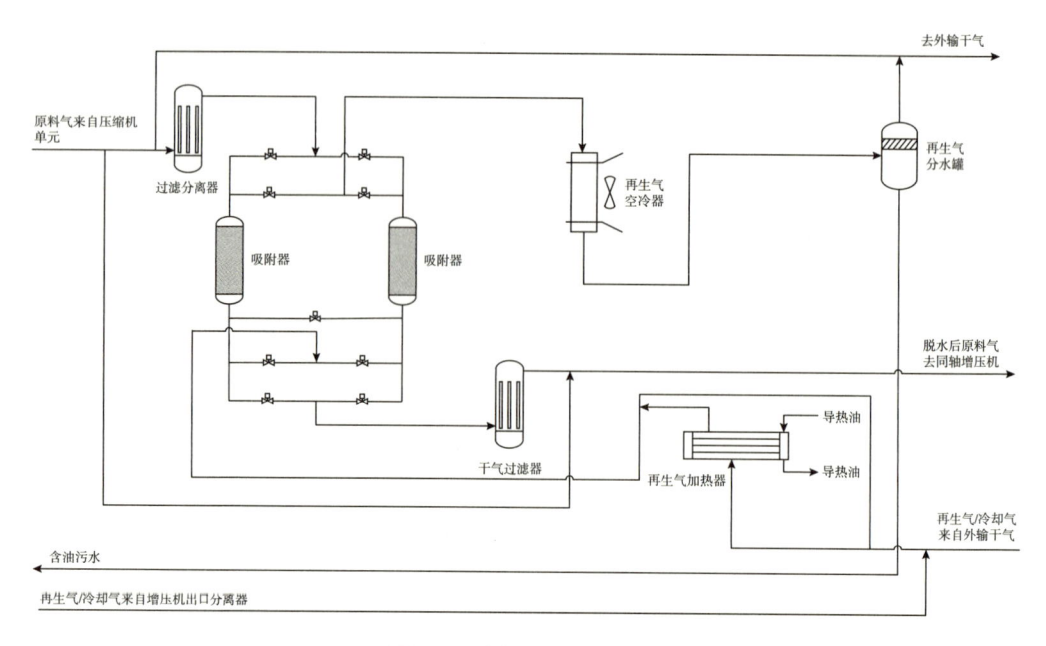

图 4.3 脱水单元流程简图

的目的。

脱水单元根据再生气的取气点不同，按两种工况设计，工况一称为等压再生，吸附器的再生气和冷却气取增压机出口分离器出口的气体，再生后返回至原料气至脱水单元入口。工况二称为降压再生，吸附器的再生气和冷却气取自外输干气调节阀前，再生后返回到外输干气调节阀后，冬季运行时返回到压缩机入口。

吸附器再生操作时，再生气首先进入再生气加热器 E-10301 加热至 230～250℃后，去吸附器加热脱除干燥剂中的水分，然后通过再生气过滤器过滤掉分子筛粉尘再经再生气空冷器 A-10301 冷却至 40℃，进入再生气分水罐 D-10302 分离出冷凝下来的水。

过滤分离器排污和再生气分水罐分离出来的含油污水与压缩单元的污水一同压送到轻烃罐区的二次闪蒸罐。再生气分水罐设有液位高报警（0.65m）及液位超高（1.1m）联锁。进吸附器原料气设有开工线，用于装置启车时原料气压缩机试运。

4.1.2.3 冷冻分离单元

冷冻单元流程如图 4.4 所示。

来自增压机出口分离器的原料气，压力为 4.3MPa，温度为 40℃，分成三路进行换热。第一路原料气进入冷箱Ⅰ（E-10401/E-10402），作为脱甲烷塔重沸器/侧沸器热源，重沸器出口温度是通过调节阀的开度改变进入冷箱原料气的流量来控制；第三路少量的原料气进入烃气换热器（E-10406）与塔底轻烃换热。第二路原料气进入冷箱Ⅱ首先在一级贫富气换热器（E-10403）内与脱甲烷塔顶干气换热后，再与烃气换热器（E-10406）出口第三路气体混合一同进入丙烷制冷机组的蒸发器内被冷却至 −7～−2℃，进入二级贫富气换热器（E-10404）继续与塔顶干气换热，被冷却至 −51～−40℃，与第一路的重沸器/侧沸器（E-10401/E-10402）出口气混合进入低温分离器（D-10401）进行气液分离。气相去膨胀机

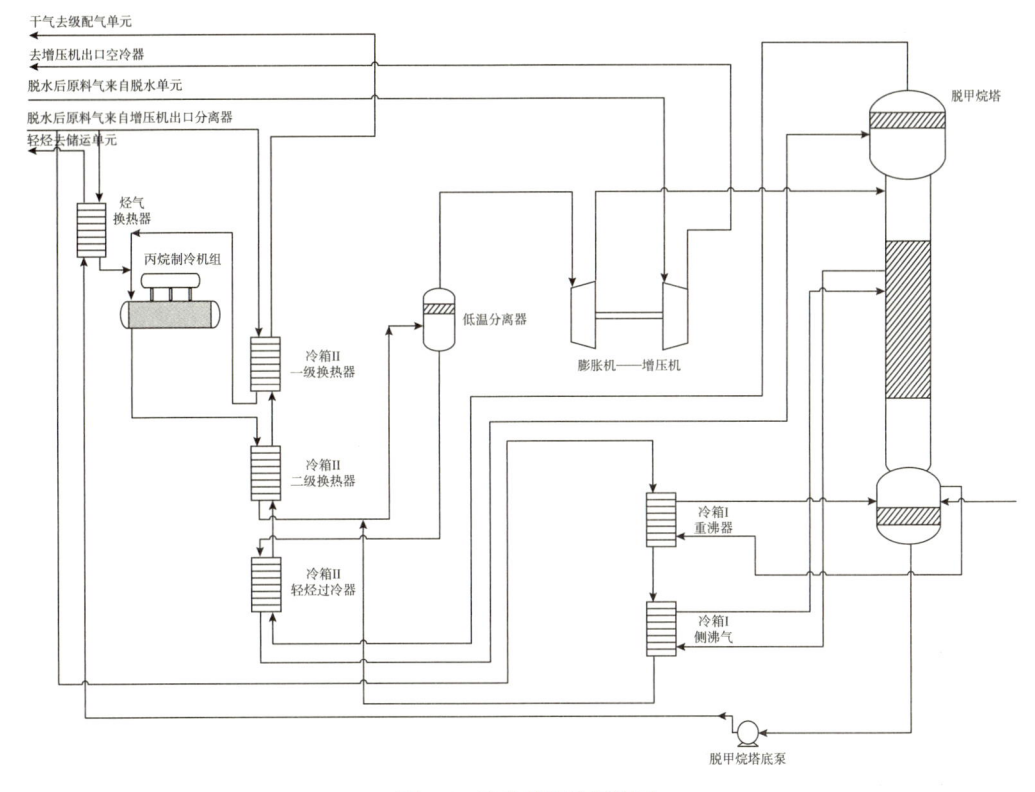

图 4.4 冷冻单元流程简图

X-10401 膨胀至 1.35 MPa，温度降至 -84.6℃，进入脱甲烷塔吸收段与分离段之间。分离后的液相进入轻烃过冷器（E-10405）与塔顶气换热，温度降至 -77.3℃，然后经低温分离器液位控制阀节流至 -82.4℃，进入脱甲烷塔吸收段顶部作为过冷回流，低温分离器设有液位高（1.2m）、低（0.3m）报警及超高联锁开关，当达到液位开关时联锁停膨胀机。

脱甲烷塔采用填料塔，设高效规整填料和高弹性液体分布器。填料层共设 3 段，塔顶的最上一段填料层为吸收段填料层，下面两段填料层为分离段填料层。塔顶吸收段填料层的上接收来自（E-10405）过冷轻烃，中部分离段填料层的上接收来自膨胀机出口物料，下部分离段填料层上设一侧线抽出塔盘，液体从塔盘抽出，在侧沸器（E-10402）中与原料气换热，部分汽化，返回到侧线抽出塔盘之下。塔釜上部设一重沸抽出塔盘，液体从塔盘抽出，在重沸器（E-10401）中与原料气换热到 8℃，温度由原料气线上的调节阀来控制，控制塔底温度。从塔盘抽出的液体通过热虹吸式循环回到塔内。

脱甲烷塔顶干气进入冷箱Ⅱ，依次经过轻烃过冷器（E-10405）、二级贫富气换热器（E-10404）、一级贫富气换热器（E-10403）换热后作为干气外输。脱甲烷塔塔压通过冷箱Ⅱ出口的干气调节阀控制在 1.35MPa。

脱甲烷塔底轻烃经塔底泵（P-10401/1，2）加压计量后在换热器（E-10406）中第三路原料气换热至 20℃后输送至轻烃罐区。轻烃温度由原料气线上的调节阀来控制。

4.2 停工方案

装置计划停工主要是指按照调度令，或根据装置存在的实际问题申请停工，包括装置检修停工，装置运行中出现渗漏（设备、阀门、法兰等）需要处理的停工，以及辅助系统出现故障需要处理的停工等。

4.2.1 停工准备

（1）提前一天上报停机申请，等待调度室通知停工。

（2）根据生产情况，减少入口气量，降低装置负荷，调整入口气量在 30000m^3/h 左右，缓慢将脱甲烷塔压力降至 1.0MPa。

（3）如长时间停工或检修停工，需退净装置内物料。首先降低各个液位调节阀的设定值，降低压缩机入口分离器 D-10201、一级出口分离器 D-10202、二级出口分离器 D-10203、三级出口分离器 D-10204、增压机出口分离器 D-10205、重烃收集罐 D-10206、低温分离器 D-10401、脱甲烷塔 T-10401。液位降到 0 时，依次手动开跨线阀将各罐内液体排净后，关闭跨线阀。充压排净压缩单元的压力排污罐 D-10206 内的液体后关闭排液阀。手动开大除油器 D-10101/2 排液阀排净后，充压排净集配气压力排污罐 D-10102 内的液体后关闭排液阀。

最后分别启泵排净二次闪蒸罐、重烃储罐、轻烃储罐内的液体。

注：非检修停机也可不退物料。

（4）分子筛脱水装置应该处于一台工作一台冷吹完毕状态。

（5）待接到调度停工通知，开始停工操作。

4.2.2 停工进度管理

在做好停工各项准备工作后，按照停膨胀机、停丙烷机、停原料气压缩机、装置泄压、停工后处理、盲板加装的顺序开展停工工作（图 4.5）。

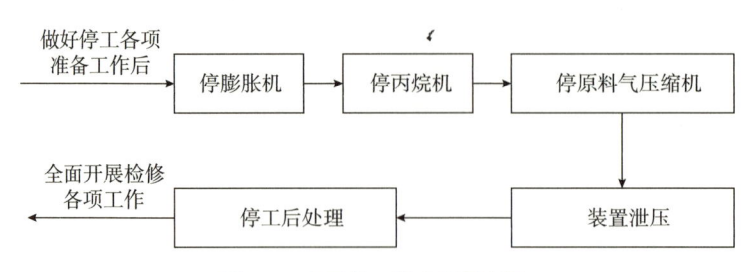

图 4.5 全厂停工进度管理流程

4.2.3 分单元停工方案

4.2.3.1 停膨胀机

（1）逐步降低 J—T 阀设定压力，增压机回流阀自动调节，逐步关闭膨胀机入口喷嘴，降低膨胀机转速，将转速降至 10000r/min 左右。将三级出口压力控制在 3.0MPa 左右。现场按下控制盘上的"膨胀机停机"按钮，确认膨胀机入口关断阀已关闭。

（2）膨胀机停机时应手动开大 J—T 阀，防止三级出口憋压。如果为短期停机，密封气和润滑油继续运行，工艺系统处于充压状态；如果为长期停机，则继续以下步骤。

（3）关闭增压机进、出口阀，关闭膨胀机进、出口阀。

（4）保持密封气和润滑油系统运行 30min 左右。

（5）膨胀机/增压机轴温下降后，停润滑油系统。把辅助油泵的手/停/自动转换开关至停止位置，停主油泵，防止辅助油泵不必要的启动。

（6）保持密封气系统继续运行，缓慢关闭密封气，但必须保证密封气压力稍大于油箱压力。

（7）打开油箱对火炬放空阀，关闭油箱去压缩机入口分离器阀。

（8）当油箱压力降为 0.1MPa 以下，全关密封气。

（9）打开膨胀机/增压机壳体放空阀对火炬放空。

4.2.3.2　停丙烷机

（1）打开天然气进蒸发器旁通阀，手动控制能量滑阀至 10% 以下。

（2）在控制面板上按手动停机键，丙烷机会自动减载后停运。

（3）将系统自动控制器设置在停机模式上。

（4）切断控制盘和控制柜电源。

4.2.3.3　停原料气压缩机

（1）继续降低压缩机入口气量。同时自动开启压缩机一级、二级回流防喘振阀，直至全开。

（2）如检修停机要确定各级间罐液体已排净，排空时注意下游储罐压力变化，防止超压。

（3）在控制室压缩机控制系统盘面上手动点击"正常停机"按钮，压缩机组停运。短时间停压缩机可以不停辅助设备。

（4）停运各级空冷器。

（5）关闭高、低压缸干气密封缓冲气。

（6）待 ME 系统显示压缩机转速为零时，现场盘车运行 5min。

（7）高、低压缸压力为零时，关闭高、低压缸干气密封主密封气。

（8）将润滑油辅助油泵开关旋至停位置，再停主润滑油泵，待高位油箱润滑油全部回到油箱后，关闭高、低压缸干气密封隔离气。

（9）停电动机冷却水系统。

（10）压缩机组停运后，整个装置按照装置停运处理。

4.2.3.4　装置泄压

（1）停原料气压缩机时，压缩机入口放空阀 102-PV120B 会失电全开，对压缩单元泄压。压缩机一级、二级回流防喘振阀 102-FV130、102-FV131 同时也会处于失电全开状态。压缩机入口阀 02-PV-120A 自动完全关闭。

（2）如短期内启机，脱水单元、低温分离单元和系统内可以保压。

（3）如需停机检修，在 ME 系统上手动打开脱甲烷塔顶放空阀，对脱水单元和冷冻单元泄压。

4.2.3.5 停工后处理

（1）导热油炉逐步减低负荷，将导热油出炉温度设到 200℃，如需停运导热油系统，需先停运燃烧机，待油温降至 100℃以下时，再停循环泵，冬季不可停运导热油系统。

（2）启动各台设备的油箱电加热器（压缩机、丙烷机、膨胀机），保证油温。

（3）停运润滑油泵前需切断油冷器循环水进出口阀，为避免油冷器管束存在内漏而造成油系统被水污染。

4.2.3.6 冬季停工防冻操作

（1）冬季停机要保证各台水冷器供、回水流通。如果检修水冷器，需打开跨线阀，保持循环水的正常流动。

（2）冬季正常停机后，及时停运空冷器。岗位人员要每小时检查确保伴热系统正常工作，对再生气分水罐、各台分离器排液线、管廊架上的排液线、外输气和返输气计量、燃料气及火炬系统电伴热情况进行检查，发现问题及时处理。各厂房轴流风机一侧运行，一侧停运。

（3）装置停运后，确保集配气单元、压缩单元、脱水单元的排液线、低点排污以及容器就地磁翻板液位计的伴热保证正常（表 4.1），以免出现冻堵情况。对于重烃收集罐及二次闪蒸罐排液线的防冻堵措施，在保证伴热保温工作正常的情况下，在停机前罐内留有一定量的液体（50% 较合适），可通过间歇性（每隔 2h 较合适）的启动重烃泵或污水泵方式，保证管线内部不冻堵。

表 4.1 北 I-2 深冷装置区湿气系统易冻堵部位识别表

序号	易冻部位
1	集配气单元的5条进站湿气（-5~20℃）集配气管线低点排液线
2	除油器（D-10101/1，2）排液线、压力排污罐（D-10102）低点排污线
3	燃料气缓冲罐（D-10103）低点排液线；燃料气调节箱低点
4	压缩机入口分离器（D-10201）排液线及液位计连通管；压缩机级间分离器（D-10202、D-10203）、压缩机出口分离器（D-10204）排液线及液位计连通管；压力排污罐（D-10206）排液线；压缩机级间空冷器及再生气空冷器管束、封头
5	再生气分水罐（D-10302）排液线及液位计连通管
6	重烃收集罐（D-10205）污水排液线；重烃储罐分液包排液线及液位计；二次闪蒸罐（D-10502）污水入口线、液位计、连通管及排液线及下游系统污水排放管线
7	过滤分离器（F-10301）排液线、液位计、连通管、排液线及下游系统污水排放管线
8	火炬暖气分液罐（D-10601）、压力排污罐（D-10603）排液线及液位计连通管的液相出口管线以及至下游系统污水排放管线
9	重烃储罐至外输泵入口滤网及管线
10	循环水系统的末端，室外水冷器，消防水井
11	外输气和返输气计量低点

（4）若装置停运时间较长，可将空冷器管束封头处低点排污阀通过胶管引至站外排放，以确保管束不被冻裂。

（5）对于装置区湿气系统保温不好的部位，可在保温铁皮外侧缠绕玻璃丝岩棉，以增加保温效果，并且根据情况定时排液。

4.3 开工方案

4.3.1 开工准备

（1）确认装置供电系统投入正常运行。
（2）确认仪表风汇管压力为 0.5～0.6MPa，现场确认各气动阀门的仪表风已正常供给。
（3）确保循环水系统正常工作，来水压力为 0.4～0.5MPa，来水温度小于 33℃。
（4）确认氮气气源压力达到 0.4～0.6 MPa。
（5）确认控制室内压缩机、丙烷机、膨胀机所有联锁报警回路测试正常，联校完毕；确认 ESD 系统已备用；确认火气系统已备用。
（6）确认各系统流程已导通，阀位状态正确（表 4.2），干燥器程控阀阀位状态与停机时相同。

表 4.2 装置启机前阀位对照表

名称	阀门名称	阀门位号	阀门状态	备注
一级入口分离器（D-10201）	102-LV120前切断阀	GAV10205	打开	
	102-LV120后切断阀	GAV10206	打开	
	102-LV101旁通阀	GOV10201	关闭	
一级出口分离器（D-10202）	102-LV121前切断阀	GAV10237	打开	
	102-LV121后切断阀	GAV10238	打开	
	102-LV121旁通阀	GOV10204	关闭	
二级出口分离器（D-10203）	102-LV122前切断阀	GAV10239	打开	
	102-LV122后切断阀	GAV10240	打开	
	102-LV122旁通阀	GOV10205	关闭	
三级出口分离器（D-10204）	102-LV123前切断阀	GAV10244	打开	
	102-LV123后切断阀	GAV10245	打开	
	102-LV123旁通阀	GOV10208	关闭	
压缩单元压力排污罐（D-10205）	充压阀	GOV10217	关闭	
	进液阀	GAV10265	打开	
	排液阀	GOV10215	关闭	

续表

名称	阀门名称	阀门位号	阀门状态	备注
重烃收集罐（D-10206）	重烃出口阀	GAV10264	打开	
	102-PV102前切断阀	GAV10208	打开	
	102-PV102后切断阀	GAV10209	打开	
	102-PV102阀旁通阀	GOV10202	关闭	
	102-LV104前切断阀	GAV10212	打开	
	102-LV104后切断阀	GAV10213	打开	
	102-LV104旁通阀	GOV10203	关闭	
重烃流量计	102FQR102前切断阀	GAV10281	打开	
	102FQR102后切断阀	GAV10280	打开	
	102FQR102跨线阀	GAV10282	关闭	
一级空冷器	两个入口阀	GAV10221，GAV10222	打开	
	两个出口阀	CAV10223，GAV10224	打开	
二级空冷器	两个入口阀	GAV10225，GAV10226	打开	
	两个出口阀	GAV10227，GAV10228	打开	
三级空冷器	两个入口阀	GAV10229，GAV10230	打开	
	两个出口阀	GAV10231，GAV10232	打开	
后水冷器	入口阀	GAV10241	打开	
	出口阀	GAV10242	打开	
	跨线阀	GAV10243	关闭	
过滤分离器	入口球阀	BAV10303	打开	
	出口球阀	BAV10304	打开	
	上部排液阀	GOV10308	关闭	
	下部排液阀	GAV10304	关闭	
	跨线阀	BAV10301	关闭	
开工线	脱水单元跨线	BAV10313	关闭	
1#干气粉尘过滤器	入口球阀	BAV10305	打开	
	出口球阀	BAV10306	打开	
	排液阀	GAV10308	关闭	
2#干气粉尘过滤器	入口球阀	BAV10307	关闭	
	出口球阀	BAV10308	关闭	
	排液阀	GAV10310	关闭	
同轴膨胀—增压机组	增压机入口	GAV10440	关闭	
	增压机出口	GAV10439	关闭	
	膨胀机入口	LGAV10412	关闭	
	膨胀机出口	LGAV10411	关闭	
增压机出口空冷器	两个入口阀	GAV10233，GAV10234	打开	
	两个出口阀	GAV10235，GAV10236	打开	

4 典型轻烃回收天然气处理厂停开工方案

续表

名称	阀门名称	阀门位号	阀门状态	备注
增压机出口分离器	102-LV105前切断阀	GAV10248	打开	
	102-LV105后切断阀	LGAV10201	打开	
	102-LV105旁通阀	LGOV10201	关闭	
压缩机密封气	总阀	GAV10253	打开	
等压再生气	总阀	GAV10246	关闭	
越站	102-PV-103前切断阀	GAV10250	打开	
	102-PV-103后切断阀	GAV10251	打开	
	102-PV-103旁通阀	GOV10207	关闭	
装置外输气总阀	球阀	BAV10405	打开	
冷箱入口1#过滤器	前球阀	GAV10401	打开	
	后球阀	GAV10402	打开	
冷箱入口2#过滤器	前球阀	GAV10403	关闭	
	后球阀	GAV10404	关闭	
丙烷蒸发器	原料气入口	—	关闭	
	原料气出口	—	关闭	
	蒸发器跨线	—	打开	
原料气去冷箱II	总阀GOV10420	—	打开	
冷箱I	104-TV-113前切断阀	GAV10427	打开	
	104-TV-113后切断阀	GAV10428	打开	
	104-TV-113跨线阀	GOV10404	关闭	
烃气换热器	104-TV-119前切断阀	GAV10403	打开	
	104-TV-119后切断阀	GAV10404	打开	
	104-TV-119跨线阀	GOV10401	关闭	
低温分离器	104-LV-101前切断阀	LGAV10408	打开	
	104-LV-101后切断阀	LGAV10409	打开	
	104-LV-101旁通阀	LGOV10401	关闭	
脱甲烷塔	104-PV-110前切断阀	GAV10419	打开	
	104-PV-110后切断阀	GAV10435	打开	
	104-PV-110跨线阀	GOV10403	关闭	
	液相出口总阀	LGAV10406	打开	
	104-LV-102前切断阀	GAV10430	打开	
	104-LV-102后切断阀	GAV10429	打开	
	104-LV-102跨线阀	GOV10405	关闭	
	塔底泵最小回流进塔阀	LGAV10413	打开	
1#塔底泵	入口阀	LGAV10406/2	关闭	
	出口阀	GAV10434	关闭	
	塔底泵回流阀	LGAV10420/2	打开	

159

续表

名称	阀门名称	阀门位号	阀门状态	备注
2#塔底泵	入口阀	LGAV10406/3	关闭	
	出口阀	GAV10433	关闭	
塔底轻烃流量计	104-FQR102前切断阀	GAV10432	打开	
	104-FQR102后切断阀	GAV10431	打开	
	104-FQR102跨线阀	GAV10409	关闭	
罐区阀组	105-LV101轻烃总阀	GAV10531	打开	
	105-LV104重烃总阀	GAV10540	打开	
	扫线轻烃总阀	GAV10532	打开	
	装置污水总阀	GAV10547	打开	
	罐区外输烃总阀	GAV10512	打开	
	天然气补压线	GAV10548	关闭	
二次闪蒸罐	烃、水室连通阀	—	关闭	
	烃室出口阀	GAV10550	打开	
	水室出口阀	GAV10551	打开	
	气相出口阀	GAV10579	打开	
1#轻烃储罐	入口阀	GAV10528	开	
	出口阀	GAV10522	开	
	105-HS104A气相平衡阀切断阀	LGAV10533	开	
	倒罐线阀	GAV10501	关	
2#轻烃储罐	入口阀	GAV10529	开	
	出口阀	GAV10523	开	
	105-HS104B气相平衡阀切断阀	GAV10534	开	
	倒罐线阀	GAV10502	关	
3#轻烃储罐	入口阀	GAV10530	开	
	出口阀	GAV10524	开	
	105-HS104C气相平衡阀切断阀	GAV10503	开	
	倒罐线阀	GAV10535	关	
1#重烃储罐	入口阀	GAV10539	开	
	105-HS106出口阀	GAV10541	开	
	105-LV105电磁阀入口切断阀	GAV10545	开	
	105-LV105电磁阀出口切断阀	GAV10546	开	
	105-LV105电磁阀跨阀	GOV10501	关	
2#重烃储罐	入口阀	—	开	
	出口阀	—	开	
	电磁阀入口切断阀	—	开	
	电磁阀出口切断阀	—	开	
	电磁阀跨阀	—	关	

注意，室内所有调节阀都设定为自动状态，见表4.3。

（7）装置所有安全阀的一次阀打开，旁通阀关闭；所有压力表一次阀打开；所有放空阀和排污阀关闭；各调节阀处于自动状态，前后截断阀打开，旁通阀关闭；现场仪表及变送器的一次阀门打开。

（8）确认装置区内所有机泵全部测试完成并完好备用。

（9）确认装置区所有空冷器测试完毕且已处于备用状态。

（10）确认导热油系统运行正常。

（11）确认火炬放空系统工作正常。

（12）确认消防系统工作正常。

注意：若装置为检修后启机，除完成上述步骤外，还应完成以下工作：

（13）全装置安全阀校验合格并安装完毕。

（14）装置置换合格，含氧量小于1%。

（15）确认系统气密性检查完毕，无渗漏。

（16）分子筛、润滑油、甲醇、丙烷等物料化验合格，并填充完毕。

（17）向调度申请，保证装置入口气源充足。

（18）确认污水系统流程畅通，保证装置内污水正常外排。

表4.3 控制调节阀参数状态表

序号	位号	用途	设定值	操作范围	状态记录
1	102-PV-102	重烃收集罐压力调节	0.45MPa	0.30~0.6MPa	自动
2	102-PV-103	增压机出口分离器越站旁路压力调节	3.4MPa	3.2~3.5MPa	自动
3	102-PV-120A	压缩机入口压力调节（入口）	0.06MPa	0.03~0.09MPa	自动
4	102-PV-120B	压缩机入口压力调节（放空）	0.1MPa	0.09~0.11MPa	自动
5	102-TV-102A	原料气去外输干气电磁阀控制	65℃	65℃	自动
6	102-TV-102B	原料气去冷冻分离单元电磁阀控制	65℃	65℃	自动
7	102-LV-104	重烃收集罐水室液位调节	50%	30%~70%	自动
8	102-LV-105	增压机出口分离器液位调节	30%	10%~40%	自动
9	102-LV-120	入口分离器液位调节	20%	10%~40%	自动
10	102-LV-121	一级分离器液位调节	20%	10%~40%	自动
11	102-LV-122	二级分离器液位调节	20%	10%~40%	自动
12	102-LV-123	三级分离器液位调节	20%	10%~40%	自动
13	103-FV-101	再生气流量调节（外输干气）	5600 m³/h	5000~6500 m³/h	自动
14	103-FV-102	再生气流量调节（增压机出口）	5600 m³/h	5000~6500 m³/h	自动
15	103-LV-101	再生气分液罐液位调节	20%	10%~40%	自动
16	103-KV-101A	D-10301/1原料气入口电磁阀	—	—	程控

续表

序号	位号	用途	设定值	操作范围	状态记录
17	103-KV-101B	D-10301/2原料气入口电磁阀	—	—	程控
18	103-KV-102A	D-10301/1原料气出口电磁阀	—	—	程控
19	103-KV-102B	D-10301/2原料气出口电磁阀	—	—	程控
20	103-KV-103A	D-10301/1再生气进口电磁阀	—	—	程控
21	103-KV-103B	D-10301/2再生气进口电磁阀	—	—	程控
22	103-KV-104A	D-10301/1再生气出口电磁阀	—	—	程控
23	103-KV-104B	D-10301/2再生气出口电磁阀	—	—	程控
24	103-KV-105A	A吸附器减压调节阀控制	—	—	程控
25	103-KV-105B	B吸附器减压调节阀控制	—	—	程控
26	103-KV-105C	吸附器升压调节阀控制	—	—	程控
27	103-KV-106	再生气热吹气电磁阀	—	—	程控
28	103-KV-107	再生气冷吹气电磁阀	—	—	程控
29	103-KV-108	再生气旁路电磁阀	—	—	程控
30	103-KV-109	吸附器再生气出口总管电磁阀	—	—	程控
31	104-FV-181A	膨胀机同轴增压机防喘振回流阀	32000m^3/h	28000~40000m^3/h	自动
32	104-FV-181B	膨胀机同轴增压机防喘振回流阀	32000m^3/h	28000~40000m^3/h	自动
33	104-PCV-182A	膨胀机供回油压差调节阀	1.1MPa	0.95~1.2MPa	自动
34	104-PCV-182B	膨胀机供回油压差调节阀	1.1MPa	0.95~1.2MPa	自动
35	104-PCV-180A	膨胀机油箱压力调节阀	0.15MPa	0.13~0.2MPa	自动
36	104-PCV-180B	膨胀机油箱压力调节阀	0.15MPa	0.13~0.2MPa	自动
37	104-PCV-184	J—T阀	4.2 MPa	3.6~4.3MPa	自动
38	104-PV-110A	脱甲烷塔压力调节	1.35MPa	1.2~1.4MPa	自动
39	104-PV-110B	脱甲烷塔压力超高放空	1.7MPa	1.6~1.8MPa	自动
40	104-TV-113	重沸器出口温度调节	8℃	5~11℃	自动
41	104-TV-119	轻烃出装置温度调节	20℃	18~22℃	自动
42	104-LV-101	低温分离器液位控制	30%	20%~40%	自动
43	104-LV-102	脱甲烷塔液位调节	50%	20%~80%	自动
44	104-HV-101	侧沸器冷介质流量调节	50%	30%~100%	自动
45	104-HV-180A	膨胀机喷嘴开度调节阀	—	20%~80%	自动
46	104-HV-180B	膨胀机喷嘴开度调节阀	—	20%~80%	自动
47	104-SDV-181A	膨胀机入口紧急切断阀	—	两位式	自动
48	104-SDV-181B	膨胀机入口紧急切断阀	—	两位式	自动
49	105-LV-101	轻烃进罐入口紧急切断阀	—	两位式	开

续表

序号	位号	用途	设定值	操作范围	状态记录
50	105-LV-104	重烃进罐入口紧急切断阀	—	两位式	开
51	105-LV-105	重烃罐切水罐界面控制	—	两位式	自动
52	105-HV-101	1#轻烃储罐出口紧急切断阀	—	两位式	关
53	105-HV-102	2#轻烃储罐出口紧急切断阀	—	两位式	关
54	105-HV-103	3#轻烃储罐出口紧急切断阀	—	两位式	关
55	105-HV-104/A	1#罐压力气相平衡电磁阀	—	两位式	开
56	105-HV-104/B	2#罐压力气相平衡电磁阀	—	两位式	开
57	105-HV-104/C	3#罐压力气相平衡电磁阀	—	两位式	开
58	105-HV-105	重烃罐天然气补压电磁阀	—	两位式	关
59	105-HV-106	重烃罐出口紧急切断阀	—	两位式	关

4.3.2 开工进度管理

做好开工各项准备工作后，按照启原料气压缩机、启丙烷机、投运再生气系统、启膨胀机/增压机组、启动塔底泵的顺序开工，在系统参数调整到设计要求后，可开始正常生产（图4.6）。

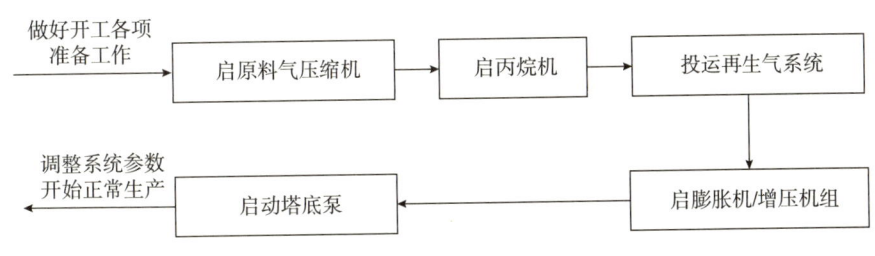

图4.6 全厂开工进度管理流程

4.3.3 分单元开工方案

4.3.3.1 启动原料气压缩机

（1）投运干气密封系统。

①检查高、低压缸干气密封系统每个差压变送器一次阀打开，连通阀关闭。每个压力变送器一次阀打开。

②检查高、低压缸干气密封一级泄漏差压孔板前后阀打开，跨线关闭。

③检查高、低压缸干气密封主密封气与平衡管差压调节阀前后阀打开，跨线关闭。

④ 打开高、低压缸主密封气一组粗过滤器前后阀（另一组粗过滤器前后阀关闭），打开高、低压缸主密封气一组精过滤器前后阀（另一组精过滤器前后阀关闭），打开高、低压缸隔离气过滤器前后阀。

⑤投运氮气管网隔离气阀，开启高、低压缸隔离气球阀。调整高、低压缸隔离气的自力式调节阀，使隔离气压力均达到 0.3MPa。

⑥投运高、低压缸干气密封主密封气（开车气）。

注意：隔离气正常投用后，方可启动润滑油泵进行油运；主密封气未投用前可先投隔离气启油泵进行油运。需在主密封气投用后，方可进行盘车或压缩机气缸进气充压试验。

（2）投运压缩机润滑油系统。

①检查润滑油系统有无泄漏，检查油箱液位不低于1350mm（运行时液位不低于859mm），防加热器干烧。

②手动投用 1#、2#、3# 油箱加热器，使油箱温度在 40～50℃ 之间。

注意：油冷却器入口油温超过 45℃ 前，不管冷却水阀是否打开，不得关闭油箱加热器。

③确认高、低压缸隔离气供气压力为 0.3MPa 以上。

④导通润滑油流程，分别打开两台螺杆泵入、出口的阀，打开润滑油压力一次调节阀 102-PCV170 前、后关断阀，打开 102-PCV170 的跨线阀。选用一台润滑油水冷器，该水冷器循环水进、出口阀关闭，打开另一台备用润滑油水冷器循环水进、出口阀、回油阀，开启两台润滑油水冷器之间的连通阀。选用一台润滑油过滤器，另一台备用，开启两台过滤器之间的连通阀，开启备用过滤器回油阀。打开润滑油压力二次调节阀 102-PCV171 前、后关断阀，关闭 102-PCV171 的跨线阀。

⑤油泵试运，启动一台泵为主油泵，另一台作为辅助油泵打到自动，试运供油汇管压力降低到 0.15 MPa 时辅助油泵能正常启动。主、辅油泵换位调试，均能够正常启动后，主油泵运行，辅助油泵投自动，逐步关小一次调压阀 102-PCV170 的跨线阀，使润滑油泵出口压力为 0.6～0.8MPa。

⑥设定自立式油压一次调节阀 102-PCV170 出口压力为 0.8MPa，二次调节阀 102-PCV171 出口压力为 0.35MPa（在装置投产时已设定完成）。

⑦分别开启三台蓄能器充油阀（润滑系统启动前蓄能器内气胆充压到 0.18 MPa），开启一圈高位油罐上油截止阀，确认高位油罐已注满并通过回油看窗确认已有回油，并确认高位油箱注油三阀组中的手动截止阀处于关闭状态，3 个蓄能器氮气充压到 0.18 MPa。

⑧检查润滑油汇管压力正常为 0.25～0.27MPa，通过 9 个轴瓦上游的流量调节阀调节油压及流量，使压缩机径向轴承润滑油压为 0.09～0.13MPa；压缩机推力轴承润滑油压为 0.025～0.13MPa；主电动机轴承润滑油流量为 11L/min。检查压缩机组 7 个回油点，观察玻璃视镜，确认已有回油。

⑨检查备用润滑油水冷器回油看窗有少量回油，检查备用过滤器回油看窗有少量回油，检查润滑油过滤器压差，过滤器压差高于 0.15 MPa 时，切换另一台过滤器。

（3）投运电动机冷却液系统。

①向电动机冷却液箱注入软化水溶液，液位控制在 1.5m 左右。

②启动一台电动机冷却水泵，出口压力控制在 0.35～0.4MPa。分别打开 2 台冷却器循环水进、出口阀，使电动机冷却液出口温度控制在 20～40℃。

③确保电动机冷却液系统无渗漏。

(4)压缩机盘车。

①确认干气密封系统与润滑油系统投运正常。

②给盘车电动机送电。

③现场按动电动盘车按钮,现场在盘车器上挂盘车挡,转速在16r/min,盘车10min。

④如需手动盘车,则现场打开盘车电动机护罩,现场在盘车器上挂盘车挡,用扳手手动盘车。

⑤盘车完毕后确认盘车器处于脱开状态,并恢复盘车电动机护罩。

为降低压缩机启机负荷,在启机前将缸体内气体放空后再按启动按钮。

(5)压缩机启机条件确认。

①打开压缩机最终出口分离器顶部安全阀副线,对压缩机机体进行泄压放空,防止压缩机带载启机。待压缩机各级出口压力在0.1MPa以下后关闭安全阀副线。手动关闭最终入口紧急放空阀102PZC120B,点击放空复位键进行复位。

②检查压缩机启车条件应满足表4.4规定的条件。

表4.4 压缩机启机条件一览表

序号	条件	位号	满足条件
1	压缩机高压缸高压端干气密封一级泄漏压差	120PDINSA190A	≤0.12MPa
2	压缩机高压缸高压端干气密封一级泄漏压差	120PDINSA190B	≤0.12MPa
3	压缩机高压缸低压端干气密封一级泄漏压差	120PDINSA191A	≤0.12MPa
4	压缩机高压缸低压端干气密封一级泄漏压差	120PDINSA191B	≤0.12MPa
5	压缩机高压缸主密封气与平衡管压差正常	120PDICNSA188	≥0.05MPa
6	润滑油冷却器后温度	102TINSA171	35℃
7	最终水站出口温度	102TINS165	≤40℃
8	润滑油总管压力	102PNSA171	0.25 MPa
9	压缩机低压缸高压端干气密封一级泄漏压差	120PDINSA183A	≤0.06MPa
10	压缩机低压缸高压端干气密封一级泄漏压差	120PDINSA183B	≤0.06MPa
11	压缩机低压缸低压端干气密封一级泄漏压差	120PDINSA184A	≤0.06MPa
12	压缩机低压缸低压端干气密封一级泄漏压差	120PDINSA184B	≤0.06MPa
13	压缩机低压缸主密封气与平衡管压差正常	120PDICNSA182	≥0.05MPa
14	压缩机入口放空阀	102PZC120B	全关
15	低压缸防喘振调节阀	102FZO130	全开
16	高压缸防喘振调节阀	102FZO131	全开
17	来自主电动机启动就绪	102MNS4	允许启动
18	联锁停机	TRIP	无联锁
19	停车复位		

③ESD系统满足启机条件（即ESD停车报警消除）。

④压缩机启机条件全部满足后，总停车复位、机组停机复位、压缩机联锁复位。

⑤向调度申请启机，调度下令允许启机后。压缩机机组内放空无压后，向变电所发出申请启动请求，变电所发出允许启动信号后，主电动机送电。

（6）启动压缩机。

①按下C-10201压缩机控制屏，启动压缩机对话框，按启动3s，压缩机电动机电流至600A。压缩机启动。严密监控机组轴系画面的各点轴温、振动、位移、定子温度等参数，干气密封中的一级泄漏压差、主密封气与平衡管压差等参数，润滑油画面中各点油压、油温等参数。

②观察主电动机电流，待压缩机转速至10344r/min且电动机电流从600A降至100A左右时，手动输出原料气入口阀102-PV120A开度至1%~5%，观察压缩机入口流量继续手动输出原料气入口阀102-PV120A开度至100%（由于北Ⅰ-2深冷装置原料气入口阀102-PV120A调节阀控制仍不稳定，暂时采用入口闸阀控制来气量）。待通知来气阀组缓慢开来气闸阀，待原料气压缩机一级入口压力达到0.01MPa时，将二级回流防喘振投自动，随着原料气入口闸阀的缓慢开启，应逐步手动关小一级回流防喘振阀，观察工作点位置，防止压缩机喘振。

③待压缩机一级出口压力稳定到0.2MPa时，现场投用压缩机高、低压缸干气密封缓冲气，流量控制在1.5~2m^3/h之间。

注意：投运缓冲气时应缓慢操作，防止压缩机干气密封一级泄漏压差突然增大联锁停机。

④在增大压缩机进气量的同时，仍要密切监控机组轴系画面的各点轴温、振动、位移等参数，干气密封中的一级泄漏压差、主密封气与平衡管压差等参数。润滑油画面中各点油压、油温等参数。及时调整各点参数保证机组运行正常。

⑤观察系统中三级出口、J—T阀、脱甲烷塔等各点压力（开工启机时要缓慢调节J—T阀开度，启机前可开5%），给下游系统缓慢充压。同时，现场检查工艺系统是否存在渗漏。

⑥观察水站冷却器出口压力、温度并合理调整，观察压缩机一级、二级、三级出口温度，适当调整空冷器转速，保证空冷器出口温度不超过40℃。

⑦待增压机出口分离器压力高于外输气压力时，现场缓慢开启高压缸来自增压机出口分离器（D-10205）的主密封气阀，控制密封气气源压力在1.0MPa以上。保持开工气阀开的状态。

⑧当压缩机三级出口压力达到3.3MPa时，压缩机启机完毕。

注意：在装置低温单元的膨胀机未启动前或停机时，压缩机入口气量不得超过33000m^3/h。J—T阀压力设定不得高于3.5MPa。

4.3.3.2 启动丙烷机

（1）启动丙烷机前准备。

①保证脱水单元一个分子筛吸附塔处于吸附状态。

②检查油分离器油温是否达到26℃，通知电岗投电加热器，并检查是否正常工作。

③检查工艺系统和自控仪表系统的各个阀位是否在正确位置。检查压缩机组的各启机联锁是否已达到启机条件，各停机联锁值是否正常。

④打开油冷却器进回水阀。

⑤导通系统流程（原料气系统和丙烷制冷剂循环系统）。

⑥接通主电动机电源和操作电源，启动油泵，做启机模拟试验。

⑦现场PLC控制柜和主控室各联锁报警是否已消除，主控室ESD已复位。

⑧手动盘车3～5转，应转动灵活，无卡阻现象。

⑨在现场PLC控制柜把旋钮打到申请启机处，等待变电所允许启机信息。

⑩当高压电送电完毕，允许启机后，压缩机的滑阀位置应在0%位置，打自动。

若是装置投产或丙烷机系统检修后首次启机，在进行上述检查、操作之前应先进行以下操作：

⑪使用干燥的氮气将系统充至0.4MPa，刷漏；使用真空泵将系统抽真空，抽至600Pa，排出空气。

⑫在经济器的填充口加1.2t R290丙烷，在油分离器处加HC—100润滑油1t至上视镜全满处。电动机加L—TSA32润滑油至视镜的1/2至2/3处。

⑬检查压缩机组及附属设备、工艺系统、控制盘及各自控仪表和电器系统正常备用。

（2）启动丙烷机要求。

①按"机组开机"按钮，启动丙烷压缩机。

②检查机组各系统运行参数及振动情况应在机组规定的范围，各动、静密封点应无泄漏。

③当丙烷机组正常启动后，通过跨线阀缓慢调节进入丙烷蒸发器的原料气量，当丙烷机组运行平稳后，关闭原料气进蒸发器跨线，按工艺要求调整原料气出蒸发器温度。

④丙烷机启动后，在2h内逐步降低吸气压力，使制冷温度达到–20℃，丙烷机启机完毕。

（3）丙烷机运行检查。

①检查润滑油压差（喷油压力与排气压力差值）应在0.32MPa工作。

②检查油分离器内的润滑油液位应下视窗满。

③检查排气压力应为0.8～1.2MPa。

④检查油过滤器前后压差应低于0.25MPa。

⑤注意监测各机件运行时是否有异声和冲击。

⑥发现压缩机各连接处或密封有漏丙烷、漏油、漏水等情况时，应在压缩机停机后再处理。

⑦运转过程中，如果由于某项安全保护动作自动停车，一定要在故障原因查明之后方可开车，绝不能随意采用改变它们给定值的方法再次开车。

⑧运行中应注意观察吸气压力、排气压力、油温、油压等参数，并每小时进行一次记录。

4.3.3.3 投运再生气系统

再生气系统的及时投运,对装置的连续运行至关重要,当装置正常启机后,应在尽量短的时间内将系统制冷负温降至 –25℃以下,为脱水单元分子筛提供合格的再生气气源,从而保证分子筛的有效再生,确保脱水后的原料气露点满足系统要求。

(1)投运前准备。

①装置启机前确认分子筛各个程控阀开关灵活好用。

②脱水单元程序处于暂停状态,床层一个处于吸附,另一个等待再生,启机后程序投入自动运行状态。

③投运再生气系统前,再生气来自外输调节阀前手动阀处于关闭状态,再生气流量调节阀手动关闭。

④确认再生气空冷器入、出口阀打开,再生气空冷器启动变频投自动。

⑤导热油出炉温度达到270℃。

(2)投运再生气。

①现场依次缓慢打开再生气来自外输调节阀前手动阀,再生气流量调节阀投自动。

②冬季可根据需要缓慢打开再生气回压缩机入口阀,关闭再生气回外输调节阀后截止阀。

③通过103—FV–101调节再生气流量为5600m^3/h左右。

④冬季投运时,投用空冷器热风循环或关小各个方向的百叶窗,防止空冷器冻堵。

⑤检查控制再生气系统各参数正常。

⑥再生气温度控制到270℃,床层出口温度达到195℃为再生合格。

4.3.3.4 启膨胀机/增压机组

压缩机组及丙烷机组运行正常后,通过J—T阀缓慢提高系统压力至3.5MPa,当系统制冷负温降至 –35 ~ –30℃时,可启动膨胀机/增压机组。

4.3.3.4.1 启机前准备工作

(1)检查仪表风压力为0.4 ~ 0.6MPa。膨胀机PLC控制柜通电前应先开仪表风对控制柜进行柜内气体的置换,将仪控柜中下腔体的仪表气源球阀打开,给上腔体换气。当上腔体中的气源压力大于100Pa后,计时器开始计时;当计数到120s后,仪控柜自动上电。

(2)检查油箱液位应在400 ~ 450mm之间。若液位低于400mm,用加油泵或滤油机加至要求液位。打开油箱去压缩机入口分离器阀,导通油箱气相去入口分离器的流程,将油箱对火炬放空阀关闭。打开油箱安全阀的根阀及下游阀,在主控室将油箱压力调节阀设定为0.15MPa。

(3)检查油箱电加热器手/自动转换开关至自动位置30℃启,40℃停。检查润滑油的温度应不低于30℃。油泵、注油泵正常通电。

(4)检查冷却水来水压力应在0.3 ~ 0.4MPa,回水压力为0.20 ~ 0.30MPa,来水温度小于32℃。

(5)检查控制仪表系统是否正常。

(6)检查确认膨胀机膨胀端及增压端进、出口手动阀、入口紧急切断阀及喷嘴应处于全关状态，检查增压机现场的回流防喘振阀104-FCV181两侧的手动阀处于全开状态，旁通阀处于关闭状态。

(7) 确定蓄能器充填压力为0.6MPa。

4.3.3.4.2 投运润滑油系统

(1) 打开密封气进口阀门，调节密封气供气压力为2.5～3.0MPa。密封气通过油箱加热器后温度应控制在15～25℃范围内，分别开启压缩端、膨胀端密封气阀，调节膨胀端自立式调节阀，使膨胀端密封气供气差压达到0.15 MPa以上。

(2) 通过开启调节阀副线阀与油箱压力调节阀控制油箱压力在150kPa。

(3) 全开1#和2#油泵进、出口阀、旁通阀。打开两个油泵安全阀的根阀及出口阀，打开去油冷却器跨线阀，检查润滑油供回油流程全部导通。在主控室将供回油差压调节阀投手动，开度输出到30%。

(4) 首先调整1#辅助油泵的预设供油压力，切换1#油泵手/停/自动转换开关至手动位置，启动1#油泵，关小1#油泵手动旁通调节阀，控制润滑油差压在700kPa左右。停止1#辅助油泵。启动2#油泵，润滑油的压差大于1100kPa且稳定，使1#油泵转换开关至自动位置。手动开大2#油泵旁通阀，当润滑油差压小于800kPa时，备用油泵就会启动。当润滑油差压大于1600kPa备用油泵自动停运。

(5) 按照上述同样的方法调试2#油泵做辅助油泵，1#油泵做主油泵。调试结束后，控制1#油泵手动旁通调节阀，控制润滑油进出膨胀机差压在1000kPa左右，在主控室将供回油差压调节阀设定值定为1100kPa投自动。

4.3.3.4.3 启动膨胀机/增压机组

(1) 打开压缩机进口阀并联充压阀给壳体充压。观察涡壳的压力，大于0.5MPa后，打开压缩机和膨胀机壳体排液阀，无液体排出时关闭阀门。就地给压缩机和膨胀机机壳充压至1.0MPa左右。

(2) 主控室增压机回流防喘振阀104-FCV181应处于手动全开状态，J—T阀前压力在3.3～3.5MPa。

(3) 打开膨胀机出口手动截止阀，打开增压机入口手动截止阀，打开压缩机出口手动截止阀，打开膨胀机入口手动截止阀。

(4) 仪控柜上面的公共点联锁及报警解除，按下复位开关，红色灯熄灭后，当膨胀机组满足运行灯亮后，按下PLC柜的膨胀机启动按钮，膨胀机入口紧急切断阀打开，在主控室调节喷嘴的开度，逐步提高转速。

(5) 将喷嘴开度调整为5%～10%，仔细观察机组启动情况和转速（若有异常，立即关闭膨胀机入、出口阀，待排除故障后再重新启动。刚启机时应快速达到一定转速，推荐为5000r/min左右，不允许在小于2000r/min下长期运转）。

(6) 逐渐打开喷嘴（每次开度不能超过2%）使转速达到12000r/min左右，保持5min观察各仪表判断运转是否正常，然后缓慢提升膨胀机转速至25000r/min，保持30min，检查轴承温度和振动应在规定范围内，同时监控前后油膜压差应小于1.7MPa，一切正常后再逐渐关闭增压机回流防喘振阀及膨胀机旁通J—T阀，同时应注意压缩机三级出口压力在正常值，逐步增加喷嘴开度，最后将膨胀机转速提升至 32000 ~ 37000 r/min，膨胀机启机完毕。

注：在对膨胀机组加载过程中一定要注意装置制冷负温变化，保证制冷负温在高于 –40℃之前，系统每小时降温不超过 20℃，当系统制冷负温在 –60 ~ –40℃之间时，每小时降温速度不超过 10℃，当制冷负温低于 –60℃时，每小时降温速度不超过 5℃。以上操作是为了防止制冷单元冷箱等换热设备在温度变化时而导致损坏。

4.3.3.4.4 膨胀机/增压机组运行检查

（1）控制室内检查。

①检查膨胀机转速，应控制在 32000 ~ 37000r/min。

②检查密封气与膨胀机叶轮背压的压差，应保持在 0.15 ~ 0.2MPa。

③检查轴承供回油压差，应保持在 0.9 ~ 1.2MPa。

④检查油箱压力应在 0.15MPa，检查增压端流量为 30000 ~ 40000m^3/h。

⑤检查膨胀端轴承温度应小于 70℃，压缩端轴承温度小于 75℃。

⑥检查轴振动应小于 38μm。

⑦检查前后油膜压差应小于 1.7MPa。

⑧检查密封气温度为 10 ~ 40℃，回油温度小于 70℃。

⑨检查膨胀机入口压力在 4.0 ~ 4.4MPa，入口温度为 –48 ~ –35℃，出口压力为 1.3 ~ 1.4MPa，出口温度在 –86 ~ –80℃。

⑩检查增压机入口压力在 3.3 ~ 3.6MPa，入口温度为 30 ~ 40℃，出口压力为 4.0 ~ 4.4MPa，出口气温度在 55 ~ 65℃。

（2）现场检查。

①检查机组应无异常响声。

②检查前后油膜压差应小于 1.7MPa。

③检查密封气压力在 2.5 ~ 3.0MPa 左右、油箱液位在 330 ~ 450mm 之间。

④检查润滑油泵出口压力在 1.4 ~ 1.8MPa。

⑤检查油箱压力应在 0.15MPa。

⑥检查膨胀端、增压端入口过滤器差压分别小于 0.15MPa。检查润滑油过滤器、密封气过滤器压差应分别小于 0.15MPa。

⑦检查油冷器出口油温小于 43℃。

⑧检查冷却水来水压力应在 0.3 ~ 0.4MPa，来水温度小于 33℃。

⑨检查机组天然气系统及润滑油系统无泄漏。

4.3.3.5 启动塔底泵

低温单元正常运行后，脱甲烷塔塔底液位达到 50% 时，准备启动塔底泵。

（1）启泵前准备工作。

①检查确认脱甲烷塔塔底轻烃出口总阀开，烃气换热器轻烃进出口阀开，跨线关闭，轻烃罐区轻烃进罐总阀开，各个储罐入口阀开，流程已导通。

②将泵入口管路和最小回流管路阀门完全打开，打开泵最小回流汇管至火炬放空阀，充分排气。

③保证脱甲烷塔底温度高于 0℃，脱甲烷塔底液位超过 50%。
④检查进、出口压力表是否齐全好用。
⑤检查设备及保护装置和电动机接地保护是否齐全。

（2）启塔底泵。
①完全打开入口管路的阀门。
②打开最小回流阀、关闭泵回流阀、出口阀门。
③转动启泵旋钮，待泵出口压力为 2.0MPa 左右，缓慢打开泵出口阀。
④主控将塔底液位调节阀 04-LV-102 设自动 50%。
⑤注意电流不能超过 52A。

4.4 危害因素识别与风险控制

某天然气分公司工作前安全分析表见表 4.5。

表 4.5 某天然气分公司工作前安全分析表

编号：										日期：
大队名称		站队名称		JSA组长			分析人员			
工作任务简述：										
□新工作任务　□已做过工作任务　□交叉作业　□承包商作业　□相关操作规程　□许可证 □特种作业人员资质证明										
工作步骤	危害因素描述	后果及影响人员	风险评价				现有控制措施	建议改进措施	残余风险是否可接受	
			暴露频率	可能性	严重度	风险值				

4.5 应急处置程序

4.5.1 发生火情应急处置程序

检修过程中如发生火情，发现者应立即启动应急预案，向施工现场负责人汇报并向站队值班干部与大队调度汇报。若火势较小，现场负责人组织人员利用现场配备消防设施、器材进行灭火。若火势较大，拨打电话 5858581 报火警请求支援。并通知经警值班人员打开消防通道大门，到主要路口迎接消防车。若火势控制不住，继续扩大，危及人身安全时，执行站队应急疏散程序，同时站队各项目负责人通知施工方执行施工单位的应急疏散程序。

4.5.2 发生人员受伤应急处置程序

检修过程中如有人受伤现场急救原则为先重后轻，先急后缓，先救命，后酌情处理创伤。窒息、大出血、呼吸困难会在短期内死亡，呼吸心跳停止，立即进行心肺复苏术。首先，现场第一负责人按照人员救护应急行动程序，实施现场救护，然后送往就近医院进行治疗，并立即向小队或大队应急领导小组汇报；应急人员立即赶到现场，并组织、协调各方面包括医院、医生、车辆、护理人员进行救护。

4.5.3 发生环境污染应急处置程序

检修过程中发生轻烃大量泄漏并且扩散到厂区外，造成环境污染，值班干部向大队调度汇报。并组织应急人员立即赶到现场，在可能出现危险的区域实施警戒，在安全的情况下设人监护，设明显标志，在现场设置消防设施，禁止一切可能出现的明火、静电、车辆、人员接近。在确认安全的情况下，值班干部组织抢修人员对泄漏点进行阻隔，防止污染进一步扩大。